汽车工作手册式创新系列教材
服务产业转型双元培育改革系列教材

汽车发动机电气系统
诊断与维修

◎主　编　朱翠艳　王飞飞
◎副主编　丁云鹏　张晶磊

電子工業出版社
Publishing House of Electronics Industry
北京・BEIJING

内 容 简 介

本书基于工作过程系统化的方法进行编写，通过工作任务融入各个知识点和技能点，分为排除蓄电池的功能性故障、排除蓄电池管理系统故障、排除发电机的功能性故障、排除发电机电压调节故障、排除起动机的功能性故障、排除自动起动/停止系统故障六个学习单元。本书突出专业内容重点，重视细节，主要以上汽大众和华晨宝马等常见车型为例，介绍了蓄电池、发电机、起动机的结构组成、工作原理，以及充电系统和起动系统的诊断与维修策略。本书图文并茂，充分展示了结构原理和操作细节。同时，对于重难点内容配有相应的教学视频，扫描相关二维码即可观看。通过图文与视频相结合的方式，可以更好地提升学习效果。

本书适合职业院校汽车运用与维修专业学生学习，也可作为培训教材供广大汽车维修从业人员阅读。

图书在版编目（CIP）数据

汽车发动机电气系统诊断与维修 / 朱翠艳，王飞飞主编. —北京：电子工业出版社，2023.1

ISBN 978-7-121-44657-3

Ⅰ. ①汽… Ⅱ. ①朱… ②王… Ⅲ. ①汽车—发动机—电气系统—故障诊断—职业教育—教材②汽车—发动机—电气系统—车辆修理—职业教育—教材 Ⅳ.①U472.43

中国版本图书馆 CIP 数据核字（2022）第 236085 号

责任编辑：张　凌
印　　刷：北京七彩京通数码快印有限公司
装　　订：北京七彩京通数码快印有限公司
出版发行：电子工业出版社
　　　　　北京市海淀区万寿路 173 信箱　邮编　100036
开　　本：880×1 230　1/16　印张：14.5　字数：334 千字
版　　次：2023 年 1 月第 1 版
印　　次：2024 年 1 月第 2 次印刷
定　　价：43.50 元

凡所购买电子工业出版社图书有缺损问题，请向购买书店调换。若书店售缺，请与本社发行部联系，联系及邮购电话：（010）88254888，88258888。

质量投诉请发邮件至zlts@phei.com.cn，盗版侵权举报请发邮件至dbqq@phei.com.cn。

本书咨询联系方式：（010）88254549，zhangpd@phei.com.cn。

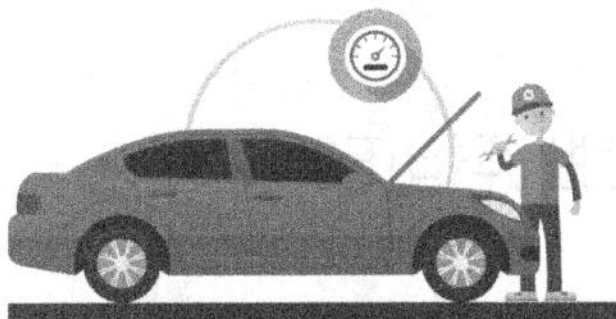

前言

PREFACE

为深入贯彻全国职业教育大会和全国教材工作会议精神，教育部印发了《“十四五”职业教育规划教材建设实施方案》（以下简称《方案》）。《方案》强调，“十四五”职业教育规划教材建设要突显职业教育类型特色，坚持“统分结合、质量为先、分级规划、动态更新”的原则；增强教材适用性、科学性、先进性，鼓励开发活页式、工作手册式等新形态教材；鼓励专业课程教材以真实生产项目、典型工作任务等为载体，体现产业发展的新技术、新工艺、新规范、新标准。

本书以汽车维修企业的典型工作任务和工作情境为载体，基于工作过程系统化理念和活页式理念进行编写。通过前期对汽车维修企业的岗位能力进行广泛深入的走访调研，本书有机融合汽车维修企业岗位技能要求、全国职业院校汽车机电维修项目技能竞赛、“1+X”汽车运用与维修职业技能等级证书标准的有关内容，实现了“岗课赛证”的融通，提高了教材的实用性。本书分为排除蓄电池的功能性故障、排除蓄电池管理系统故障、排除发电机的功能性故障、排除发电机电压调节故障、排除起动机的功能性故障、排除自动起动/停止系统故障六个学习单元，学习单元的设计源于企业的真实工作任务，每个学习单元都以汽车维修企业典型的工作任务为载体，按照“情境引入—知识与技能—计划与决策—任务实施—任务评估—任务反思”完整的工作过程展开教学，同时为了保证教学的有效性，每个学习单元都制订了具体的三维学习目标。全书的学习单元按照由简单到复杂的顺序编排，每个学习单元又是相对独立的，使用者可以灵活方便地对教材内容进行组合、增减和更新，在教学上具有很强的灵活性。教材的开发者也可以根据汽修技术发展和产业升级情况灵活地对教材中所涉及的工作任务进行单独更新和优化组合，以解决传统教材修订周期长的问题，进而提高本书反映新知识、新技术、新工艺、新标准、新岗位的时效性。为贴近实际操作，本书中出现的汽车电路图均以汽车制造商公开的资料为准，遵循不同制造商的电路图绘制特点。

本书由北京市昌平职业学校朱翠艳担任第一主编，王飞飞担任第二主编，丁云鹏、张晶磊担任副主编。其中，朱翠艳编写学习单元一、学习单元二；王飞飞编写学习单元五、学习单元六；丁云鹏编写学习单元三；张晶磊编写学习单元四。朱翠艳负责全书的统稿和定稿工作。

由于编者水平有限，书中难免存在疏漏和不足之处，敬请广大读者批评指正。

编　者

目 录
CONTENTS

学习单元一

排除蓄电池的功能性故障

1.1 学习目标

素质目标

1. 能够遵纪守法、崇德向善；
2. 能够站在他人的立场思考问题；
3. 能够阅读技术信息，检索提炼，构建逻辑关系；
4. 在完成工作的过程中，能够克服困难并坚持到底；
5. 在使用蓄电池的过程中，遵守事故预防条例，逐步树立安全意识；
6. 在进行蓄电池检测的过程中，按照规范标准进行，逐步树立规范操作的意识。

知识目标

1. 熟悉蓄电池的作用；
2. 了解蓄电池的类型；
3. 掌握蓄电池的结构；
4. 理解蓄电池的工作原理；
5. 掌握蓄电池检测的内容和方法；
6. 掌握蓄电池维护的内容和方法。

技能目标

1. 能够正确描述蓄电池的作用、结构和工作原理；
2. 能够正确进行蓄电池检测；
3. 能够进行蓄电池的拆装；
4. 能够对蓄电池进行充电；
5. 能够正确进行蓄电池跨接起动。

1.2 情境引入

一辆 2016 年上市的大众途观轿车，搭载 1.8T 发动机，已行驶 8.2×10^5km。该车在停驶两天后，无法起动发动机。

1.2.1 接受任务

1．请两名同学分别扮演前台接待员和客户，完成接待任务。其他同学负责观察并记录优点及需要改进的地方。

指　标	优　点	需要改进的地方
注重使用文明用语		
着装合体，适合工作要求		
发型规范		
围绕“情境引入”中的任务能专业清楚地表达，条理分明，让对方听懂		
认真倾听，对问题有合理的、应有的反应		
有效利用客户陈述的信息并记录		
主动寻找伙伴帮助完成对话		
与伙伴有积极合作意识		
理解客户需求，为客户着想		
具备扎实丰富的专业知识		

2．围绕实习车，填写任务工单，明确故障现象。

车主姓名		日　期	
车　　型		车牌号	
发动机号		VIN	
联系电话			
通信地址			
故障现象描述：			
检查维修建议：			
故障结论：（更换或维修的零件记录）			
取车付款： 现金　　　　　　银行卡		维修人： 收款人：	

1.2.2 任务分析

汽车电源由蓄电池与发电机并联组成，如图 1-1 所示。发动机起动或停转时，由蓄电池供给电能；发动机正常工作时，发电机向用电设备供电并向蓄电池充电。

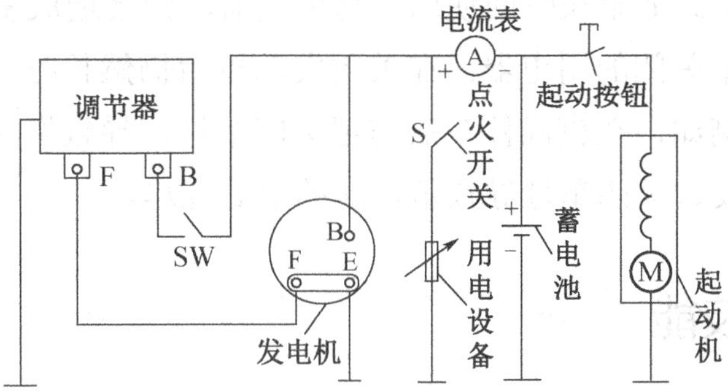

图 1-1 蓄电池与发电机的供电电路

1.2.2.1 蓄电池故障

蓄电池故障包括蓄电池外部故障和蓄电池内部故障。

蓄电池外部故障有外壳裂纹、极柱腐蚀、极柱松动及封胶干裂。

蓄电池内部故障有极板硫化、活性物质脱落、极板栅架腐蚀、极板短路、自放电和极板拱曲等。

1.2.2.2 蓄电池亏电

蓄电池亏电的原因主要包括自放电、静态电流过大和充电不足。

1．自放电

蓄电池在无负载的状态下，电量自动消失的现象称为自放电，即蓄电池在不连接外电路的情况下发生的内部放电。经过一定时间后，即使外部没有连接用电设备，蓄电池的电量也会下降。高温及电解液内的杂质能够加速自放电过程。此外，自放电还会产生气体，消耗水，使电解液减少。

如果充满电的蓄电池在 30 天之内每昼夜的电量降低均超过 2%，则为故障性自放电。

2．静态电流过大

静态电流是指车辆在静置（点火开关置于“OFF”位置）时，其上某些用电设备或者电路仍消耗蓄电池电量的放电电流，一般以 mA 计量。当车辆静置时，防盗系统、监控系统、电动座椅等具有记忆功能的电子模块及电子时钟等仍需要静态电流维持其部分功能，但该电流较小，如科鲁兹 LDE 轿车，其静态电流不超过 30mA；但若某个电气部件在车辆网络进入休眠状态后仍处于工作状态，静态电流一般会增加，蓄电池的电量损失也会加快。

3．充电不足

蓄电池充电不足的原因主要如下：

（1）充电系统故障，未能给蓄电池充电。

（2）行驶距离过短。汽车起动一次的耗电量很大，需要在行驶中进行充电。如果行驶距离和时间不足，往往会导致充电量不足，长期短距离行驶会造成蓄电池亏电。

（3）长时间使用大功率电器。使用大功率电器，会造成发电机供电不足，因而需要蓄电池协助发电机向电器供电。如果长时间使用大功率电器，则会造成蓄电池亏电。

（4）车辆锁车后有未关闭的用电器。在关闭发动机后仍然长时间使用车内用电设备，会导致蓄电池过度放电。例如，在夜间停车后忘记关闭车灯，导致发动机在第二天无法起动，很大一部分原因就是未及时关闭车灯导致蓄电池的电量耗尽。

1.3 知识与技能

1.3.1 认识蓄电池

汽车的蓄电池须满足发动机起动的需求，即在短时间内能向起动机提供强大的电流（汽油发动机为 200～600A，大型柴油发动机可达 500A）。因此要求蓄电池内阻小、电流大，输出的电压稳定，以保证良好的起动性能。能满足发动机起动需求的蓄电池称为起动型蓄电池。

1.3.1.1 蓄电池的作用

蓄电池是一种化学电源，即将电能转化为化学能储存，或通过内部化学反应向用电设备供电的可逆的低压直流电源。

蓄电池是汽车重要的电气部件之一，其正常稳定的功能直接关系到客户的满意度。蓄电池的作用如下：

（1）在起动发动机时为起动机提供足够的起动电流（一般为 200～1000A）。

（2）在发电机电压较低或不发电时向用电设备供电。

（3）在发动机正常运转，发电机的端电压高于蓄电池的电动势时通过充电储存电能。

（4）在发电机过载时，协助发电机向用电设备供电。

（5）相当于大容量电容，能吸收电路中出现的瞬时过电压，以保护电子元件。

1.3.1.2 蓄电池的类型

铅酸蓄电池是汽车使用的一种蓄电池，根据结构可分为普通型、干荷电型、湿荷电型及免维护型。（在下文中铅酸蓄电池简称为蓄电池。）

1．普通型

普通型蓄电池的极板是由铅和铅的氧化物构成的，电解液是硫酸的水溶液。它的主要优点是电压稳定、价格便宜；缺点是能量密度（蓄电池单位质量或单位体积所能输出的电能）

低、使用寿命短及日常维护频繁。

2．干荷电型

干荷电型蓄电池的全称是干式荷电铅酸蓄电池。该类蓄电池的极板处于干燥的已充电状态，蓄电池内部无电解液。它的主要特点是负极板有较高的储电能力，在完全干燥状态下，能在两年内储存所得到的电能，使用时，只需按规定加入电解液，静置 20～30min 后即可使用，使用中需要定期维护。

3．湿荷电型

湿荷电型蓄电池是电解质为液态状的蓄电池。它分为带单格电池塞的可维护蓄电池和不带单格电池塞的不可维护蓄电池两种。其优点是性价比高、应用广泛（型号多样），可安装在发动机舱内；缺点是检修时须通过电眼检查电解液的液位，电解液有泄漏风险。

4．免维护型

免维护型蓄电池由于自身结构的优势，电解液的消耗量很小，在使用寿命内基本不需要补充蒸馏水。此外，它还具有耐震、耐高温、体积小、自放电小的特点，使用寿命一般为普通型蓄电池的两倍。市场上的免维护型蓄电池有两种：一种是在购买时一次性加电解液后不需要维护（添加补充液）的蓄电池；另一种是在出厂时加注电解液并密封，后续不用维护的蓄电池。

1.3.1.3 蓄电池的型号

1．蓄电池型号标识

为了能对不同制造厂生产的蓄电池进行比较和替换，蓄电池壳体上应标有蓄电池型号。根据 JB/T 2599—2012《铅酸蓄电池名称、型号编制与命名办法》，蓄电池型号是指由一个或几个字母与数字组合而成的符号，分别表示用途、结构特征，并将这些符号按一定的规律排列组合成一种标记。国产蓄电池的型号由以下三部分组成：

第一部分为串联的单体蓄电池数量；

第二部分为蓄电池的用途、结构特征代号；

第三部分为标准规定的额定容量。

如图 1-2 所示，由 6 个单体串联的额定容量为 100A・h 的干式荷电起动型蓄电池的型号命名为 6—QA—100。

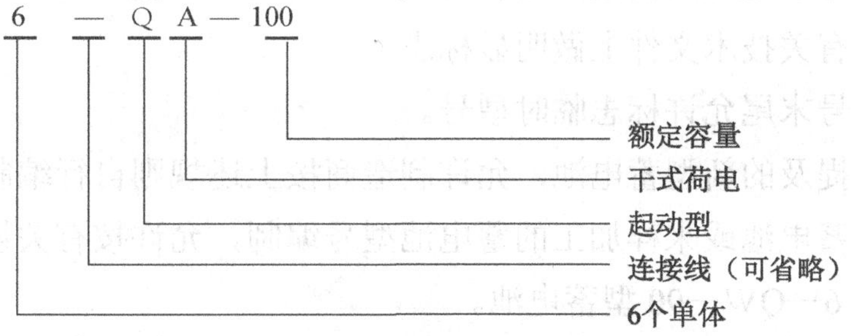

图 1-2 蓄电池的型号示例

2．蓄电池型号组成部分的编制规则

（1）串联的单体蓄电池数。它是指在一个整体蓄电池槽或一个组装箱内所包括的串联蓄电池的数目（单体蓄电池数目为1时，可省略）。

（2）蓄电池的用途、结构特征代号。蓄电池的用途、结构特征代号应符合表1-1和表1-2的规定。

表1-1　蓄电池按用途分类

序　号	蓄电池类型（主要用途）	型　号	汉字拼音或英文字头		
			汉　字	拼　音	英　文
1	起动型	Q	起	qi	—
2	固定型	G	固	gu	—
3	牵引（电力机车）用	D	电	dian	—
4	内燃机车用	N	内	nei	—
5	铁路客车用	T	铁	tie	—
6	摩托车用	M	摩	mo	—
7	船舶用	C	船	chuan	—
8	储能车用	CN	储能	chu neng	—
9	电动道路车用	EV	电动车	—	electric vehicles
10	电动助力车用	DZ	电助	dian zhu	—
11	煤矿特殊	MT	煤特	mei te	—

表1-2　蓄电池按结构特征分类

序　号	蓄电池特征	型　号	汉字及拼音或英文字头	
1	密封式	M	密	mi
2	免维护	W	维	wei
3	干式荷电	A	干	gan
4	湿式荷电	H	湿	shi
5	微型阀控式	WF	微阀	wei fa
6	排气式	P	排	pai
7	胶体式	J	胶	jiao

（3）额定容量。额定容量用阿拉伯数字表示，其单位为A·h，在型号中单位可省略。

（4）当需要标志蓄电池所需适应的特殊使用环境时，应按照有关标准及规程的要求，在蓄电池型号末尾和有关技术文件上做明显标志。

（5）蓄电池型号末尾允许标志临时型号。

（6）标准中未提及的新型蓄电池，允许制造商按上述规则自行编制。

（7）对出口的蓄电池或来样加工的蓄电池型号编制，允许按有关协议或合同进行。

示例：轿车用6—QW—90型蓄电池。

它表示由6个单体蓄电池组成，额定电压为12V(6×2V=12V)，额定容量为90A·h的起动型免维护铅蓄电池。

图1-3 蓄电池（SAE）

由于执行的标准不同，蓄电池标识存在差异，不同国家或地区有自己的标准。例如，GB 代表我国的国家标准，SAE 代表美国的标准（美国汽车工程师学会标准），EN 代表欧洲的标准，JIS 代表日本的标准，DIN 代表德国的标准。

示例：蓄电池型号 12V 60Ah 720A（SAE）（见图 1-3）。

它表示符合 SAE 标准的额定电压为 12V，额定容量为 60A·h，冷起动电流为 720A 的蓄电池。

特殊标识：

① DF 代表低温反装，如 6—QA—160DF。

② D 代表低温起动性能好的类型，如 6—QA—120D。

③ HD 代表高抗震型，如 HD12—65(12V 65Ah)。

3．蓄电池使用标识

蓄电池使用标识见表 1-3。

表1-3 蓄电池使用标识

标　识	说　明
	在进行蓄电池相关工作时，操作人员须戴护目镜
	遵守电气装置维修手册和使用说明书中有关蓄电池的说明
	必须使儿童远离电解液和蓄电池
	在处理蓄电池时，严禁明火、火花、强光和吸烟；避免在处理电缆和用电设备时产生的电火花及因静电而产生的放电；避免短路，严禁将工具放在蓄电池上
	腐蚀危险：蓄电池电解液腐蚀性强，操作人员在进行蓄电池相关工作时应戴防护手套和护目镜；蓄电池不允许翻转，防止电解液从排气孔流出

续表

标　识	说　明
	爆炸危险：处理蓄电池时有爆炸危险，当蓄电池充电时，会产生易爆的氢氧混合气体
	回收处理：旧蓄电池是特殊垃圾，只能在规定允许的情况下，在合适的收集地点处理
	旧蓄电池不能作为生活垃圾进行处理，须取走用于再循环

1.3.1.4　蓄电池的容量

蓄电池的容量是蓄电池储存电能的能力，也是衡量蓄电池性能的重要指标之一。它是指完全充满电的蓄电池在一定的放电电流和电解液温度下，单体蓄电池的电压降至规定的终止电压时所能提供的电量，通常可采用两种表示方法：安时容量（A·h）和瓦时容量（W·h）。当蓄电池以恒定电流放电时，安时容量=放电电流×放电时间；瓦时容量=安时容量×平均放电电压。蓄电池的容量与放电电流、电解液温度及电解液密度等因素有关。电解液温度降低，放电电流增大，蓄电池输出的容量会减小。

额定容量是指完全充满电的蓄电池在电解液平均温度为25℃的情况下，以20h放电率的放电电流，连续放电至单体蓄电池平均电压降至1.75V时所输出的电量。对于额定电压为12V的蓄电池，电压不得低于终止电压10.5V。

例如6—Q—90型蓄电池，表示在电解液平均温度为25℃的情况下，以4.5A放电电流连续放电20h后，单体电压降为1.75V，蓄电池的额定容量=4.5A×20h=90A·h。

1.3.1.5　冷起动电流

冷起动电流（Cold Cranking Ampere，CCA）是指在规定的某一低温状态下（通常为−17.8℃），蓄电池在电压降至极限馈电电压前，连续30s释放的电流。

例如一个标明CCA为600A的12V蓄电池，它在−17.8℃时，在电压降至7.2V前，连续30s可提供600A的电流。

冷起动电流反映的是蓄电池在低温下的起动能力。如果电压降到规定值以下，蓄电池不能提供满负荷输出。

1.3.1.6 工作页

1．汽车电源有两个，分别是__________和__________。这两个电源与汽车用电设备均为________联。其中，________是主要电源，________是辅助电源。

2．蓄电池是一种化学电源，即将________转化为________储存，或通过内部化学反应向用电设备供电的__________________电源。

3．蓄电池作为汽车的电源之一，在什么情况下向用电设备供电？

4．铅酸蓄电池根据结构可分为普通型、________、________及________。

5．请正确描述下列蓄电池型号。

（1）6—Q—105S

（2）6—QW—100D

（3）12V 80Ah 422A（SAE）

（4）6—QA—160DF

6．请填写下表，明确蓄电池使用标识的含义。

标　识	说　明

续表

标　识	说　明

7．请解释下列参数。

额定容量	
冷起动电流	

8．实训：准备不同型号的蓄电池，请学生记录蓄电池的型号，并说明各组成部分的含义。

1.3.2　蓄电池的结构及工作原理和特性

这里以铅酸蓄电池为例，介绍蓄电池的结构、工作原理及工作特性。

1.3.2.1　蓄电池的结构

蓄电池主要由极板、隔板、电解液、壳体、联条和极柱等组成。

1．极板

极板是蓄电池的核心部分，蓄电池充放电的化学反应主要依靠极板上的活性物质与电解液进行。极板分为正极板和负极板，均由栅架和活性物质组成，如图 1-4 所示。

栅架的作用是固结活性物质，活性物质是极板上的工作物质。栅架一般由铅锑合金铸成，具有良好的导电性、耐腐蚀性和一定的机械强度。

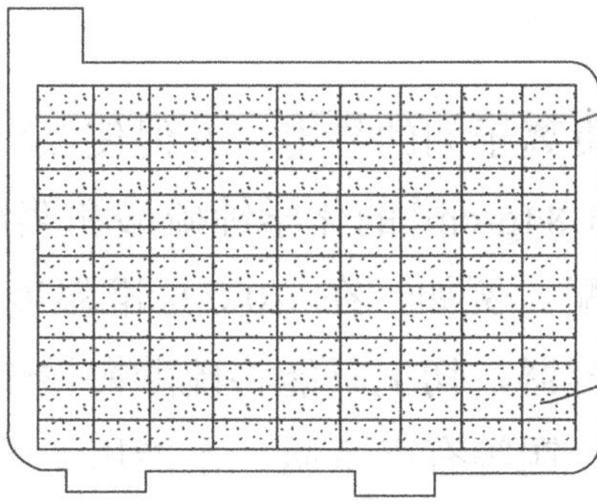

图 1-4　极板的组成

正极板上的活性物质为二氧化铅（PbO_2），呈棕褐色；负极板上的活性物质为海绵状纯铅（Pb），呈青灰色，两种活性物质都制成膏状涂敷在具备一定机械强度的栅架上。由于正极板上的活性物质容易脱落，故将正极板做得比负极板厚。将正、负极板各一片浸入电解液中，即可获得 2V 的电动势。为了增大蓄电池的容量，通常将多片正、负极板分别并联，组成极板组，如图 1-5 所示，以构成一个单体蓄电池（电芯），一个蓄电池通常由一个或几个单体蓄电池串联而成。在每个单体蓄电池中，正极板要比负极板少一片，以保证每片正极板都处于两片负极板之间，从而使正极板两侧放电均匀，避免因放电不均匀造成极板拱曲。

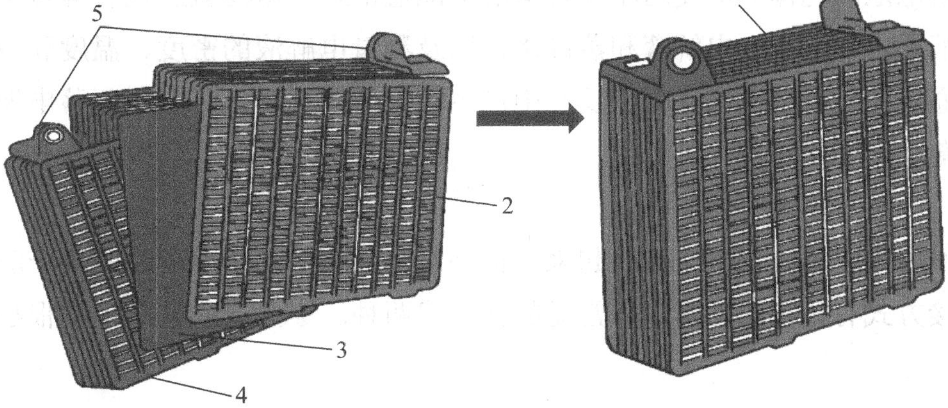

1—组装后的极板组；2—负极板；3—隔板；4—正极板；5—联条

图 1-5　极板组的结构

2．隔板

隔板插放在正、负极板之间，其作用是使正、负极板尽量靠近又不会发生短路，从而缩小蓄电池的体积，防止极板变形和活性物质脱落。隔板应耐酸并具有多孔性，以利于电解液的渗透。常用的隔板材料有木质、微孔橡胶、微孔塑料及玻璃纤维等，隔板的厚度小于 1mm。

隔板的一面平整，另一面有沟槽，安装时，带沟槽的一面应面向正极板，并且沟槽须垂直于壳体底部。这是因为正极板在充放电过程中的化学反应剧烈，沟槽既能使电解液上下流通，也能使气泡沿沟槽上升，还能使正极板上的活性物质脱落时迅速通过沟槽沉入容器底部。

3．电解液

电解液在蓄电池的化学反应中负责离子间的导电，并促使极板上的活性物质溶离，产生可逆的电化学反应。电解液由密度为1.84g/cm^{3}的化学纯硫酸和蒸馏水按一定比例配制而成，其密度应根据使用地区的温度进行选配。例如，在20℃标准温度下，其密度一般为1.24～1.30g/cm^3。配制电解液须使用耐酸的容器，切记只能将硫酸慢慢倒入蒸馏水中并不断搅拌。一般工业用硫酸和普通水，因含有铁、铜等有害杂质，不能用于蓄电池，否则会导致蓄电池自行放电，并损坏极板。因此，蓄电池电解液应用规定的专用硫酸和蒸馏水配制。

电解液的密度对蓄电池的工作有重要影响，密度大，可减少结冰的可能并提高蓄电池的容量；但若密度过大，则会增加黏度，使蓄电池的容量和使用寿命降低。

在使用中应注意，电解液的腐蚀性极强，易伤害皮肤或眼睛。如果不慎接触了蓄电池的电解液，应立即用苏打水冲洗；若有酸液溅到眼睛中，应立即用清水或医用眼睛清洗器冲洗，然后送医。

4．壳体

壳体的作用是盛放电解液和极板组，使蓄电池成为一个整体。壳体应耐酸、耐热、耐震，材料多用硬橡胶或聚丙烯塑料制成。

需维护蓄电池的壳体上部使用相同材料的电池盖密封，电池盖上设有与每个单体蓄电池相对应的加液孔，用于添加电解液和蒸馏水，以及测量电解液的密度、温度和液面高度。加液孔盖上的通风孔可以使蓄电池化学反应中产生的气体顺利排出，以保证蓄电池内部与大气的压力相平衡。

5．联条

联条的作用是将单体蓄电池串联起来，提高整个蓄电池的端电压。联条一般由铅锑合金制成，其连接方式有传统的外露式和常见的穿壁式两种。穿壁式联条的尺寸很小，设在蓄电池内部。

6．极柱

极柱焊接在蓄电池首尾两极板组的横板上，用于连接蓄电池和汽车的电气系统。其中一个为正极柱，标有“+”或“P”记号；另一个为负极柱，标有“-”或“N”记号，有的则用不同颜色表示。为了避免混淆，正极柱的直径尺寸会大于负极柱。

1.3.2.2 蓄电池的工作原理

蓄电池的工作原理是实现化学能与电能的相互转化——放电时，将化学能转化为电能以供用电设备使用；充电时，将电能转化为化学能储存起来。蓄电池在充放电过程中的化学反应是可逆的。

1．电动势的建立

当极板浸入电解液时，由于有少量的活性物质溶于电解液，故产生了电极电位，并且由于正、负极板电极电位的不同，于是形成了蓄电池的电动势（见图 1-6）。

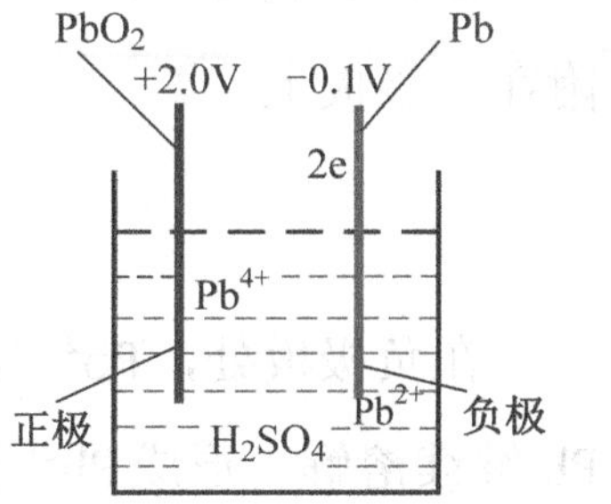

图 1-6 蓄电池电动势的建立

正极板上的少量二氧化铅（PbO_2）溶于电解液后，与水作用生成氢氧化铅（$Pb(OH)_4$），并分离为Pb^{4+}和OH^-，即

$$PbO_2 + 2H_2O \rightarrow Pb(OH)_4$$
$$Pb(OH)_4 \rightarrow Pb^{4+} + 4OH^-$$

Pb^{4+}附着在正极板上，使正极板呈正电位，同时由于正、负电荷的吸引，正极板上的Pb^{4+}有与电解液中的OH^-生成$Pb(OH)_4$的倾向，当两者达到动态平衡时，正极板的电位相对于电解液为 2.0V。

负极板上的铅（Pb）溶于电解液后，失去电子生成Pb^{2+}，2 个电子（2e）会被留在负极板上，Pb^{2+}溶于电解液中，从而在负极板与电解液之间建立起电极电位。由于正、负电荷的吸引，Pb^{2+}有沉附于负极板表面的倾向。当两者达到动态平衡时，负极板的电位相对于电解液约为−0.1V，即

$$Pb \rightarrow Pb^{2+} + 2e$$
$$Pb^{2+} + SO_4^{2-} \rightarrow PbSO_4$$

正、负极之间的电位差 $E_0 \approx [2.0-(-0.1)]V=2.1V$。

2．放电过程

将蓄电池的化学能转化为电能的过程称为放电过程。

当放电尚未开始时，正极板上的活性物质是PbO_2，负极板上的活性物质是 Pb，电解液是硫酸溶液。由于正、负极板上的不同物质与电解液发生化学反应，使正极板具有正电位，约为 2.0V；负极板具有负电位，约为−0.1V。正、负极间形成约为 2.1V 的电动势。

当放电电路接通时，在电动势的作用下，电流从正极经过负载流向负极（电子从负极移动到正极），使正极电位降低，负极电位升高，破坏了已有的平衡。蓄电池的放电过程如图 1-7 所示。在放电过程中，正、负极板上的活性物质不断与电解液发生化学反应，导致PbO_2和 Pb 转化为$PbSO_4$，进而使内阻增大，正极电位逐渐降低，负极电位逐渐升高，两极的电位差逐渐降低，电解液中的硫酸成分逐渐减少，水成分逐渐增多，电解液的密度逐渐减小。

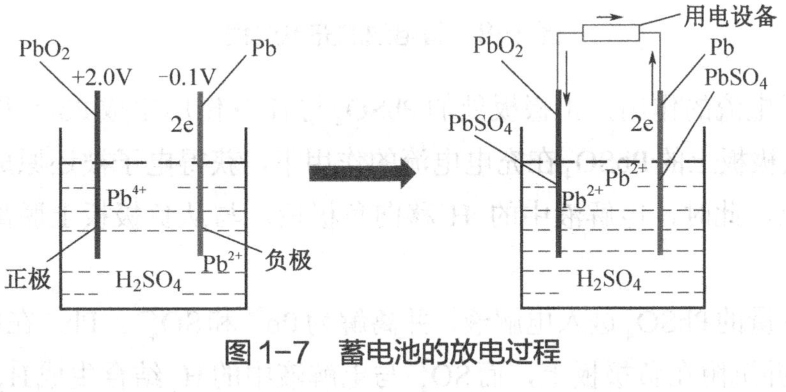

图 1-7 蓄电池的放电过程

在正极板处，Pb^{4+}和电子结合变成Pb^{2+}，Pb^{2+}又与电解液中的SO_4^{2-}结合生成$PbSO_4$并沉附在正极板上，即

$$Pb^{4+}+2e \rightarrow Pb^{2+}$$
$$Pb^{2+}+SO_4^{2-} \rightarrow PbSO_4$$

在负极板处，Pb^{2+}与电解液中的SO_4^{2-}结合生成$PbSO_4$并沉附在负极板上，而负极板上的Pb继续溶解，形成Pb^{2+}和电子，即

$$Pb-2e \rightarrow Pb^{2+}$$
$$Pb^{2+}+SO_4^{2-} \rightarrow PbSO_4$$

如果电路不中断，上述化学反应持续进行，正极板上的PbO_2和负极板上的Pb都将逐渐转化为$PbSO_4$，电解液中的H_2SO_4逐渐减少而水成分逐渐增多，导致电解液密度下降，即

$$PbO_2+2H_2SO_4+Pb \rightarrow 2PbSO_4+2H_2O$$

理论上，放电过程可以进行到极板上的活性物质全部转化为$PbSO_4$为止，但在实际中是不可能的。因为电解液不能渗透到活性物质的最内层，即使是完全放电的蓄电池，也只有20%～30%的活性物质能转化为$PbSO_4$。因此，蚕蛹薄型极板、增加多孔性、提高极板活性物质的利用率均有助于提高蓄电池的容量，这也是蓄电池的发展方向。

3．充电过程

将电能转化为蓄电池化学能的过程称为充电过程。充电电源必须是直流电源，蓄电池的正极接电源正极，蓄电池的负极接电源负极，当电源高于蓄电池的电动势时，在直流电源电压作用下，电流从蓄电池的正极流入，从负极流出（驱使电子从正极经外电路流向负极）。这时正、负极板上发生的反应正好与放电过程相反，如图1-8所示。

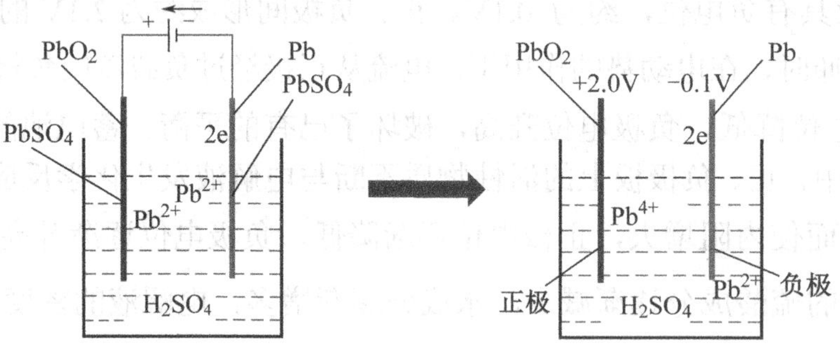

图1-8　蓄电池的充电过程

充电时，由于电流的作用，正极板处的$PbSO_4$与H_2O作用生成PbO_2和H_2SO_4，PbO_2沉附在正极板上；负极板上的$PbSO_4$在充电电流的作用下，获得电子被还原成Pb，并以固态析出沉附在负极板上。此时，电解液中的H^+移向负极板，与从负极板上脱离的SO_4^{2-}结合生成H_2SO_4。

负极板上有少量的$PbSO_4$进入电解液，并离解为Pb^{2+}和SO_4^{2-}。Pb^{2+}在电源的作用下获得两个电子变成Pb并沉附在负极板上，而SO_4^{2-}与电解液中的H^+结合生成H_2SO_4，即

$$Pb^{2+} \rightarrow Pb - 2e$$

$$PbSO_4 \rightarrow Pb^{2+} + SO_4^{2-}$$

正极板上也有少量的 $PbSO_4$ 进入电解液，并离解为 Pb^{2+} 和 SO_4^{2-} 。Pb^{2+} 在电源的作用下失去两个电子变成 Pb^{4+}，并与电解液中的 H_2O 离解出来的 OH^- 结合生成 $Pb(OH)_4$，$Pb(OH)_4$ 又分解为 PbO_2 和 H_2O； H^+ 则与电解液中的 SO_4^{2-} 结合生成 H_2SO_4，即

$$PbSO_4 \rightarrow Pb^{2+} + SO_4^{2-}$$

$$Pb^{2+} \rightarrow Pb^{4+} + 2e$$

$$Pb^{4+} + 4OH^- \rightarrow Pb(OH)_4$$

$$2H^+ + SO_4^{2-} \rightarrow H_2SO_4$$

由上可得

$$PbSO_4 + 2H_2O + PbSO_4 \rightarrow PbO_2 + 2H_2SO_4 + Pb$$

电解液中的硫酸成分逐渐增多，水成分逐渐减少，电解液的密度逐渐增大。随着化学反应不断进行，充电将一直进行到活性物质完全恢复到放电前的状态为止。

在充电终期，电解液的密度将上升到最大值，并会引起水的分解。

电解液：

$$H_2SO_4 \rightarrow 2H^+ + SO_4^{2-}$$

负极：

$$4H^+ + 4e \rightarrow 2H_2$$

正极：

$$2SO_4^{2-} - 4e + 2H_2O \rightarrow 2H_2SO_4 + O_2$$

总反应式为

$$2H_2SO_4 + 2H_2O \rightarrow 2H_2SO_4 + 2H_2 + O_2$$

由上式可见，实际上分解的是水，即

$$2H_2O \rightarrow 2H_2 + O_2$$

过量充电会使电解液中的水分解为氢气和氧气，加大蓄电池的失水率，增加维护工作量，对于免维护蓄电池，还会造成其早期失效。此外，还会产生酸雾，造成环境污染，危害人身健康，并使充电效率降低，造成能源的严重浪费。

根据上述内容，可以得出以下结论：

（1）蓄电池放电时，电解液中的硫酸将逐渐减少，水将逐渐增多，电解液的相对密度会减小；蓄电池充电时，电解液中的硫酸将逐渐增多，水将逐渐减少，电解液的相对密度会增加，如图 1-9 所示。因此，可以通过测量电解液密度的方法来判断蓄电池的充放电程度。

（2）蓄电池在充放电过程中，电解液的密度会发生变化，正极板上的活性物质发生化学反应，因而要求正极板处的电解液流动性良好。在装配蓄电池时，应将隔板带有沟槽的一面对着正极板，以便于电解液流通。

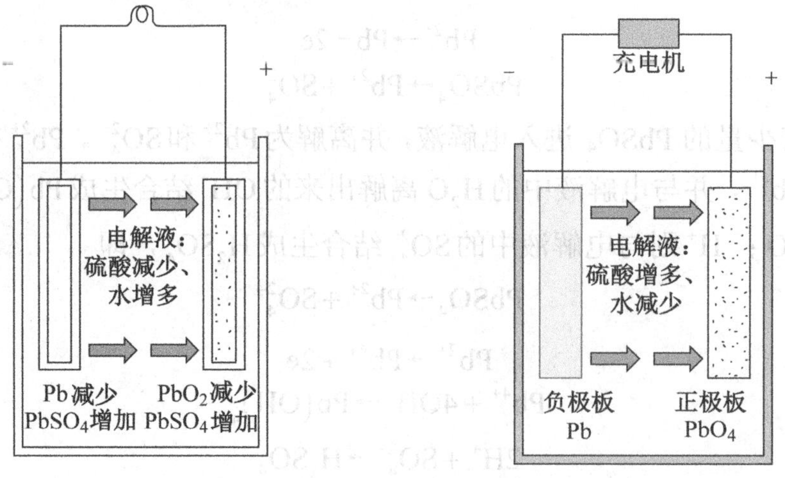

（a）放电过程　　（b）充电过程

图 1-9　蓄电池的充放电过程

（3）蓄电池放电终了时，极板上尚有 70%～80%的活性物质没有起作用。因此，为了减小蓄电池的质量，提高其供电能力，应充分提高极板活性物质的利用率，如在结构上提高极板的多孔性，减小极板厚度。蓄电池在充电后期会因电解水而产生气体，应注意保持蓄电池排气畅通，以防发生爆炸。

1.3.2.3　蓄电池的工作特性

要想合理使用蓄电池，就要掌握它的工作特性。蓄电池的工作特性主要包括蓄电池的电动势、内阻及自放电。

1．蓄电池的电动势

蓄电池的电动势是两个电极的电位差。它在数值上等于蓄电池达到稳定时的开路电压，主要由蓄电池电极的活性物质与电解质的电化学特性决定。铅酸蓄电池的电动势与硫酸密度的关系如图 1-10 所示。由该图可知，硫酸密度增加（在硫酸密度为 1.05～1.30g/cm^3 的范围时），蓄电池电动势的数值也会相应增加，两者呈线性关系。

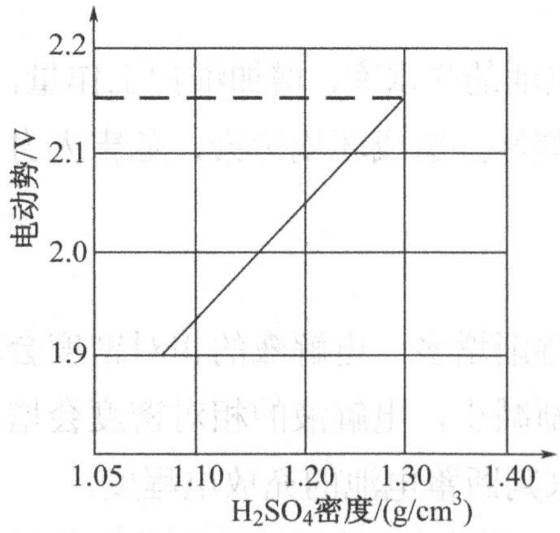

图 1-10　铅酸蓄电池的电动势与硫酸密度的关系

汽车用蓄电池电解液的密度一般为 1.12～1.30g/cm^3，因此蓄电池的静止电动势也相应地在 1.96～2.14V 范围内变化。

（1）端电压。端电压是指蓄电池正、负两极柱之间的电压。它等于电场力沿外电路将单位正电荷从电源正极移动到电源负极所做的功。

（2）开路电压。开路电压是指蓄电池在无负载状态（开路状态）下正、负两极柱之间的电压。它取决于蓄电池的充电状态及电解液的温度。

蓄电池达到稳定时的开路电压在数值上等于蓄电池的电动势。

（3）工作电压。工作电压是指蓄电池接通负载后在放电过程中显示的端电压，又称为负荷（载）电压或放电电压。工作电压的大小是变化的，既与蓄电池的放电电流有关，也与蓄电池内阻有关。

蓄电池内部有电阻 R_1，当有电流流过蓄电池时，就会在蓄电池内产生电压降 U_1，因此，工作电压 U_K 小于开路电压 U_0，如图 1-11 所示。由于蓄电池内阻与用电设备的电阻为串联关系，故在内阻上产生的电压降不会提供给用电设备。

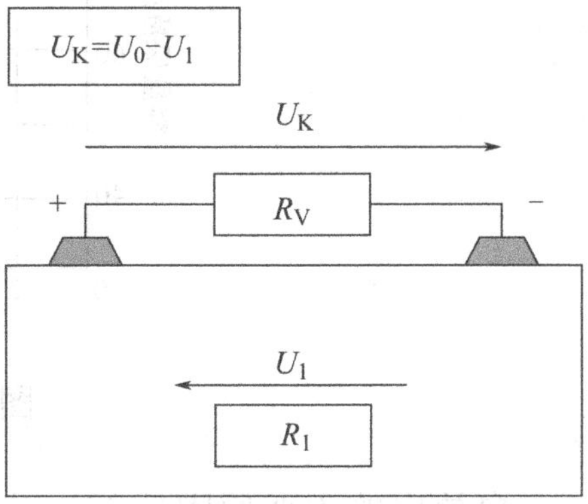

图 1-11　蓄电池在负载下的工作电压

（4）充电电压。充电电压是指蓄电池充电时，外电源加在蓄电池两端的电压。

（5）初始电压。初始电压是指蓄电池放电初始时的工作电压。

2．蓄电池内阻

蓄电池内阻是指蓄电池工作时，电流流过蓄电池内部所受到的阻力，它可以反映蓄电池负载的能力。在相同条件下，内阻越小，输出电流越大，蓄电池的负载能力越强。蓄电池内阻有欧姆内阻和极化内阻两种。欧姆内阻主要由电极材料、隔膜、电解液及各部分零件的接触电阻组成，也与蓄电池的尺寸、结构及装配有关；极化内阻是由电化学极化和浓差极化引起的，它是在蓄电池放电或充电过程中两电极进行化学反应时因极化而产生的内阻。极化内阻除与蓄电池的制造工艺、结构及活性物质的活性有关外，还与蓄电池的工作电流和温度等因素有关。

蓄电池内阻严重影响蓄电池的工作电压、工作电流和输出能量，因而内阻越小的蓄电池，性能越好。蓄电池内阻不是常数，在充放电过程中会随时间不断变化，因为活性物质组成、电解液浓度和温度都是不断变化的。由于电化学反应速度远小于电子运动速度，进而引起了正、负极板上的电荷累积，导致铅酸蓄电池的端电压升高，即电化学极化。充电过程中的电化学极化，使负极电位向负方向偏移，使正极电位向正方向偏移。在充电过程中，由于离子迁移速度远小于化学反应的速度，出现浓度差，导致离子发生扩散运动，而完成扩散过程需要一定时间，从而使极板表面的浓度仍较高。因此，电解液的浓度不同，将引起电解液极化作用并产生极化电压，促使铅酸蓄电池正、负极板的电极电位发生变化并偏离原来的平衡电位。

总而言之，起动型铅酸蓄电池的内阻是很小的。单体蓄电池的内阻约为 0.011Ω，在小负荷工作时对蓄电池输出的电力影响很小，但在大电流放电时（如起动发动机时），若内阻过大，则会引起端电压大幅度下降并影响工作性能。

3．蓄电池自放电

在蓄电池不使用时，随着放置时间的增加，储电量会自动减少，这种现象称为自放电。自放电与储存时间的关系如图 1-12 所示。

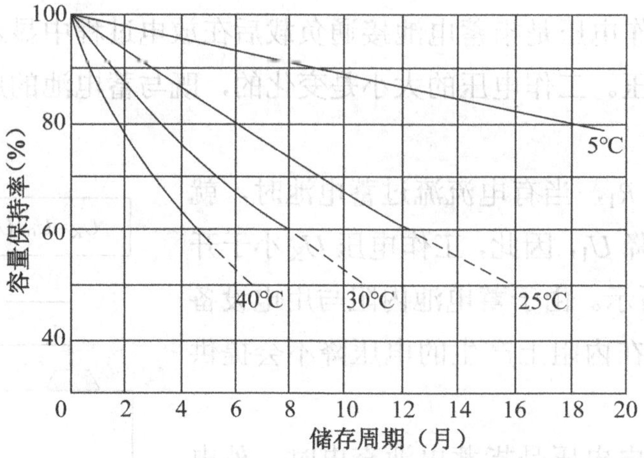

图 1-12　自放电与储存时间的关系

自放电的主要原因如下：

（1）电解液中含有杂质（如铜、铁等）或添加的不是纯净水，这些杂质与蓄电池极板构成局部微小电池，导致蓄电池形成自放电回路。实验表明，电解液中如含有质量分数为 1% 的铁，蓄电池充满电后会在 24h 之内将电能全部放完。蓄电池极板成分不纯，含有其他有害杂质，而这些杂质与极板间或不同杂质之间会产生电位差，形成一个局部蓄电池，并通过电解液构成回路，产生局部电流，进而引起自放电。

（2）蓄电池电极间的污垢较多，如泥沙或水等均为导体，导致蓄电池正、负电极间形成放电回路并自行放电。

（3）蓄电池负极板的自溶和正极板二氧化铅的自动还原。负极板的海绵状铅在蓄电池放置过程中会以铅离子的形式溶于电解液中，形成硫酸铅，导致有效活性物质的含量下降。

（4）蓄电池长期放置不用，因硫酸下沉导致下部密度较上部大，极板上、下部发生电位差及温度的变化都可引起自放电。

1.3.2.4　工作页

1．汽车用铅酸蓄电池主要由________、________、__________、壳体、联条和极柱等组成，正极板上的活性物质为__________，呈棕褐色；负极板上的活性物质为___________，呈青灰色。

2．请认真阅读学习资料，补齐下表。

蓄电池的结构组成		
序　号	组 成 部 分	作　　用
1	极板	
2	隔板	
3	电解液	

续表

蓄电池的结构组成		
序 号	组成部分	作 用
4	壳体	
5		将单体蓄电池串联起来，提高整个蓄电池的端电压
6	极柱	

3．请画出蓄电池的结构简图，并标注组成部分的名称。

4．蓄电池的工作原理是____________与电能的相互转化。当蓄电池与外界直流电源相连而将_________转化为_____________储存起来时，称为充电过程。

5．在蓄电池电动势的建立过程中，正极板上附着______________，呈正电位，正极板电位相对于电解液为________；负极板上的________溶于电解液后，负极板电位相对于电解液约为_________。正、负极之间的电位差约为_______________。

6. 蓄电池放电时，正、负极板的活性物质二氧化铅和纯铅都逐渐变为_______________，消耗电解液中的硫酸而产生水，使电解液的密度不断_________。

7．蓄电池充电时，正极板处的硫酸铅与水作用生成________________和硫酸；负极板上的硫酸铅在充电电流的作用下，铅离子获得电子被还原成________，电解液中的硫酸成分逐渐增多，水成分逐渐减少，电解液密度逐渐_________。

8．蓄电池的充电状态可以通过测试添加的电解液（H_2SO_4）的密度来确定，请将下表补充完整。

充电状态	正 极 板	负 极 板	密度/（g/cm^3）
		铅	1.28
正常充电	二氧化铅+硫酸铅		
		铅+硫酸铅	1.12
		硫酸铅	

9．蓄电池的工作特性主要包括________、_________及自放电。

10．蓄电池的开路电压是指蓄电池在_____________________________下的端电压。蓄电池的工作电压是指蓄电池________________在放电过程中显示的端电压，又称为负荷（载）电压或放电电压。工作电压的大小是变化的，既与蓄电池的______________有关，又与蓄电池的________有关。

11．什么是蓄电池内阻？它由哪几部分构成？对蓄电池有哪些影响？

12．什么是蓄电池自放电？为什么会存在自放电？

1.3.3 蓄电池的检测

蓄电池有严格的操作规程和技术标准，在实际应用中由于操作不规范，会造成蓄电池早期损坏，带来不必要的损失。蓄电池的使用寿命与蓄电池自身质量及工作条件、使用和维护情况等因素有很大关系。为了延长蓄电池的使用寿命，使蓄电池能较长时间地发挥功能，必须严格执行蓄电池的操作规范，并经常进行检查和维护。

1.3.3.1 铅酸蓄电池使用注意事项

1．合理使用

起动车辆时，不要连续使用起动机。每次起动时间不应超过 5s，若无法一次成功起动，则应等待半分钟后再起动，切不可连续起动；若三次均未起动，则应检查发动机是否出现故障。特别是在冬季冷车起动时，要先将车预热，避免蓄电池连续强烈放电，导致极板拱曲。

2．按时维护

应经常清除蓄电池极柱和表面的灰尘污物，保持蓄电池外部的清洁和干燥；经常检查正、负极极柱与连接导线接头的连接是否良好，接触面有无严重氧化或污垢；经常检查蓄电池内部电解液的液面高度，保证夏季一周一查，冬季两周一查，并适时添加蒸馏水或电解液。

3．及时充电

当蓄电池的电量不足时，其极板易被硫化，导致蓄电池容量下降，内阻增大，输出电流减小。因此，应尽可能使蓄电池经常处于充满电的状态，防止硫酸铅溶解和再结晶，从根本上消除产生硫化的原因。常用车辆的蓄电池最好每 3 个月进行一次预防性过充；经常停驶的车辆，每月应对蓄电池进行一次补充充电。当发现蓄电池出现轻度硫化时，应及时进行处理。

免维护铅酸蓄电池是在普通铅酸蓄电池的基础上进行的重要改进。免维护不等于不用维护，只是相对于普通的蓄电池少了一些维护工作。为了保证车辆能正常工作，需要针对该类蓄电池的特性进行细致的维护和保养。

1.3.3.2 外观检查

（1）检查蓄电池壳体是否出现裂纹和电解液泄漏。

如果壳体损坏，电解液会流出，流出的电解液会使车辆受损。与流出的电解液有接触的车辆部件须立即用肥皂液处理或更换。

（2）检查蓄电池的接线柱是否出现腐蚀、损坏。

如果蓄电池的极柱受损，则无法保证蓄电池极柱接触良好；如果极柱没有正确安装和紧固，则可能导致线路起火。

（3）检查蓄电池的安装是否牢固，接线柱是否松动，以及接线是否紧固。

如果蓄电池固定不充分，则可能由于振动而导致损坏，不仅缩短了其使用寿命，也会影响碰撞安全性。需要重点检查蓄电池接线板底部肋条是否正确卡入卡槽中，并按规定的拧紧力矩紧固螺栓。

（4）检查蓄电池表面有无灰尘、泥土，以及接线柱和线头表面有无氧化物。

（5）检查蓄电池上的通气孔是否畅通，注意定期疏通。

1.3.3.3 检查蓄电池电解液的液位

蓄电池电解液的液位是否正常对蓄电池的耐用性非常重要。如果电解液液位过低，则会使蓄电池极板干燥，导致电量损失；如果蓄电池极板无电解液浸没，则会导致蓄电池内部部件腐蚀，腐蚀严重者可能造成严重的功能性故障，甚至是蓄电池爆炸，应及时补充蒸馏水；如果电解液液位过高，则电解液可能溢出而导致发动机舱内功能部件受损，需要及时抽出多余的电解液。

只有可维护的湿荷电式蓄电池才可以进行电解液液位校正。蓄电池电解液的液位应介于最高液位与最低液位之间，如图 1-13 所示，可以从蓄电池外部根据“上液位”和“下液位”标记进行检查。注意检查每个单体蓄电池的电解液液位（免维护蓄电池除外），如果低于规定高度，则应加注蒸馏水。

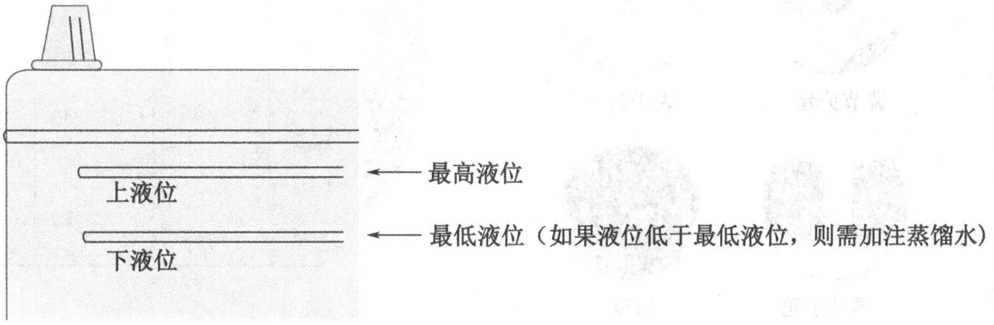

图 1-13 蓄电池电解液液位的检查

1.3.3.4 蓄电池检查指示器

通过观察蓄电池检查指示器（见图 1-14）所呈现的颜色，就可以了解蓄电池的状态，并判断蓄电池是否需要充电及能否继续使用。

图 1-14　蓄电池检查指示器

1.3.3.5　检测蓄电池电解液的密度

蓄电池电解液的密度是判断蓄电池容量的重要指标，检测每个单体蓄电池的密度，在 20℃时应为 1.24～1.31g/cm^3，如果测得的密度小于 1.20g/cm^3，则需要对蓄电池进行充电。注意：可以使用冰点检测仪检测蓄电池电解液的密度。

冰点检测仪可以测量冷却液的冰点、铅酸蓄电池电解液的密度及玻璃清洗剂的冰点，其结构如图 1-15 所示。

通过观测口，可以目测铅酸蓄电池电解液的密度，如图 1-16 所示。

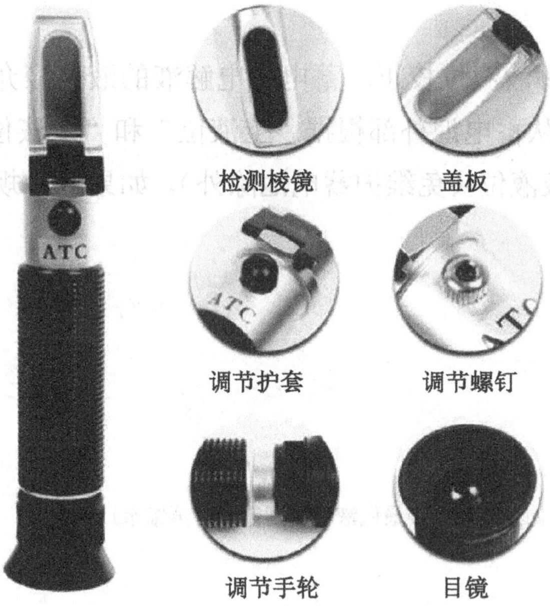

图 1-15　冰点检测仪的结构

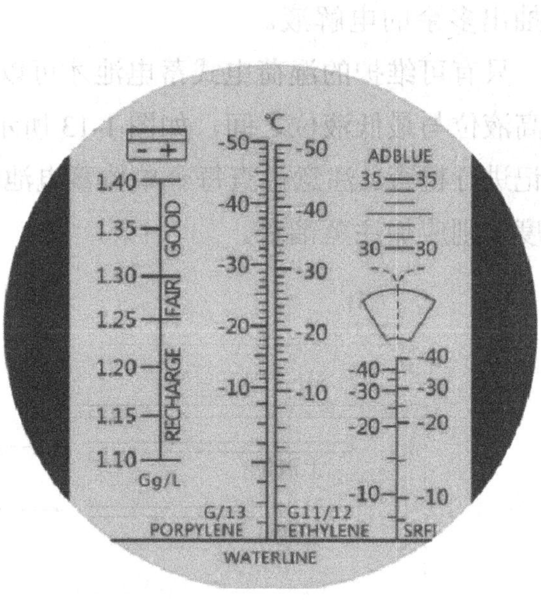

图 1-16　冰点检测仪的观测口

1.3.3.6　检测蓄电池的电压

1．万用表检测

使用万用表测量蓄电池的端电压，不能判定蓄电池的起动性能，只能作为检测的参考因素。静置时，用万用表测量蓄电池正、负接线柱之间的电压（端电压），只有该值≥12.6V 且电解液的密度≥1.22g/cm^{3}时，才可以基本判定蓄电池具有一定的电量储备。

2．高率放电计检测

对于许多车型，可以通过大负荷放电测量端电压来检测蓄电池的放电程度。高率放电计（见图 1-17）能模拟蓄电池带动起动机的负荷，以测量蓄电池在大电流放电时的端电压，从而较为准确地判断蓄电池的放电程度和起动能力。

（1）将红色正极（+）电极夹钳接在蓄电池的正极接线柱上，将黑色负极（-）电极夹钳接在蓄电池的负极接线柱上，读取蓄电池的空载电压值，通常为 11.8～13V。

（2）按下高率放电计上的按钮开关（注意按下时间不得超过 5s），迅速读取电压值。若指针稳定在 10～12V 区间（绿色区域），则说明蓄电池电量充足，不需要充电；若指针位于 9～10V 区间（黄色区域），则说明蓄电池的电量不足，需要充电；若指针位于 9V 以下区间（红色区域），则说明蓄电池严重亏电，应立即充电，才能使用；如果空载电压基本符合要求，但接通负载时指针迅速回落至红色区域，则说明蓄电池已经损坏。

注意：上述测量不能连续进行，须间隔 1min，以防蓄电池损坏。

13.3.7 检测蓄电池的性能

蓄电池性能检测

为了健康管理蓄电池，更好地对蓄电池进行检查和维护，保证蓄电池工作可靠，延长蓄电池的使用寿命，应定期使用蓄电池检测仪对蓄电池的性能进行检测，以判断蓄电池的状态，并更好地维护蓄电池。常用的蓄电池检测仪有博世 BAT131 蓄电池检测仪（见图 1-18）及各制造商的性能检测仪。

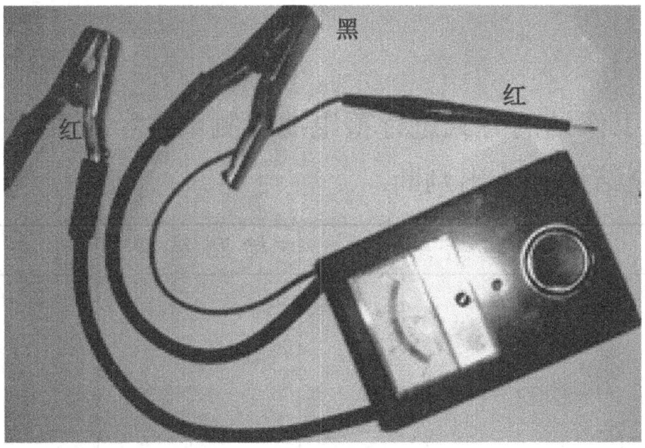

图 1-17 高率放电计

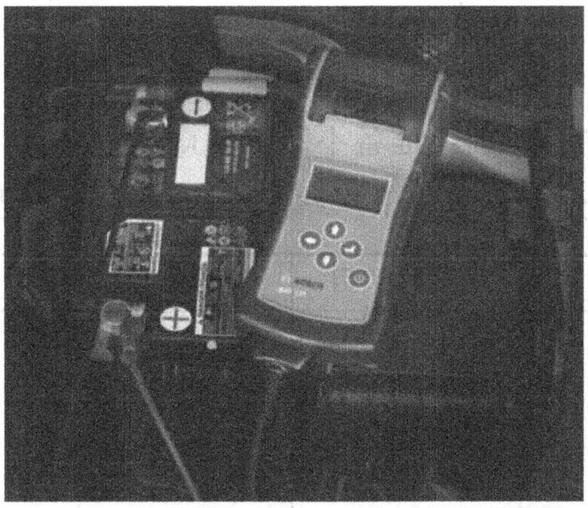

图 1-18 博世 BAT131 蓄电池检测仪

博世 BAT131 蓄电池检测仪的使用方法如下：

（1）做好防护，拆下蓄电池保护盖。

（2）将该检测仪连接到车辆蓄电池上。

（3）选择测试环境。当蓄电池安装在车辆上时，选择“车内”；当蓄电池未装在车辆上时，选择“车外”。

（4）选择端子类型。按检测对象选择顶端子、侧端子或跨接起动端子。

（5）选择蓄电池类型。按检测对象选择普通铅酸蓄电池、普通 AGM 蓄电池（简介见 1.9 知识拓展）或卷绕式 AGM 蓄电池。

（6）选择蓄电池标准。按检测对象选择 SAE、EN 或 DIN 等标准，常用 SAE 标准。

（7）选择蓄电池额定值。蓄电池额定值即蓄电池的冷起动电流，可在蓄电池上查到。

（8）按确认键进行检测，检测结果分为“电池良好”、“良好-需充电”、“充电后再测试”和“更换电池”4 种。

（9）按下打印键，可打印蓄电池的检测结果。

1.3.3.8 工作页

1．铅酸蓄电池使用注意事项包括____________、____________、____________。

2．请描述蓄电池外观检查的内容。

3．蓄电池电解液的液位应介于____________与____________之间。

4．通过观察蓄电池检查指示器所呈现的____________，就可以了解蓄电池的状态。

5．高率放电计能模拟蓄电池带动____________的负荷，以测量蓄电池在大电流放电时的____________，从而比较准确地判断蓄电池的放电程度和起动能力。

6．简述使用蓄电池检测仪检测蓄电池性能的方法。

7．实训：准备不同的蓄电池和实车，通过工作站的方式进行蓄电池检测。将学生分为 3 组，分别在 3 个工作站完成检测项目，记录检测结果并给出判断。

序号	检测项目	检测内容	标准结果	检测结果	判断
1	外观检查	1．检查蓄电池壳体			
		2．			
		3．			
		4．			
		5．			
	检测蓄电池的电压	1．万用表检测			
		2．			
2	检查蓄电池电解液的液位		最高液位与最低液位之间		
	检测蓄电池电解液的密度				
	蓄电池检查指示器				
3	检测蓄电池的性能				

1.3.4 蓄电池维护

1.3.4.1 蓄电池充电

1．蓄电池充电种类

根据充电目的不同，蓄电池的充电作业可分为初充电、补充充电和去硫化充电等。

1）初充电

新蓄电池在使用前的首次充电称为初充电。其目的是恢复蓄电池在存放期间因其极板上部活性物质缓慢硫化和自放电而失去的电量。初充电的特点是充电电流小、充电时间长、电化学反应充分。注意：初充电必须彻底。

2）补充充电

蓄电池在使用过程中，常有充电不足的现象，尤其是长期短途行驶的车辆，应根据需要进行补充充电。

3）去硫化充电

当蓄电池长期处于放电状态或者充电不足状态时，极板上会逐渐生成一层白色的粗晶粒的硫酸铅，而在正常充电时，硫酸铅不能转化为二氧化铅和铅，这种现象称为硫酸铅硬化，简称极板硫化。粗晶粒的硫酸铅会堵塞极板孔隙，使电解液渗入困难，导致蓄电池容量降低；硫化层导电性差，导致内阻显著增大，使起动性能和充电性能下降。为预防硫化，蓄电池应每隔 3 个月在完成补充充电的基础上，进行一次预防硫化的过充电，即有意识地将充电时间延长，使蓄电池充电更彻底，从而消除可能产生的轻微硫化。

2．蓄电池充电方法

蓄电池的充电方法可分为定流充电、定压充电和脉冲快速充电 3 种，应根据具体情况进行正确选择。

1）定流充电

在充电过程中，使充电电流保持恒定的充电方法称为定流充电。定流充电具有较强的适应性，可以选择和调整充电电流，因而可以对不同情况的蓄电池充电，如新蓄电池的初充电、补充充电及去硫化充电。定流充电的不足之处是充电时间长。

2）定压充电

在充电过程中，使加在蓄电池两端的电压保持不变的充电方法称为定压充电。定压充电的充电时间短，不需要专人照管且经济性高，因而适用于蓄电池的补充充电，被汽车维修厂商广泛采用。但是定压充电不能调整充电电流的大小，适应性较差，也不能将蓄电池完全充满电，故不能用于新蓄电池的初充电和消除硫化。

3）脉冲快速充电

脉冲快速充电（又称为分段充电）必须用脉冲快速充电机进行。脉冲快速充电的充电时间短，可以增加蓄电池的容量，去硫化效果也好。但在充电过程中会产生大量气泡，对活性物质的冲刷力强，易使活性物质脱落，导致蓄电池的使用寿命变短。

3．博世 BAT490 蓄电池充电机

当蓄电池发生亏电时，需要为蓄电池充电，常用蓄电池充电机进行充电作业，如博世 BAT490 蓄电池充电机（见图 1-19）。

图1-19 博世BAT490蓄电池充电机

就车对蓄电池进行充电，不需要拆下蓄电池，操作步骤如下：

（1）使蓄电池充电机（以下简称充电机）处于关闭状态。

（2）关闭汽车点火开关，断开蓄电池搭铁线和正极接线。

（3）将充电机的正极接线接到蓄电池的正极接线柱上，将充电机的负极接线接到蓄电池的负极接线柱上，检查连线是否正确，即红色为正极（+），黑色为负极（-）。

（4）打开充电机，在蓄电池上找到蓄电池额定容量，输入充电机。

（5）按下“确认”按钮，蓄电池开始充电。

（6）充电结束后，先关闭充电机，再切断电源，最后从蓄电池上拆下充电电缆。

充电时的安全注意事项：

充电时，蓄电池释放的气体为易燃易爆气体。因此，在蓄电池附近严禁吸烟，并且不能使用任何火源；在对电路或元件进行操作时，切勿产生火花，切勿使蓄电池接线柱短路，否则会对操作人员产生伤害。

1.3.4.2 蓄电池更换

1．蓄电池拆卸注意事项

随着电子技术的发展，汽车的智能化程度不断提高，许多功能都由电子控制系统来实现。例如发动机控制、自动变速器控制、转向系统及制动系统控制、汽车防盗系统，以及车门和车窗的控制等，都需要由蓄电池来提供电能支持。当拆下蓄电池后，某些功能会消失或初始化，因此汽车的蓄电池是不能随便拆卸的。

（1）当点火开关处于接通（ON）位置时，不可拆下蓄电池连接线或断开电源总开关。

（2）当发动机运转时，不可拆下蓄电池连接线或断开电源总开关。

（3）当仪表板上的故障灯点亮时，不可拆下蓄电池连接线或断开电源总开关。

2．更换蓄电池

汽车蓄电池的使用寿命一般为2～3年，需要按时进行更换。此外，当蓄电池的性能无法达到汽车的要求时，也需要进行更换。

1）准备工作

准备一个与车型匹配的新蓄电池和拆装工具。

2）拆卸旧蓄电池

拆卸旧蓄电池时，需要注意先拆负极，再拆正极，并且保证拆卸时不接触金属，否则容易产生火花，损坏蓄电池。

3）取出旧蓄电池

取出旧蓄电池的倾斜角度最好不超过 40°，干式荷电蓄电池需要避免出现电解液渗漏，并且在操作时，最好戴手套，防止电解液飞溅。

4）清理电极插头

蓄电池的电极插头因长期暴露在空气中，会产生氧化物、硫酸盐等，可用细砂纸打磨干净，并用凡士林涂覆，以防再次锈蚀。

5）安装新蓄电池

将之前准备好的新蓄电池安装在蓄电池架上，安装时需要注意先连接正极，再连接负极，并保证螺钉已拧紧，否则会因震动导致蓄电池的电极损坏，缩短蓄电池的使用寿命。

6）注意蓄电池的绝缘

因为正极裸露在空气中，容易引起蓄电池短路，所以在最后要将正极上的橡胶皮套盖住，以与其他金属绝缘隔离。

1.3.4.3　辅助起动

蓄电池亏电是汽车的一种常见故障，可以通过蓄电池起动器或使用起动辅助电缆通过另一辆汽车的蓄电池进行辅助起动，如图 1-20 所示。更换蓄电池时，蓄电池起动器也可进行支持运行，以防汽车存储器数据丢失。

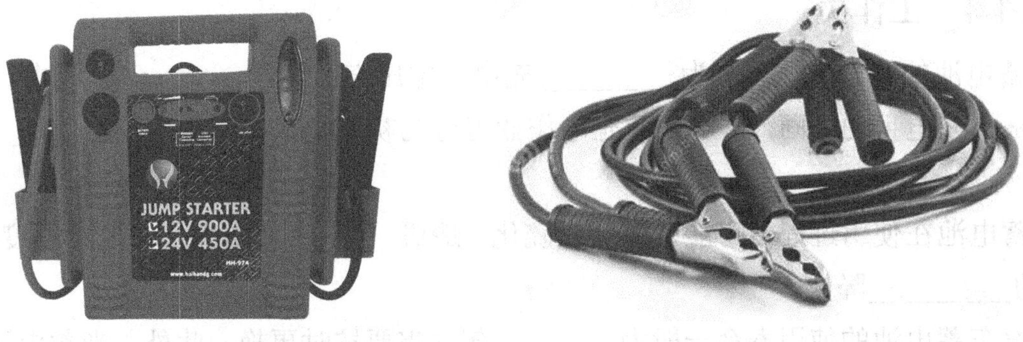

（a）　　（b）

图 1-20　蓄电池起动器及起动辅助电缆

注意：①切勿在蓄电池冻结的情况下进行辅助起动，否则会有爆炸危险。应及时更换冻结的蓄电池。

②只可使用横截面积足够大且带绝缘电极钳的辅助起动电缆。

当使用辅助起动电缆通过另一辆汽车的蓄电池进行辅助起动时，在起动被供电车辆的发动机前，供电车辆的发动机至少需要先运行 1min。起动过程如下：

（1）只能用额定电压相同的蓄电池。

（2）关闭两车的发动机和所有用电器（供电车辆的危险警告灯除外）。

（3）先将红色跨接电缆接到无电蓄电池的正极接线柱上，再将它的另一端接到供电蓄电池上，如图 1-21 所示。

（4）先将黑色跨接电缆接到供电蓄电池的负极接线柱上，再将它的另一端接到被供电车辆车身的金属部件上，最理想的部位是发动机缸体（必须尽可能远离无电蓄电池）。不可搭接在无电蓄电池的负极接线柱上，避免产生电火花引燃蓄电池里产生的氢气，引发爆炸。

（5）确认跨接电缆未处于尾气排放或传动带运转的区域内。

（6）起动供电车辆的发动机后，起动被供电车辆的发动机，开始进行辅助起动。

（7）按与上述接线相反的顺序拆卸两根跨接电缆，如图 1-22 所示。注意在操作过程中，跨接电缆不能接触两车车身。

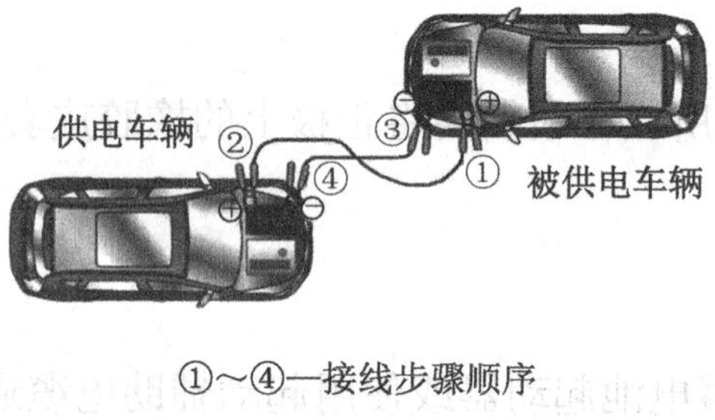

图 1-21　接线步骤示意图

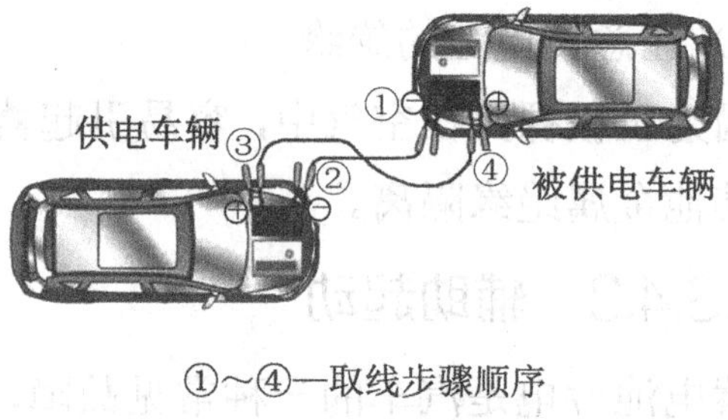

图 1-22　取线步骤示意图

注意：对于有起动辅助连接点的车辆，起动辅助只允许使用该连接点。

1.3.4.4　工作页

1．蓄电池的充电方法可分为________充电、定压充电和___________充电。

2．根据充电目的不同，蓄电池的充电作业可分为初充电、________充电和________充电等。

3．蓄电池在使用过程中可能发生极板硫化，造成________增大，充电时温度上升较快，蓄电池的________降低。

4．汽车蓄电池的使用寿命一般为_______年，需要按时更换。此外，当蓄电池的性能无法达到汽车的要求时，也需要进行更换。

5．蓄电池亏电时可以通过______________或使用____________进行辅助起动。

6．蓄电池极板硫化是如何产生的？有哪些危害？

7．请解释在连接蓄电池时为什么要先连接正极接线柱。

8．实训：准备不同的蓄电池和实车，通过工作站的方式进行蓄电池维护。将学生分为3组，分别在3个工作站完成蓄电池维护项目。

序　号	维护项目	步　骤	安全注意事项	备　注
1	蓄电池充电			
2	蓄电池更换			
3	辅助起动			

1.4 理论测试

一、填空题（每空1分，共20分）

1．汽车电源有两个，分别是____________和____________。这两个电源与汽车用电设备均为__________联。其中，____________是主要电源，____________是辅助电源。

2．蓄电池是一种化学电源，即将__________转化为__________储存，或通过其内部化学反应向用电设备供电的__________________电源。

3．汽车用铅酸蓄电池主要由__________、__________、__________、壳体、联条和极柱等组成，正极板上的活性物质为__________，呈棕褐色；负极板上的活性物质为__________，呈青灰色。

4．汽车蓄电池的使用寿命一般为__________年，需要按时更换。此外，当蓄电池的性能无法达到汽车的要求时，也需要进行更换。

5．额定容量是指完全充满电的蓄电池在电解液平均温度为_______________的情况下，以__________放电率的放电电流，连续放电至单体蓄电池平均电压降至__________时所输出的电量。

6．冷起动电流反映的是蓄电池在________________________。

7．蓄电池内阻是指蓄电池工作时，电流流过________________所受到的阻力。

8．在蓄电池不使用时，随着放置时间的增加，储电量会自动减少，这种现象称为_________________。

二、单选题（每题1分，共22分）

1．有一蓄电池型号为6—QA—75，其中A表示（　　）。

A．干式荷电蓄电池　　B．免维护蓄电池

C．低温起动性能好　　D．起动型蓄电池

2．型号为6—QA—90的蓄电池，其额定电压和额定容量分别为（　　）。

A．12V，90 A·h　　B．12A，90 V·h

C．12A，90 A·h　　D．12V，90 V·h

3．铅酸蓄电池的额定容量与（　　）有关。

A．单格数　　B．电解液数量　　C．单个极板的片数　　D．蓄电池大小

4．下列标识中的（　　）表示处理蓄电池时严禁明火、火花、强光和吸烟。

A. 　B. 　C. 　D. 

5. 下列标识中的（　　）表示处理蓄电池时有爆炸危险。

A. 
B. 
C. 
D. 

6. 蓄电池额定容量的单位是（　　）。

A. A•h　　B. A•V

C. V•h　　D. mA

7. 铅酸蓄电池单体静止电动势取决于（　　）。

A. 极板面积　　B. 单体蓄电池的极板片数

C. 电解液的相对密度　　D. 极板形状

8. 提高蓄电池极板表面活性物质的多孔率是为了（　　）。

A. 增加蓄电池的电压　　B. 增大蓄电池的容量

C. 提高蓄电池的电流　　D. 延长蓄电池的使用寿命

9. 配置蓄电池电解液的正确方法是（　　）。

A. 将一定量的蒸馏水倒入一定比例的硫酸中

B. 将一定量的硫酸倒入一定比例的蒸馏水中

C. 在铁制容器中配置

D. 配置时，若有电解液溅到皮肤上，应立即用水清洗

10. 铅酸蓄电池放电时，正、负极板上形成的物质是（　　）。

A. Pb　　B. PbO_2　　C. PbS　　D. $PbSO_4$

11. 铅酸蓄电池充电时，正、负极板上形成的物质是（　　）。

A. Pb　　B. PbO_2　　C. PbS　　D. $PbSO_4$

12. 蓄电池的开路电压是指（　　）。

A. 浮充状态下的正、负极端电压

B. 均充状态下的正、负极端电压

C. 蓄电池在无负载状态下的端电压

D. 在放电终止状态下的端电压

13. 蓄电池的电动势在数值上等于蓄电池达到稳定时的（　　）。

A. 开路电压　　B. 端电压

C. 工作电压　　D. 初始电压

14. 免维护蓄电池的电眼显示为白色，说明（　　）。

A. 可以继续使用　　B. 必须充电

C. 蓄电池需要更换　　D. 都不对

15．冰点检测仪不可以测量（　　）。

A．制冷剂的纯度　　B．铅酸蓄电池电解液的密度

C．玻璃清洗剂的冰点　　D．冷却液的冰点

16．使用（　　）可以测量蓄电池的电量。

A．万用表　　B．示波器

C．高率放电计　　D．充电机

17．使用（　　）可以测量蓄电池的冷起动电流。

A．万用表　　B．蓄电池检测仪

C．高率放电计　　D．充电机

18．蓄电池的检测内容包括（　　）。

A．蓄电池外观检查　　B．蓄电池性能检测

C．蓄电池电压检测　　D．以上都是

19．下列中的（　　）不是蓄电池的充电方法。

A．定流充电　　B．定压充电

C．脉冲快速充电　　D．初充电

20．下列中的（　　）不是蓄电池的充电类型。

A．补充充电　　B．去硫化充电

C．脉冲快速充电　　D．初充电

21．在汽车上正确拆卸蓄电池的顺序是（　　）。

A．先拆正极，再拆负极　　B．先拆负极，再拆正极

C．先拆负极，再拆支架　　D．无顺序

22．定压充电适用于（　　）。

A．初充电　　B．补充充电

C．脉冲快速充电　　D．去硫化充电

三、判断题（每题1分，共28分）

1．蓄电池是一种可逆的低压直流电源。（　　）

2．只要发动机运转，发电机就会给蓄电池充电。（　　）

3．蓄电池的电解液腐蚀性强，在进行蓄电池方面的工作时应戴防护手套和护目镜。（　　）

4．旧蓄电池可以像生活垃圾一样分类处理。（　　）

5．汽车蓄电池放电时，单体蓄电池的终止电压不低于1.75V。（　　）

6．正极板上的活性物质为二氧化铅（PbO_2），负极板上的活性物质为海绵状纯铅（Pb）。（　　）

7．配置电解液时，应将蒸馏水徐徐注入硫酸中。（　　）

8. 因为正极板处反应剧烈，所以单体蓄电池内的正极板比负极板多一片。 （ ）
9. 隔板插放在正、负极板之间，其作用是使正、负极板尽量靠近而不至于短路。 （ ）
10. 若极板上产生硫酸铅，说明极板上出现硫化现象。 （ ）
11. 蓄电池放电时，电解液的密度增大。 （ ）
12. 铅酸蓄电池正、负极之间的电位差为2.1V。 （ ）
13. 蓄电池的内阻越小，蓄电池性能越好。 （ ）
14. 免维护铅酸蓄电池在使用过程中不用维护。 （ ）
15. 应经常清除蓄电池表面的灰尘、泥土及接线柱和线头表面的氧化物，并涂抹润滑脂。 （ ）
16. 蓄电池电解液的液位应介于最高液位与最低液位之间。 （ ）
17. 只要使用万用表测量蓄电池的端电压，就能判定蓄电池的起动性能。 （ ）
18. 如果电解液液位过低，则需补充蒸馏水。 （ ）
19. 根据蓄电池电解液的密度可以判断蓄电池的放电量。 （ ）
20. 通过检测蓄电池的电压可以检测蓄电池的电量。 （ ）
21. 蓄电池初充电既可以采用定流充电，也可以采用定压充电。 （ ）
22. 定压充电的电压一直保持不变。 （ ）
23. 去硫化充电可以消除所有硫化的蓄电池。 （ ）
24. 在更换蓄电池时接通点火开关，对汽车没有影响。 （ ）
25. 拆卸蓄电池时，对断开蓄电池的正、负极接线没有顺序要求。 （ ）
26. 连接蓄电池的正、负极电缆时，应先连接正极，以保证安全。 （ ）
27. 拆装蓄电池不会造成控制单元信息丢失。 （ ）
28. 辅助起动只可使用横截面积足够大且带绝缘电极钳的起动辅助电缆。 （ ）

四、简答题（每题10分，共20分）

1. 绘制蓄电池结构简图，并标注组成部分的名称。

2. 简述使用蓄电池检测仪检测蓄电池性能的步骤。

1.5 计划与决策

1．分组制订主题为“车辆在短途行使模式下发生蓄电池亏电”的故障诊断与排除工作计划。

工作计划表

品牌		整车型号			生产日期	
发动机型号		发动机排量			行驶里程	
车辆识别码						
故障现象描述						
可能故障原因分析						
序　号	检查或检测内容	设备工具	注意事项	理论值	实测值	结果分析
1						
2						
3						
4						
5						
6						
小组成员及分工	组长： 卫生员：	记录员： 质检员：		安全员： 联络员：	展示员： 其他：	
计划审核（教师）	年　月　日　签字：					
检测中出现的问题		经验总结及改进措施				
结论和维修建议						
预估工时			成本预算			

2．学生小组通过合作按照任务决策的关键要素完成任务决策。

任务决策：

（1）与师傅决策明确计划可行性。

工作任务的时间控制和成本控制，工作步骤的正确性、规范性和合理性，工作过程的安全性和环保性，考虑厂商的经济效益和工作效率等，并记录决策结果与师傅的建议。

（2）与客户决策明确计划可行性。

请站在客户的角度，和客户沟通任务计划实施的可能性。（包括：有几种可能供客户选择？某些项目做或不做？现在做还是以后做？考虑客户的成本控制、时间控制、安全性、环保性、美观性和便利性等，并记录决策结果与客户的意见。）

1.6 任务实施

1. 学生按照本组制订的工作计划进行故障诊断与排除作业，并将具体过程及结果记录在工作计划表中。

2. 查询工厂信息管理系统，进行备件和人员工资测算，并将其记录在工作计划表中的相应位置。

3. 实施过程评价。

排除蓄电池故障评价表

序号	评价内容	评价标准	配分	得分
1	安全防护	座椅套、脚垫、转向盘罩、翼子板布、前栅子布、车轮挡块	10分	
2	明确故障现象	打开点火开关，起动车辆，检查发动机的运转情况	5分	
3	识别蓄电池	正确识别蓄电池	10分	
4	故障诊断	1. 正确进行蓄电池（安装情况、液面/指示器/电解液密度）检查； 2. 正确测量蓄电池的电压； 3. 正确进行蓄电池性能检测，并做出判断； 4. 正确进行蓄电池充电/更换/辅助起动	40分	
5	检查反馈	打开点火开关，起动车辆，检查发动机能否正常运转	5分	
6	注意事项	出现危害人身或设备安全的操作，此项没分	5分	
7	过程记录	对工作过程进行记录，记录内容应完整、翔实，漏一项扣1分，不完整的酌情扣分，扣完为止	5分	
8	工作过程	工作态度积极； 文明操作，轻拿轻放，言行举止等合乎要求； 动作规范； 有野蛮操作的扣5分，有不文明语言的扣5分，扣完为止	5分	
9	5S①	工具恢复，保持工作场地干净整洁，漏1项扣1分，扣完为止	5分	
10	时间	超时5min以内的扣5分，超时5～10min的扣10分，超过15min须停止操作	10分	
合计			100分	

① 5S即整理、整顿、清扫、清洁、素养。

1.7 任务评估

1．小组合作完成任务检查，对工作计划、工作过程、工作结果进行评估，并记录优点、缺点及改进建议。

1．检查工单（检测结果、维修建议、维修措施、故障排除情况）。   2．必要的 5S（车辆、工位、场地）。   3．请根据实施诊断与修理工作的实际情况，完善并改进工作计划。

2．车辆维修结束后，进行功能检查并将已修复的车辆及相关物品交付给组长，作为修理人员需要交付哪些物品？请写出交付车辆过程中需要注意的事项。

1.8 任务反思

在“排除蓄电池的功能性故障”的学习过程中你有哪些收获，请归纳总结。

序 号	项 目	总 结 内 容
1	单元知识点总结	
2	目标达成情况	
3	达成目标的原因	
4	未达成目标的原因	
5	工作过程反思	
6	在今后学习中要保持的	
7	在今后学习中要杜绝的	
8	在今后学习中要尝试的	

1.9 知识拓展

AGM 蓄电池

由于现代化车辆的电气设备的能量消耗越来越大，对于蓄电池容量的要求也就越来越高，即使车辆停止不动，能量消耗也是相当大的。因此，一些车辆上安装了 AGM 蓄电池。

AGM 蓄电池是一种采用玻璃纤维隔板（AGM）的阀控式密封铅酸蓄电池，如图 1-23 所示。玻璃纤维可以很好地渗透和吸附硫酸，大部分电解液都吸附在玻璃纤维隔板上。

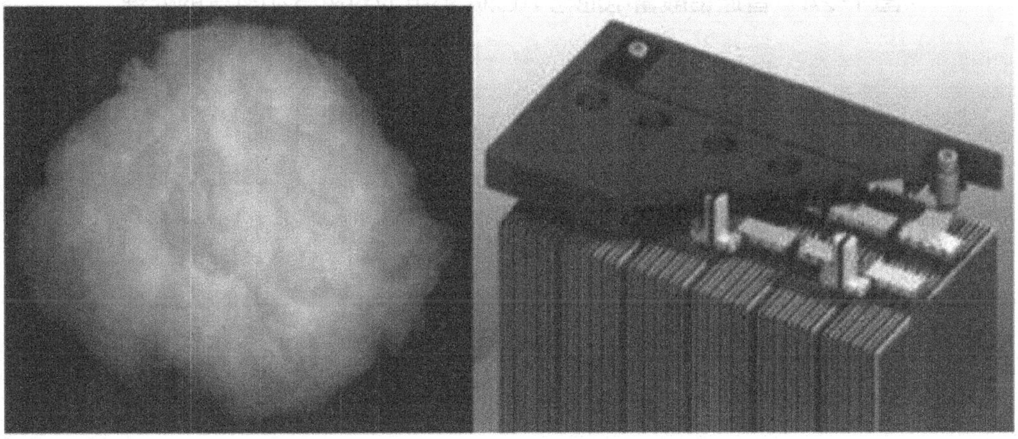

图 1-23 AGM 蓄电池

相同规格的 AGM 蓄电池与普通铅酸蓄电池相比具有下列优点：

① 使寿命更长；

② 温度较低时的起动安全性更高；

③ 在电流需求较高时能可靠起动发动机；

④ 由于硫酸全部储存在玻璃纤维网垫内，即使蓄电池壳体出现损坏，也不会有硫酸流出。

AGM 蓄电池与普通铅酸蓄电池的不同之处在于其充电时的环保性和物质稳定性。铅酸蓄电池充电时，通过电解释放氧气和氢气两种气体。普通铅酸蓄电池会将氧气和氢气排放到大气中；AGM 蓄电池则将这两种气体重新转化为水，即在充电时，正极产生的氧气通过渗透性玻璃纤维网到达负极，并在此与电解液中的氢离子发生反应生成水，如图 1-24 所示。因此不会释放任何气体，电解液也不会流失，从而做到真正的免维护。

AGM 蓄电池在充电时需要注意以下事项：充电限制电压只有 14.5V，而普通铅酸蓄电池为 15.5V；需要选择 AGM 专用充电器。AGM 蓄电池的理论使用寿命一般为 4～6 年，实际使用寿命则与车辆的使用习惯、使用环境及外界温度等因素有关。

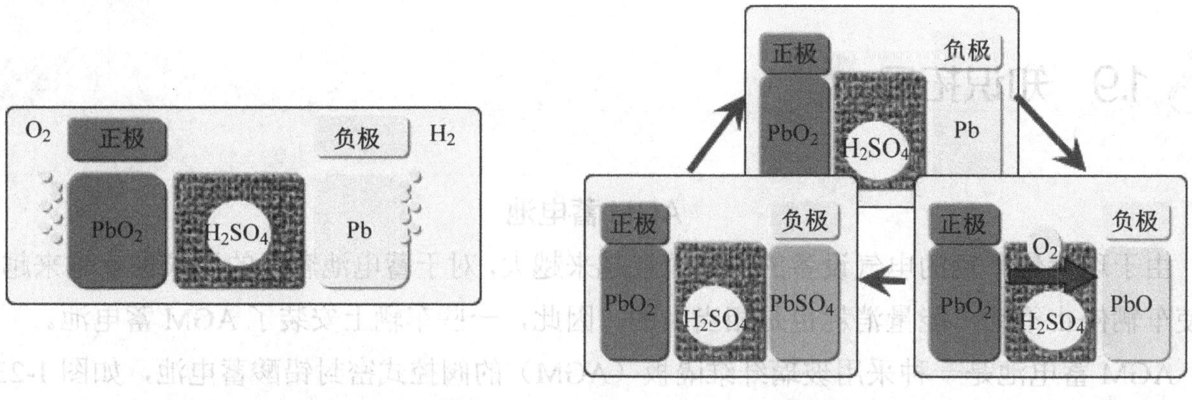

（a）普通铅酸蓄电池　　（b）AGM 蓄电池

图 1-24　普通铅酸蓄电池与 AGM 蓄电池对氧气和氢气的处理

2

学习单元二

排除蓄电池管理系统故障

2.1 学习目标

素质目标

1. 能够做到诚实守信、尊重生命；
2. 能够按照通用的演示规则进行简要演示，同时呈现积极主动的态度；
3. 能够条理分明地分析问题、解决问题；
4. 能够从错误中学习并得出结论；
5. 在进行蓄电池管理系统检测的过程中，遵守事故预防条例，逐步树立安全意识；
6. 在进行蓄电池管理系统检测的过程中，按照规范标准进行，使学生逐步树立规范操作意识。

知识目标

1. 熟悉蓄电池管理系统的作用；
2. 掌握车载电网控制单元进行电能管理的过程和用电设备的关闭策略；
3. 掌握智能型蓄电池管理系统的作用和控制策略；
4. 掌握烟火式安全开关的作用、结构和工作原理；
5. 掌握蓄电池传感器的作用、结构和工作原理；
6. 掌握静态电流测量方法。

技能目标

1. 能够分析蓄电池管理系统的结构；
2. 能够描述蓄电池管理系统的作用、蓄电池监控过程及用电设备的关闭策略；
3. 能够分析蓄电池管理系统的故障原因；
4. 能够正确使用工具进行静态电流检测；
5. 能够对蓄电池管理系统进行系统化的故障查询，确定正确的蓄电池并用测试仪匹配车辆蓄电池。

2.2 情境引入

一辆2017年上市的大众速腾轿车，搭载1.4T发动机，已行驶5.4×10^5km。在日常使用中，汽车发动机无法起动，打开点火开关，发现仪表指示灯亮度偏暗，起动发动机时没有起动征兆，蓄电池严重亏电。

2.2.1 接受任务

1．请两名同学分别扮演前台接待员和客户，完成接待任务。其他同学负责观察并记录优点及需要改进的地方。

指　　标	优　　点	需要改进的地方
注重使用文明用语		
着装合体，适合工作要求		
发型规范		
围绕“情境引入”中的任务能专业清楚地表达，条理分明，让对方听懂		
认真倾听，对问题有合理的、应有的反应		
有效利用客户陈述的信息并记录		
主动寻找伙伴帮助完成对话		
与伙伴有积极合作意识		
理解客户需求，为客户着想		
具备扎实丰富的专业知识		

2．在实习车上，填写任务工单，明确故障现象。

车主姓名		日　期	
车　　型		车牌号	
发动机号		VIN	
联系电话			
通信地址			
故障现象描述：			
检查维修建议：			
故障结论：（更换或维修的零件记录）			
取车付款： 现金　　　　　　银行卡		维修人： 收款人：	

2.2.2　任务分析

随着车载电气设备及控制单元的大量使用，电能需求大大增加。如果不控制电能的使用，就可能造成蓄电池的电能迅速下降，导致汽车因亏电而无法起动的故障。

大众品牌的速腾轿车的车载电网控制单元具有用电负荷（电能）管理功能，其作用是管理车辆的用电状况，确保蓄电池有足够的电能使发动机顺利起动和正常运转。车载电网控制单元（J519）根据发动机转速、蓄电池电压及发电机 DF 信号（DF 信号用来监控发电机的发电量，当发电量低时，通过发动机控制单元提高发动机转速来提高发电量）等信息进行评估，在保证安全行驶的前提下，通过适当关闭舒适系统的用电设备来保证车辆电能。速腾轿车的用电负荷（电能）管理系统如图 2-1 所示。

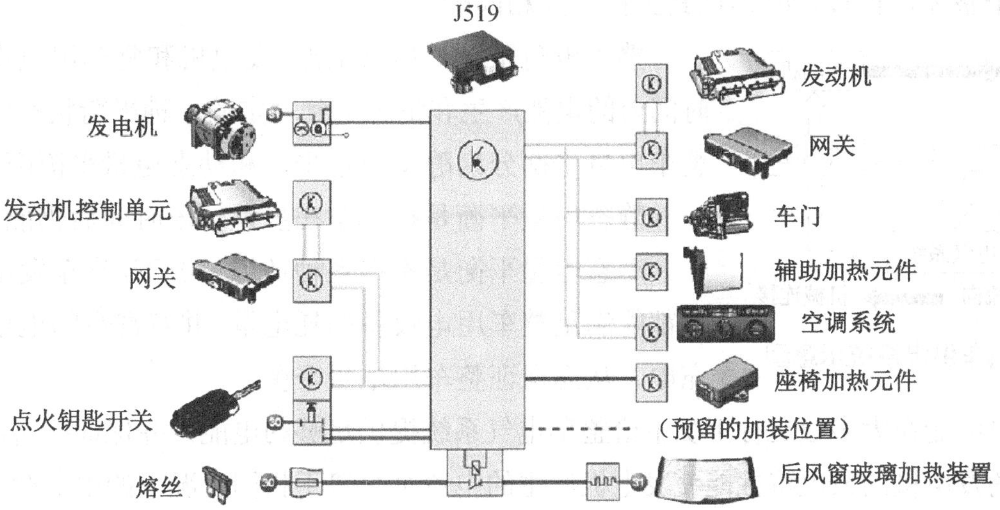

图 2-1　电能管理系统（速腾轿车）

根据车辆的故障现象，初步判定故障原因是蓄电池严重亏电导致发动机无法起动。打开点火开关，发现仪表指示灯亮度偏暗，起动发动机却无起动征兆，该现象验证了蓄电池严重亏电的猜测。

结合速腾轿车的电能管理系统及故障现象，分析造成蓄电池严重亏电的可能原因，具体如下：

① 蓄电池本身损坏或内部自放电；

② 忘记关闭某些用电设备导致的放电；

③ 电气系统存在漏电现象；

④ 用电设备没有休眠，在发动机熄火后异常工作；

⑤ 发电机不发电或发电量不足。

2.3 知识与技能

2.3.1 蓄电池管理系统概述

2.3.1.1 整车电量平衡

汽车上配备了越来越多的用电设备（用电器），整车耗电量也在逐步增加，导致汽车供电系统的负担越来越大。汽车必须有足够的电能储备，才能满足众多需求。电源必须能保证汽车在任何时候都可以起动和工作，特别是在发动机停止运转的情况下，用电设备工作一定的时间后仍能起动发动机。蓄电池、起动机、交流发电机（以下简称发电机）和整车的电气设备作为一个整体，在设计时须使其工作能互相匹配。

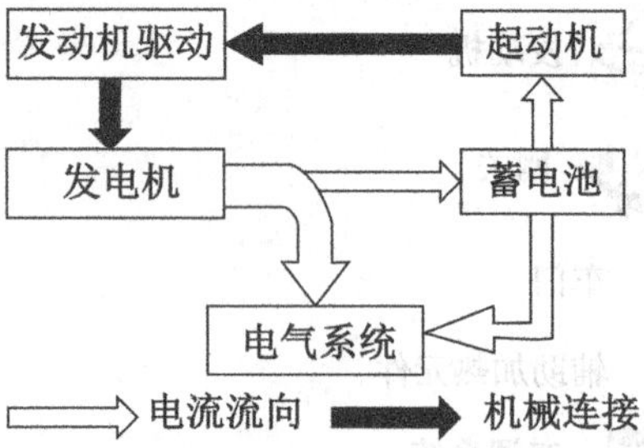

图 2-2　汽车供电系统示意图

整车电量平衡是指蓄电池、发电机和整车用电设备在一定时间内的电能产生和消耗达到稳定的一种平衡状态（见图 2-2）。整车电量平衡分为静态电量平衡和动态电量平衡两种。

静态电量平衡是指汽车在静置一段时间后仍能正常起动。

动态电量平衡是指在各种环境工况下，汽车发电机的发电量都能满足整车用电设备的耗电量，并有富余的电量给蓄电池充电，从而保证整车用电量平衡。

发电机应能在大多数运行工况下给整车电气系统提供足够的电能，并保证给蓄电池充电，即所选定的发电机的放电特性能使发电机产生的电流至少等于相同工况下的电负荷的消耗。

2.3.1.2 蓄电池管理系统的作用

随着汽车用电设备的不断增加，需要加强电量分配系统的管理，蓄电池管理系统应运而生。无论有多少电子设备，都可以确保电量供应稳定，并能提高汽车电源网络的可靠性。

蓄电池管理系统（Battery Management System，BMS）的主要目的就是智能化监控与管理蓄电池的状态，防止由于过充电或过放电损坏蓄电池，延长蓄电池的使用寿命，保证用电设备正常运行。

目前，配备蓄电池管理系统的车辆可以通过车载电网控制单元进行电能管理，也可以通过蓄电池管理控制单元进行管理（如智能型蓄电池管理系统）。

2.3.1.3 工作页

1．请在下方给出的方框内制作电量平衡的关键词卡片（至少 8 个）。

2．请写出 BMS 的含义。

2.3.2 车载电网控制单元与电能管理

下面以大众品牌的速腾轿车的车载电网控制单元（J519）为例，介绍电能管理。

2.3.2.1 车载电网控制单元

速腾轿车的车载电网控制单元（J519）安装在左侧仪表板下方，它是一个带有继电器的控制单元，如图 2-3 所示。

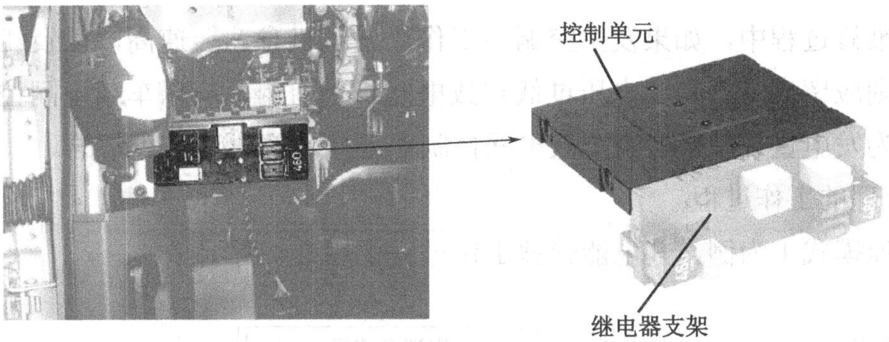

图 2-3 车载电网控制单元的安装位置

车载电网控制单元可以实现下列管理功能：电能管理、外部灯光控制及灯光缺陷检测、内部灯光控制、后风窗玻璃加热控制、舒适灯光控制、转向信号控制、供电端子控制、燃油泵预工作控制、照明灯控制、发电机励磁及刮水器电动机控制等。

2.3.2.2 电能管理

1．电能管理的模式

电能管理的任务是确保蓄电池始终有足够少的能量来起动发动机。它有 3 种模式：管理模式 1、管理模式 2 和管理模式 3，见表 2-1。这 3 种管理模式的不同之处在于用电设备的关闭顺序不同。在管理模式 3 中，一些用电设备会被立即关闭。如果关闭的条件取消，用电设备将被重新激活。如果用电设备因为电能管理的原因被关闭，J519 中会存储故障。

表 2-1 车载电网控制单元的电能管理模式

管理模式 1	管理模式 2	管理模式 3
15 号线接通且发动机处于工作状态	15 号线接通且发动机处于停机状态	15 号线断开且发动机处于停机状态
如果蓄电池的电压低于 12.7V，控制单元要求发动机的怠速提升。	如果蓄电池的电压低于 12.2V，下列用电设备会被关闭：	如果蓄电池的电压低于 11.8V，下列用电设备会被关闭：

续表

管理模式 1	管理模式 2	管理模式 3
如果蓄电池的电压低于 12.2V，下列用电设备会被关闭： —座椅加热元件； —后风窗玻璃加热装置； —后视镜加热装置； —转向盘加热装置； —脚坑照明； —门内把手照明； —空调能耗降低或空调关闭； —信息娱乐系统	—空调能耗降低或空调关闭； —脚坑照明； —门内把手照明； —上/下车灯； —离家功能； —信息娱乐系统	—车内灯； —脚坑照明； —门内把手照明； —上/下车灯； —离家功能； —信息娱乐系统

注意：在维修过程中，如果发生空调不工作、发动机怠速转速高，以及相关用电设备不工作的情况，则应留意是否是因电压过低导致电能管理启用，应以车载电网控制单元读取的数据为准，因为发电量正常不代表车载电网控制单元接收的电压是正常的。

2．电能管理的工作过程

这里以管理模式 1 为例，其电能管理工作过程如图 2-4 所示。

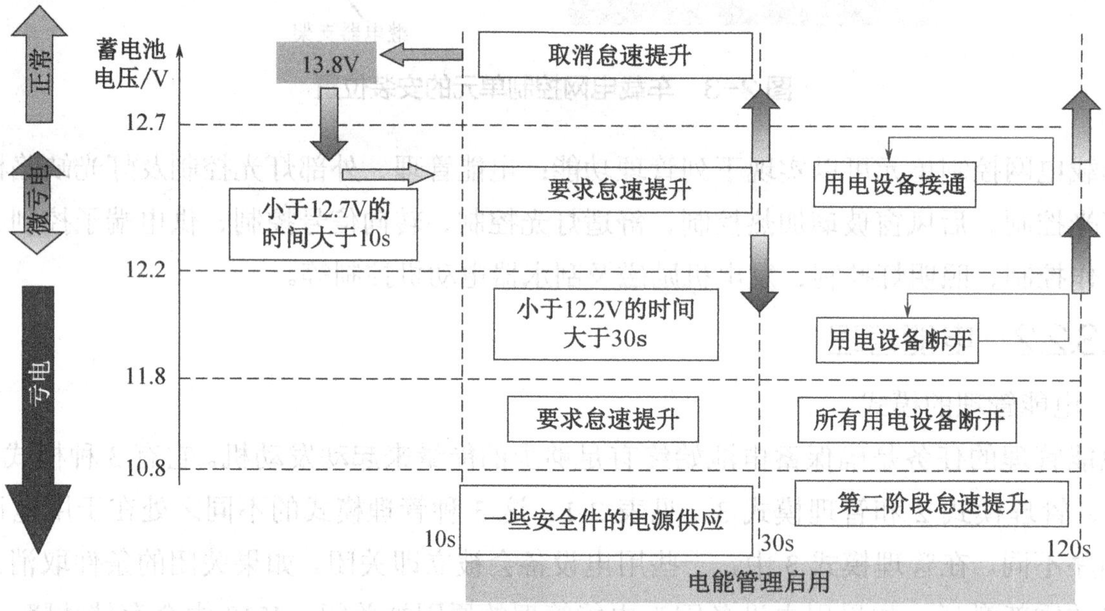

图 2-4　管理模式 1 的电能管理工作过程

3．电能管理的措施

在保证安全行驶的前提下，在蓄电池的电压较低时，车载电网控制单元会关闭部分用电设备，见表 2-2。

表 2-2 电能管理措施：关闭部分用电设备

	能量增加	能量需求
第一阶段怠速提升	10～50A	
后风窗玻璃加热装置关闭		-17A
前座椅加热元件关闭		-24A
后座椅加热元件关闭		-24A
前风窗玻璃加热装置关闭		-29A
后视镜加热装置关闭		-8A
转向盘加热装置关闭		-3A
第二阶段怠速提升	10～30A	
空调能耗降低		-15A
空调关闭		-20～-10A

2.3.2.3 工作页

1．请列出速腾轿车的车载电网控制单元（J519）的管理功能。

2．电能管理是由哪个部件来实现的？

3．电能管理的目的是什么？

4．已知电能管理模式有 3 种，分别是管理模式 1、管理模式 2 和管理模式 3。请将下列答案的序号正确填写在下画线上。

1—控制单元要求发动机的怠速提升；2—座椅加热元件；3—空调能耗降低或空调关闭；4—后风窗玻璃加热装置；5—门内把手照明；6—转向盘加热装置；7—车内灯；8—信息娱乐系统；9—上/下车灯；10—离家功能；11—脚坑照明；12—后视镜加热装置

（1）管理模式 1：15 号线__________（接通/断开）且发动机处于__________（工作/停机）状态。此时，如果蓄电池的电压低于 12.7V，____________________；如果蓄电池的电压低于 12.2V，则____________________会被关闭。

（2）管理模式 2：15 号线________（接通/断开）且发动机处于________（工作/停机）

状态。此时，如果蓄电池的电压低于 12.2V，则__________________________会被关闭。

（3）管理模式 3：15 号线________（接通/断开）且发动机处于_________（工作/停机）状态。此时，如果蓄电池的电压低于 11.8V，则_____________________会被关闭。

2.3.3 智能型蓄电池管理系统

智能型蓄电池管理系统通过蓄电池管理控制单元进行电能管理，如图 2-5 所示。下面以奥迪 A8 轿车为例，介绍智能型蓄电池管理系统。

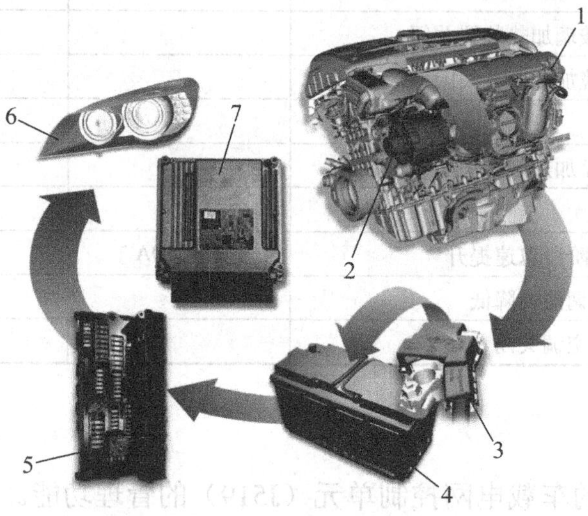

1—发动机；2—发电机；3—智能型蓄电池传感器（IBS）；4—蓄电池；
5—接线盒电子装置和熔丝支架；6—用电设备（前照灯）；7—蓄电池管理控制单元

图 2-5 智能型蓄电池管理系统的控制原理

2.3.3.1 智能型蓄电池管理系统的作用

1．蓄电池的检测与诊断

（1）检测蓄电池的充电状态与健康状况。

（2）对蓄电池的实际充电状态作出指示。

2．蓄电池能量管理

（1）通过充电与放电来增加蓄电池的使用寿命。

（2）智能能量分配使汽车电力网络达到一个最佳平衡状态。

通过上述调节，避免蓄电池过度放电并保证车辆随时可以起动。

2.3.3.2 蓄电池管理控制单元

奥迪 A8 轿车的蓄电池管理控制单元（J644）安装在行李舱内右侧位置，靠近蓄电池，如图 2-6 所示。

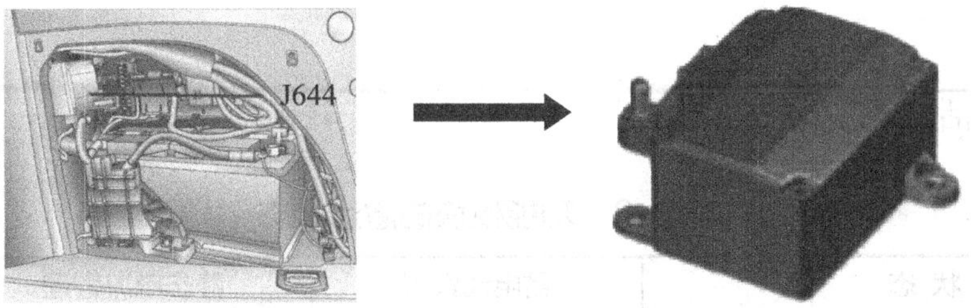

图 2-6 奥迪 A8 轿车的蓄电池管理控制单元（J644）的安装位置

蓄电池管理控制单元可以持续监控蓄电池的状况，它会检查蓄电池的充电状态（State of Charge，SOC）及起动能力。在发动机运转时，该控制单元会将发电机的充电电压调节到最佳状态。此外，该控制单元还可以卸掉载荷（减少用电设备的数量）和提高怠速转速。为了避免在发动机关闭的情况下出现静电流消耗，蓄电池管理控制单元在极端情况下可以通过 CAN 总线来关闭用电设备，从而避免蓄电池过度放电。奥迪 A8 轿车的部分电路图如图 2-7 所示①。

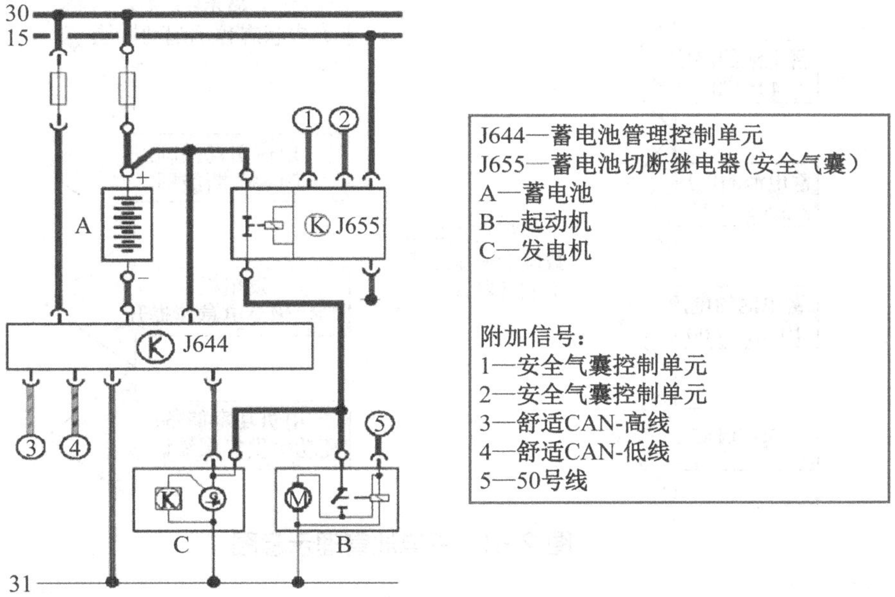

图 2-7 奥迪 A8 轿车的部分电路图

2.3.3.3 蓄电池管理控制单元的功能模块

蓄电池管理控制单元包含 3 个功能模块，可为不同的车辆状态提供服务。

功能模块 1 是蓄电池管理，负责蓄电池的自诊断（总是处于工作状态）。

功能模块 2 是静态电流管理，负责在需要时关闭驻车后的用电设备（发动机未运转）。

功能模块 3 是动态管理，负责调节充电电压和降低负荷，即减少用电设备的数量（发动

① 本书中出现的电路图中的元器件图形符号全部以汽车制造商公开的资料为准，不同制造商的电路图绘制各有特点，可能与相关标准要求不同。

机处于运转状态）。

功能模块的激活状态见表 2-3。

表 2-3　功能模块的激活状态

车 辆 状 态	蓄电池管理	静态电流管理	动 态 管 理
15 号接线柱断开	激活	激活	
15 号接线柱接通，发动机未运转	激活	激活	
15 号接线柱接通，发动机运转	激活		激活

1. 蓄电池管理

蓄电池管理的任务是蓄电池的自诊断。

为了能执行蓄电池的自诊断，蓄电池管理控制单元内的蓄电池管理器需要计算下列数据：蓄电池的温度、蓄电池的电压、蓄电池的电流及运行时间，如图 2-8 所示。

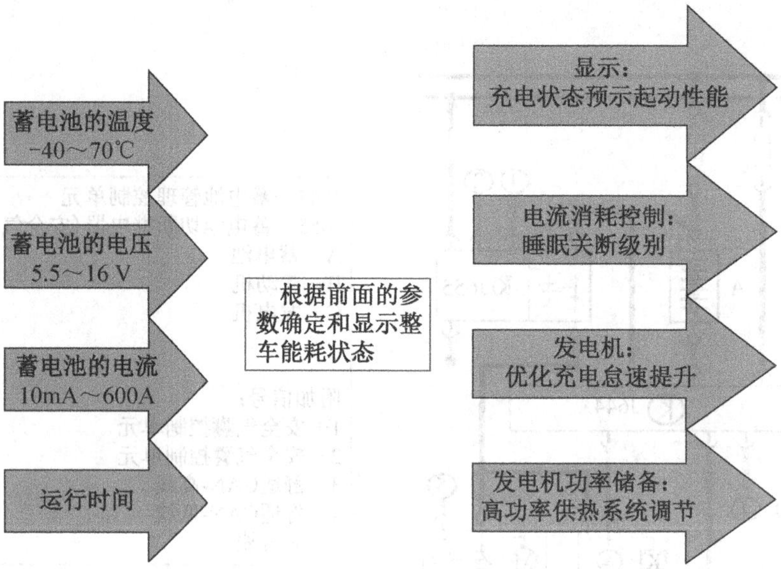

图 2-8　蓄电池管理示意图

蓄电池的电流和电压在蓄电池管理控制单元内测量，蓄电池的温度则通过一种算法来计算。

1）蓄电池状态显示

组合仪表上可显示蓄电池的起动能力和当前的充电状态，如图 2-9 所示。它们是静态电流管理和动态管理的基础，发电机通过一个接口来提供最佳充电电压。

当前充电状态可用方格图来显示，每格步长为 10%。充电状态值为 60%～80%是正常的。在发动机停止运转后，如果有用电设备在长时间工作，那么蓄电池就是在消耗电能（放电），如果已经影响了发动机的起动能力，那么组合仪表上会提示起动发动机，从而可以防止 3min 后系统自动关闭。

2）充电指示灯

充电指示灯位于组合仪表中的转速表内，由蓄电池管理控制单元控制。

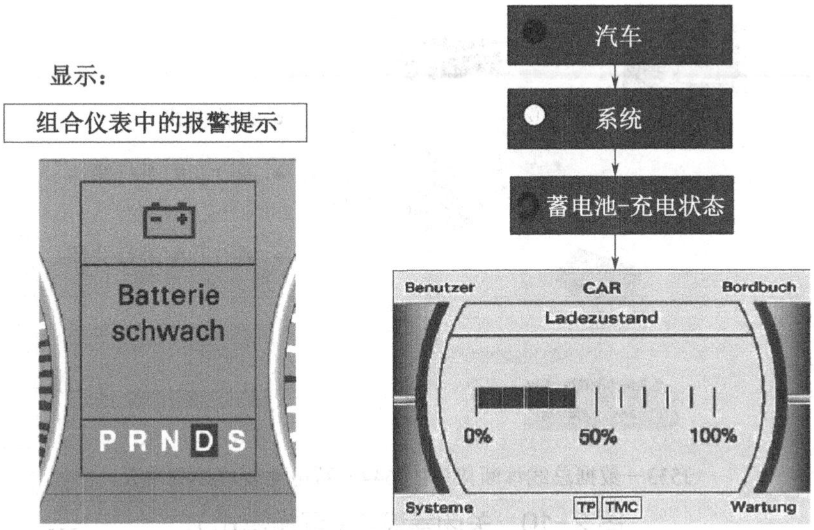

图 2-9　蓄电池状态显示

2. 静态电流管理

静态电流管理的任务是在必要时请求蓄电池管理控制单元关闭用电设备。静态电流管理器只有在 15 号接线柱断开或 15 号接线柱接通且发动机关闭时才工作。

当汽车停驶后，必须尽可能减小静电流，以降低蓄电池的放电量，从而保证在长时间停车后仍能起动汽车。当蓄电池的电量不足以给所有驻车用电设备供电时，舒适系统用电设备和信息娱乐系统会被关闭。相关控制单元根据关闭等级决定关闭哪些用电设备。

用电设备关闭分为 6 个等级。蓄电池的充电量越少，关闭等级越高。所需的关闭等级由蓄电池管理控制单元经数据总线系统提供。组合仪表会提示驾驶人哪些功能受限。

注意：在进行故障诊断时，某些功能受限的原因可能就是某些关闭等级已经开启。关闭等级的开启会被作为故障储存在蓄电池管理控制单元的故障存储器内。

1）关闭等级

蓄电池管理控制单元根据蓄电池的充电状态来开启各关闭等级，见表 2-4。

表 2-4　关闭等级的作用

关闭等级	作　用
1	舒适 CAN 总线上的用电设备被关闭
2	舒适 CAN 总线上的其他用电设备被关闭 信息娱乐系统的某些功能受限
3	减小静态电流
4	“运输模式”这个关闭等级需要通过故障诊断仪来开启，无法通过蓄电池管理控制单元来开启
5	驻车加热装置被关闭
6	总线系统的唤醒动作被减弱

关闭等级 1～3 通过车上的相关控制单元关闭用电设备，以避免蓄电池继续放电。

关闭等级 4 是“运输模式”（见图 2-10），需要使用故障诊断仪来开启。该模式的作用是在车辆长时间停放或长途运输过程中减少蓄电池的放电。

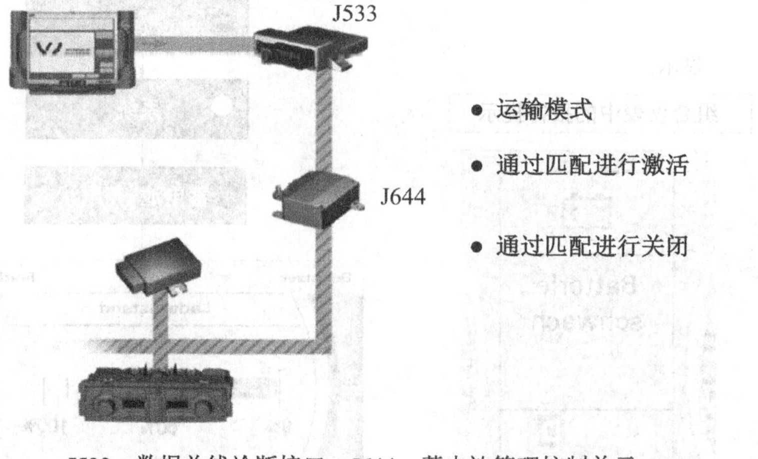

J533—数据总线诊断接口；J644—蓄电池管理控制单元

图 2-10　关闭等级 4（运输模式）

蓄电池管理控制单元内有用于开启该模式的自适应通道，在通道 1“运输模式”中可选择“0=普通模式”或“1=运输模式”。在运输模式下，几乎所有的舒适功能都会被关闭，以保证在尽可能长的时间内蓄电池不放电。

关闭等级 5 开启后会关闭驻车加热（见图 2-11）。

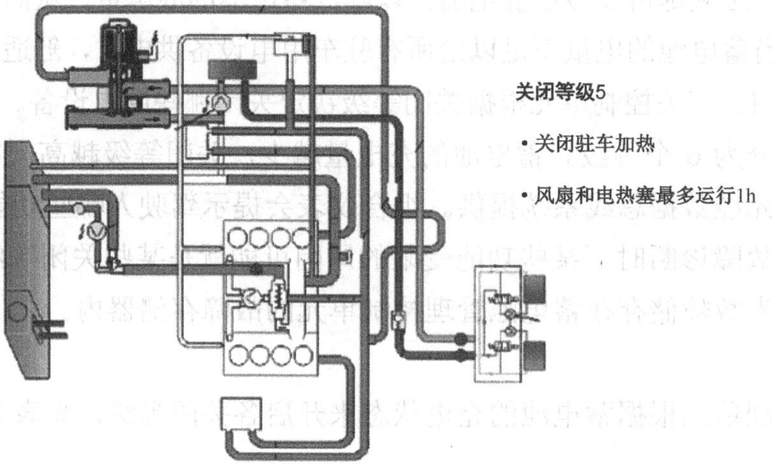

图 2-11　关闭等级 5

关闭等级 6 控制总线系统休眠。在关闭等级 6 开启后，只有当 15 号接线柱接通和驾驶人进入车内时，总线上的控制单元才能被唤醒。总线系统的其他唤醒源均被抑制。因为在关闭等级 6 的状态下，还要保持起动能力，所以为了节省电能，就不能让每个唤醒源都可以唤醒控制单元。这种状态也会影响信息娱乐系统，如电话就无法使用。

2）工作过程

蓄电池管理控制单元在必要时会将所需的关闭等级发送到数据总线上。总线系统中的控制单元在收到这些信息后，会关闭与各个关闭等级相关的用电设备。因此，每个控制单元内都会储存关闭等级将要关闭的用电设备的信息。

这里以关闭等级 2 为例，介绍用电设备关闭的工作过程（见图 2-12）。蓄电池管理控制单元（J644）将“关闭等级 2”发送到舒适 CAN 总线上，舒适 CAN 总线上的控制单元就会关闭与“关闭等级 2”相对应的用电设备（或功能），这个对应关系储存在相应控制单元的软件内。例如，为了节能，轮胎压力监控控制单元（J502）会关闭天线接收器。数据总线诊断接口（J533）将“关闭等级 2”这个信息分配给其他总线系统，其他总线系统中的所有控制单元也会作出反应，即关闭与“关闭等级 2”相关的用电设备。例如，CAN 总线上的组合仪表控制单元（J285）会关闭无线电时钟的接收器（为了节能），或者 MOST 总线上的数字音响控制单元（J525）会关闭音频放大器。

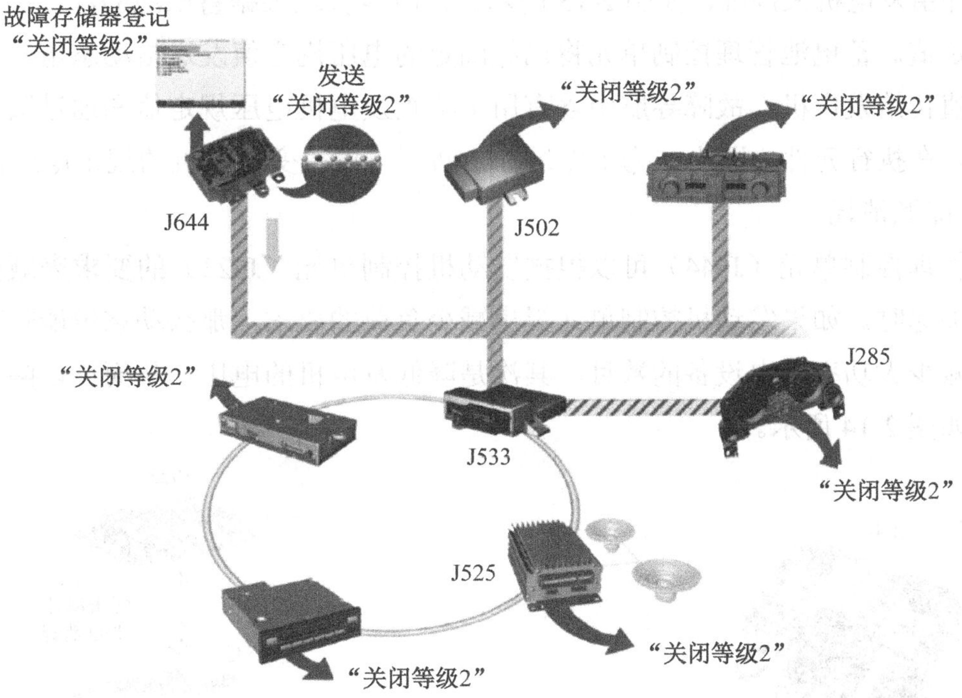

J285—组合仪表控制单元；J502—轮胎压力监控控制单元；
J525—数字音响控制单元；J533—数据总线诊断接口；
J644—蓄电池管理控制单元

图 2-12 关闭等级 2 的工作过程

逐级降低静态电流，当接通降低静态电流的各个等级时，车辆停放的时间即可延长，因为“关闭等级”越高，静态电流越小。

当车辆停放时间超过 3h 时，若静态电流>50mA，则会立即开启“关闭等级 2”。发动机起动后，所有原来正在工作的“关闭等级”都会被复位（撤销）。

当将充电器与车上的蓄电池相连时，也会关闭所有的“关闭等级”。因为“关闭等级 4”不能由汽车自己独立执行，须借助故障诊断仪来完成，所以上述工作过程并不适用于“关闭等级 4”。关闭等级的优先顺序是 1—2—5—3—6，这在开发系统时就已确定。

3. 动态管理

动态管理负责将产生的电能按实际需要分配给各个系统，并为蓄电池提供足够的充电电流。动态管理只有在 15 号接线柱接通，发动机运转时才能被激活。它的具体任务如下：调节充电电压，减少能源消耗，调节大功率加热系统，提升发动机怠速转速，接入发电机，以及动态调节发电机。

动态电能管理系统通过测量电气系统的电压、蓄电池的电流和发电机的负载情况来监控电气系统的负载情况。

1）调节充电电压

蓄电池管理控制单元（J644）通过数据线（位同步接口）将所需的发电机规定电压发送给发电机，并由发电机来校准，如图 2-13 所示。蓄电池管理根据蓄电池的温度和充电状态来确定电压规定值。蓄电池管理控制单元将已经确定的电压规定值发送给动态电能管理系统，后者再将该值传给发电机。故障导航中含有用于检查发电机电压规定值和通过数据线通信的测量数据块。在执行元件诊断中，为了能进行诊断，可以改变发电机的规定电压值。

2）减少能源消耗

蓄电池管理控制单元（J644）可以根据发动机控制单元（J623）的要求来减少发动机的负荷，如在加速时。如果发动机控制单元提出减少负荷的要求，那么动态电能管理系统的首要任务将是减少大功率用电设备的数目，其次是降低发电机的电压，从而可以降低发电机的消耗功率，如图 2-14 所示。

图 2-13　调整充电电压

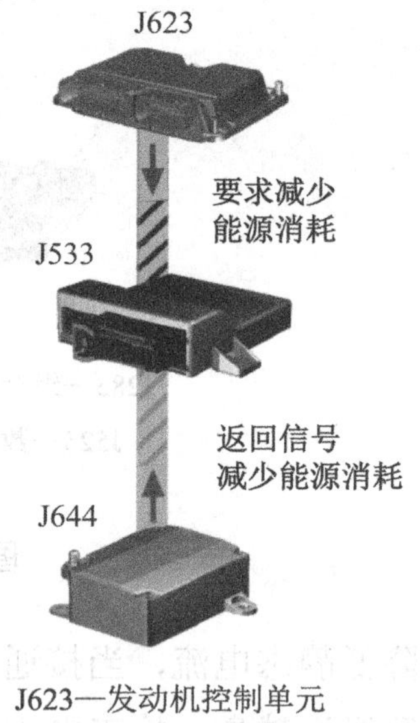

图 2-14　减少能源消耗

此外，蓄电池管理控制单元（J644）也会通过舒适 CAN 总线向自动空调控制单元（J255）发送一个请求，后者会调节各种加热系统，如前风窗玻璃加热、座椅加热、后风窗玻璃加热和辅助加热等系统。

3）调节大功率加热系统

蓄电池管理控制单元（J644）通过自动空调控制单元（J255）对下述系统的加热功率进行无级调节：前风窗玻璃加热、后风窗玻璃加热、后部辅助加热及座椅加热系统，如图 2-15

所示。这个调节过程确定了可以使用的最大加热功率。

4）提升发动机怠速转速

为了优化电气系统的供电和蓄电池的充电状况，动态电能管理系统可以请求发动机控制单元分步提升怠速转速（7%和 12%），如图 2-16 所示。

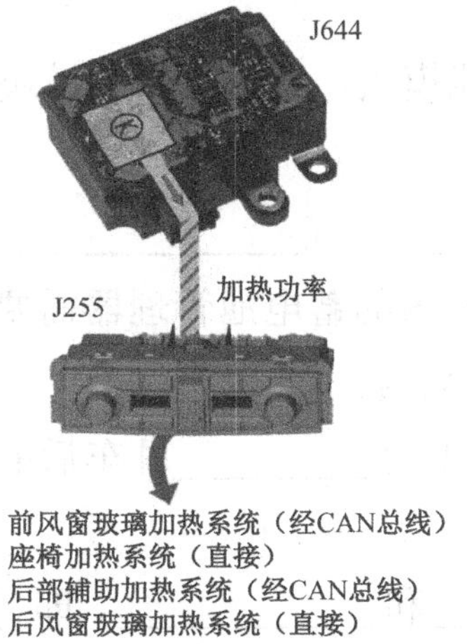

图 2-15　调节大功率加热系统

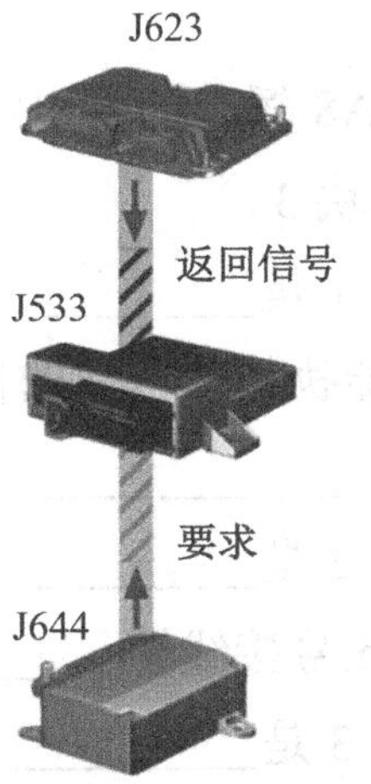

图 2-16　提升发动机怠速转速

5）接入发电机

为了优化发动机的起动特性，在发动机起动过程中，将发电机的接入功率降到最低。

6）动态调节发电机

当驾驶人启动后风窗玻璃加热系统时，发电机的电压不会立即升高，而是根据转速及温度在 3s、6s 或 9s 的时间内延迟提高。发电机转矩的连续无级接入使发动机实现均匀加载。

2.3.3.4　工作页

1．请写出标注在智能型蓄电池管理系统图中的数字所对应的零部件的名称。

智能型蓄电池管理系统	名　称
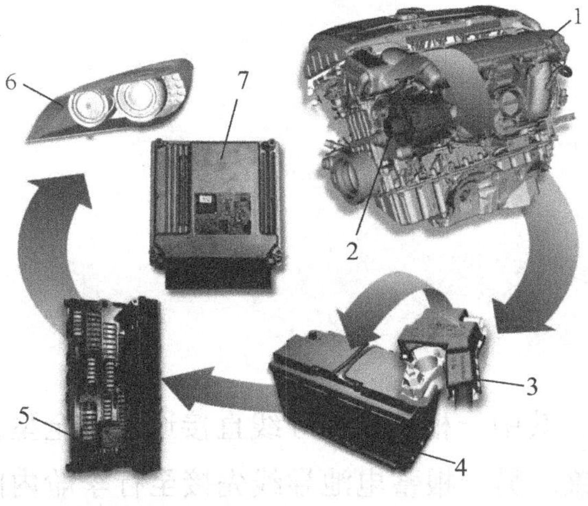	1.
	2.
	3.
	4.
	5.
	6.
	7.

2. 简述智能型蓄电池管理系统的作用。

3. 奥迪 A8 轿车的蓄电池管理控制单元包含 3 个功能模块，分别是功能模块 1、功能模块 2 和功能模块 3。

功能模块 1 是__________，负责__________（__________处于工作状态）。为了能执行蓄电池的自诊断，蓄电池管理控制单元内的蓄电池管理器需要计算________、________、________、________数据。

功能模块 2 是__________，负责在需要时________驻车后的用电设备，激活条件是 15 号接线柱________且发动机________。

功能模块 3 是__________，负责调节________和________，即________用电设备的数量，激活条件是 15 号接线柱________且发动机________。

4. 以奥迪 A8 轿车为例，静态电流管理的任务是在必要时请求相关控制单元关闭用电设备。用电设备关闭分为 6 个等级，请填写下表。

关闭等级	作　用
1	
2	
3	
4	
5	
6	

5. 简述动态管理的任务。

2.3.4 蓄电池管理器

2.3.4.1 蓄电池导线与蓄电池接线柱

1. 蓄电池导线

汽车上装有多根蓄电池导线，如图 2-17 所示。其中一根蓄电池导线直接通过安全型蓄电池接线柱连接起动机和发电机，它可装有监控装置；另一根蓄电池导线先接至行李舱内的后部配电盒，再接至杂物箱内的前部配电盒，它通常不装监控装置。

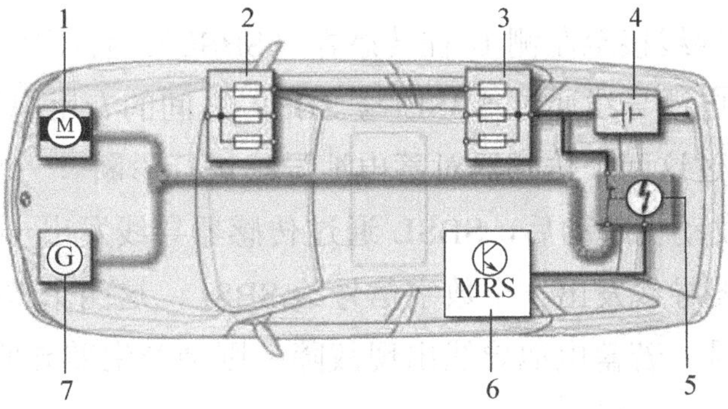

1—起动机；2—前部配电盒；3—后部配电盒；4—蓄电池；
5—安全型蓄电池接线柱；6—多功能乘员保护系统（MRS）；7—发电机

图 2-17　蓄电池导线布置示意图

受监控的蓄电池导线（见图 2-18）由传感器导线和蓄电池导线组成。

蓄电池导线（见图 2-19）由铝丝、塑料绝缘层、监控（铜质）屏蔽层和外部绝缘层构成。

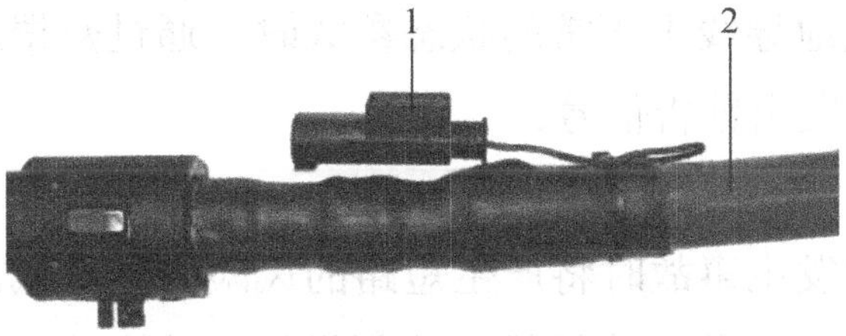

1—传感器导线；2—蓄电池导线

图 2-18　受监控的蓄电池导线

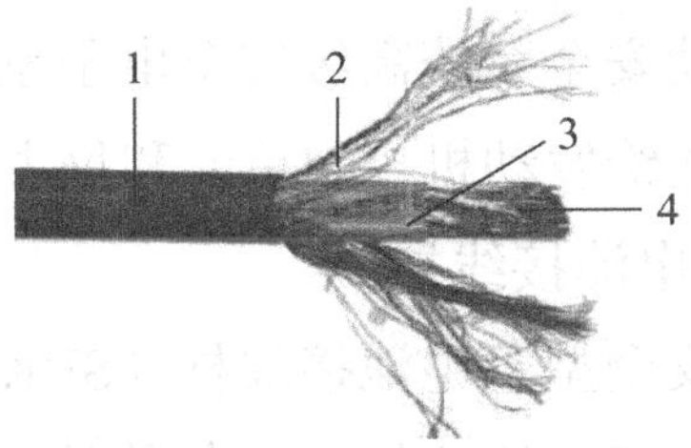

1—外部绝缘层；2—监控屏蔽层；3—塑料绝缘层；4—铝丝

图 2-19　蓄电池导线的结构

受监控的蓄电池导线的两端都有传感器导线，传感器导线与监控屏蔽层相连。传感器导线（见图 2-20）可以监控蓄电池导线是否对搭铁短路或对正极短路，由被动安全系统高级安全电子系统对其实施监控。安全型蓄电池接线柱的控制电路如图 2-21 所示。

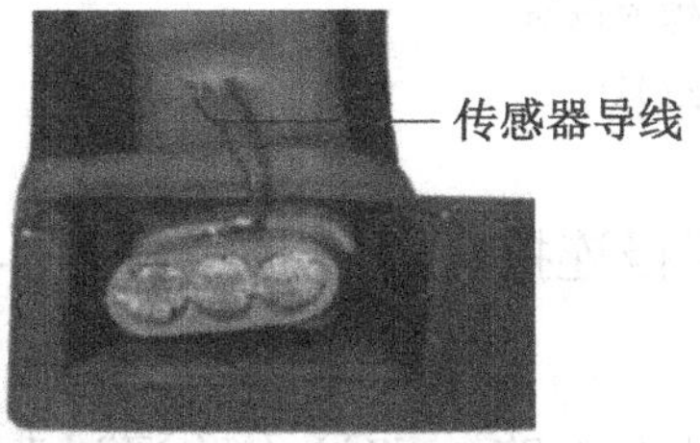

图 2-20　传感器导线

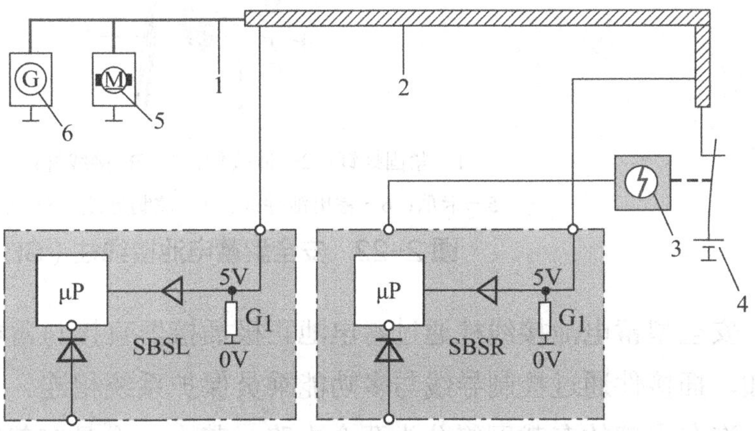

1—蓄电池导线；2—监控屏蔽层；3—安全型蓄电池接线柱；
4—蓄电池；5—起动机；6—发电机

图 2-21　安全型蓄电池接线柱的控制电路

发动机舱内的监控导线接至左侧 B 柱传感器（SBSL），行李舱内的监控导线接至右侧 B 柱传感器（SBSR）。蓄电池导线通过 SBSL 与 SBSR 之间的专用电路进行诊断。被动安全系统高级安全电子系统通过这两个传感器对蓄电池导线进行诊断。

如图 2-21 所示，发动机起动后，SBSL 通过传感器导线发出一个数字信号给 SBSR，同时，SBSR 也通过传感器导线发出一个数字信号给 SBSL，这两个传感器在收到正常信号后，都会产生 5V 的电压信号。若蓄电池导线出现故障，则会产生差异明显的测量值，见表 2-5。

表 2-5 受监控的蓄电池导线的测量值

状　态	SBSL（左侧 B 柱传感器）测量值	SBSR（右侧 B 柱传感器）测量值
蓄电池导线正常	≈5V	≈5V
诊断接口断路	≈0V	≈5V
搭铁短路	≈0V	≈5V
对蓄电池正极短路	≈蓄电池电压	≈蓄电池电压

当被动安全系统高级安全电子系统检测到蓄电池导线不正常的状态参数时，通过数据线将信号发送给发动机控制单元和仪表控制单元，并发出警告信号。

2．蓄电池接线柱

使用安全型蓄电池接线柱（SBK）的目的是在发生事故时将产生短路的风险降至最低。它由紧固螺钉、插接件、B+接线柱、保护外壳、卡爪、蓄电池导线、控制导线及蓄电池正极插接器组成，如图 2-22 所示。

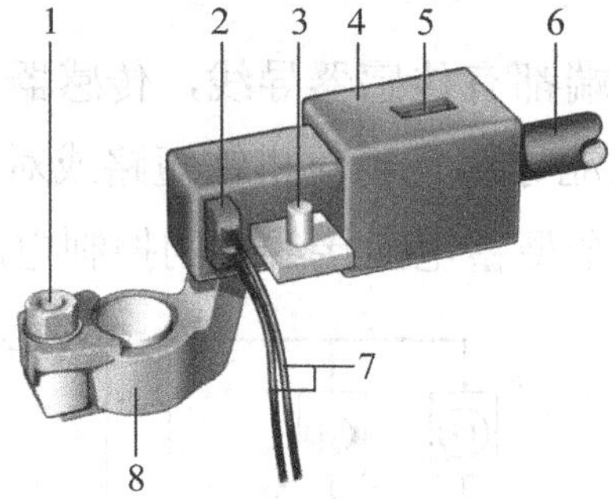

1—紧固螺钉；2—插接件；3—B+接线柱；4—保护外壳；
5—卡爪；6—蓄电池导线；7—控制导线；8—蓄电池正极插接器

图 2-22 安全型蓄电池接线柱（SBK）的结构

安全型蓄电池接线柱通过蓄电池正极插接器直接与蓄电池正极连接在一起。结合图 2-17 可知，插接件通过控制导线与多功能乘员保护系统相连。

汽车内部的车载网络分为两个电路。其中一个是车载网络供电电路，即该电路通过强电流熔丝防止短路发生。其中，B+接线柱相当于传统的蓄电池正极接线柱，与前部、后部配电盒相连。车载网络供电电路为汽车的大部分用电设备供电，没有发生交通事故时的自动切断装置。

另一个电路是蓄电池导线连接的起动机电路。由于该电路无法通过传统熔丝进行保护，为了能在发生交通事故时切断起动机电路和发电机电路，以免发生短路、起火和爆炸，于是在蓄电池导线连接的内部装有一个燃爆材料的圆柱体，并在外壳上设有一个防止蓄电池导线重新滑回接触点位置的卡爪，其工作过程如图 2-23～图 2-26 所示。

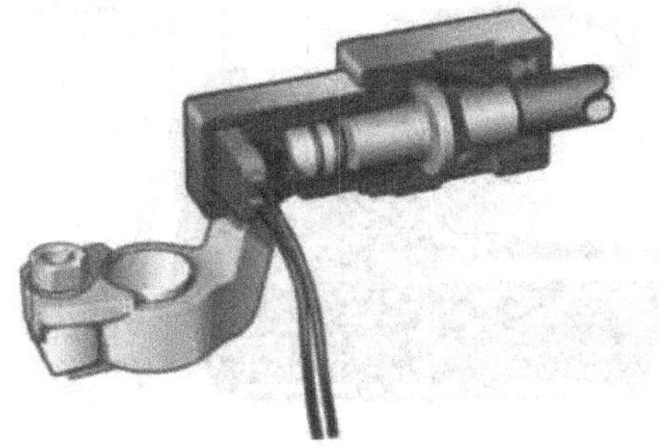

图 2-23 安全型蓄电池接线柱的初始状态

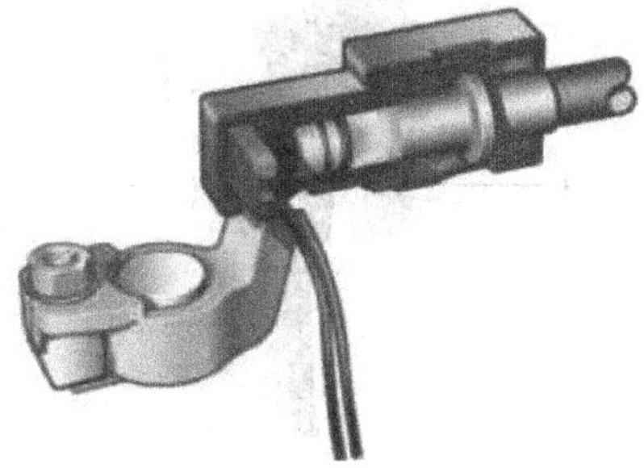

图 2-24 断开过程开始，控制单元引燃燃爆材料

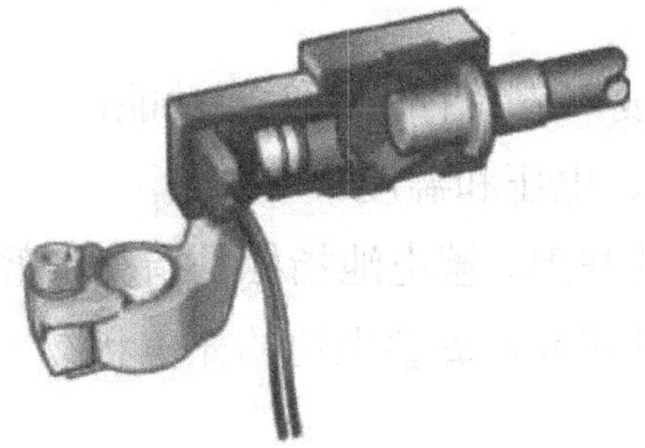

图 2-25 断开过程结束

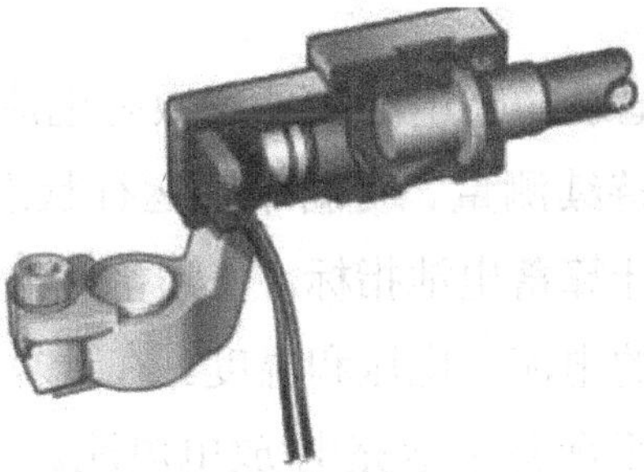

图 2-26 蓄电池导线被挡在安全型蓄电池接线柱内

在发生交通事故时，安全型蓄电池接线柱通过与多功能乘员保护系统相连的控制导线提供的控制信号，引爆内部的燃爆材料，时间约为 0.22ms，蓄电池正极插接器即被切断，同时在爆炸力的作用下向前推，切断起动机电路和发电机电路。切断电路后，卡爪挡住蓄电池导线的凸缘，防止其重新退回接通位置。整个断开过程耗时约为 3ms。

注意：在燃爆材料引燃后，不得继续使用安全型蓄电池接线柱，必须更换。

安全型蓄电池接线柱安装在连接起动机和发电机的蓄电池导线上，在主熔丝正常的情况下，该接线柱被触发后，其他车载网络仍能正常工作，以确保可以继续执行所有重要功能（如危险警告灯、电话等）。

2.3.4.2 智能型蓄电池传感器

智能型蓄电池传感器（IBS）是蓄电池管理系统的一个组成部分。如图 2-27 所示，它安装在蓄电池的负极，通过 LIN 总线实现与发动机控制单元之间的数据传输及唤醒功能，由蓄电池配电盒中的一根单独导线供电。

IBS 是一个用于监控蓄电池状态的机械电子部件。“智能”是指 IBS 具有一个集成式微处理器，可对有时间要求的测量参数进行计算和评估。车载网络内的 IBS 连接示意图如图 2-28 所示。

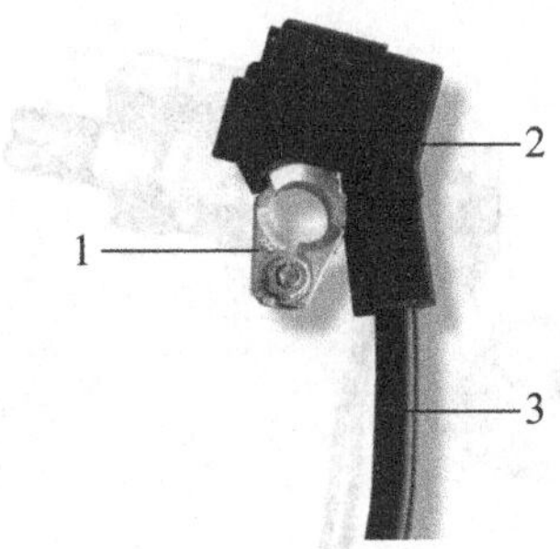

1—蓄电池负极接线柱；
2—智能型蓄电池传感器；3—蓄电池负极导线

图 2-27　智能型蓄电池传感器（IBS）

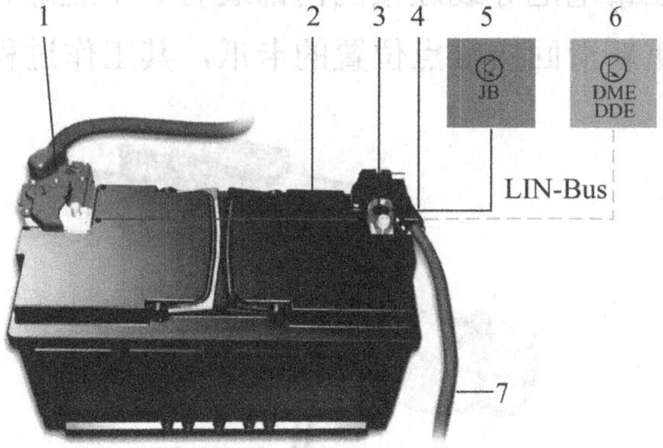

1—蓄电池正极导线；2—IBS 的供电；3—IBS；
4—唤醒导线；5—接线盒电子装置；6—发动机控制单元；
7—蓄电池负极导线；LIN-Bus—局域互联网总线

图 2-28　车载网络内的 IBS 连接示意图

IBS 记录的蓄电池物理参数有电流、电压和电极温度。它具有下列主要功能：

（1）持续测量、更新车辆运行状态下的蓄电池电流、电压和温度。

（2）计算蓄电池指标，作为蓄电池充电和健康状态的基础。蓄电池指标是指车辆蓄电池充电和放电的电流、电压和温度。在计算蓄电池指标的同时还要计算蓄电池的充电状态（SOC）。

（3）平衡蓄电池充电/放电电流。

（4）持续监控蓄电池的充电状态，在电量不足时传输相关数据。

（5）计算发动机起动时的电流特性曲线，以确定蓄电池的正常状态。

（6）监控车辆休眠电流。

（7）自诊断。

2.3.4.3　工作页

1．请写出标注在蓄电池导线布置示意图中的数字所对应的零部件的名称。

蓄电池导线布置示意图	名　称
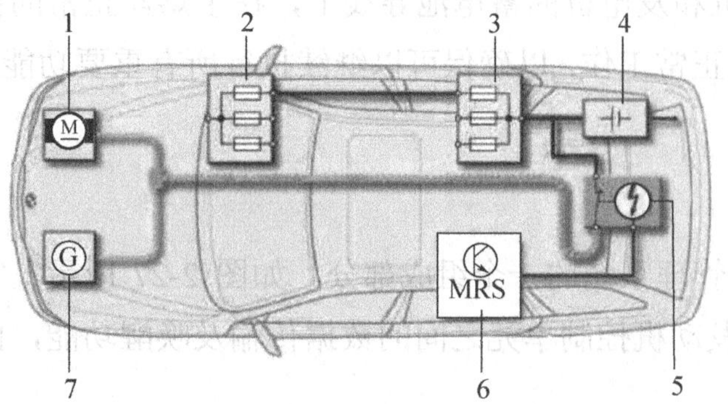	1.
	2.
	3.
	4.
	5.
	6.
	7.

2．请写出标注在受监控的蓄电池导线上的数字所对应的部分的名称。

受监控的蓄电池导线	名　称
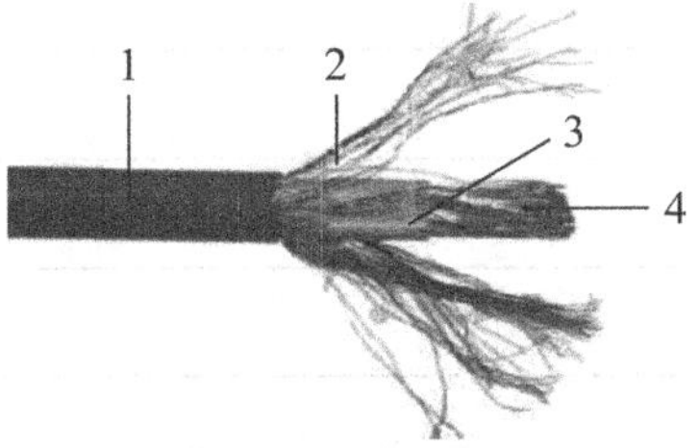	1.
	2.
	3.
	4.

3．请补充下表中受监控的蓄电池导线的测量值。

状　态	SBSL（左侧 B 柱传感器）测量值	SBSR（右侧 B 柱传感器）测量值
蓄电池导线正常		
诊断接口断路		
搭铁短路		
对蓄电池正极短路		

4．请写出标注在安全型蓄电池接线柱上的数字所对应的部分的名称。

安全型蓄电池接线柱	名　称
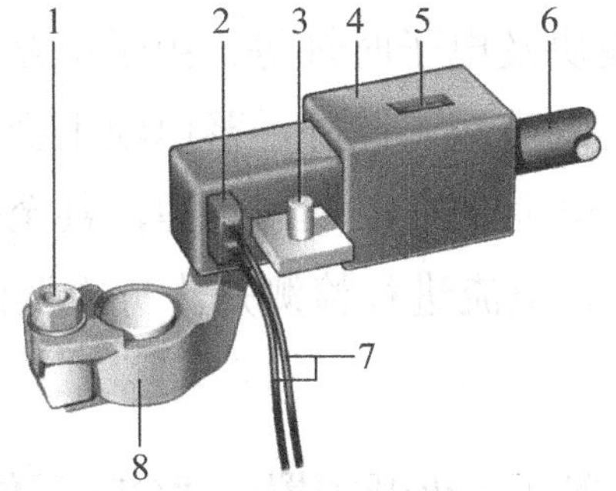	1.
	2.
	3.
	4.
	5.
	6.
	7.
	8.

5．请描述发生事故时，安全型蓄电池接线柱的断开过程。

6．智能型蓄电池传感器通过____________实现与发动机控制单元之间的____________及唤醒功能。请写出标注在智能型蓄电池传感器上的数字所对应的部分的名称。

智能型蓄电池传感器	名　称
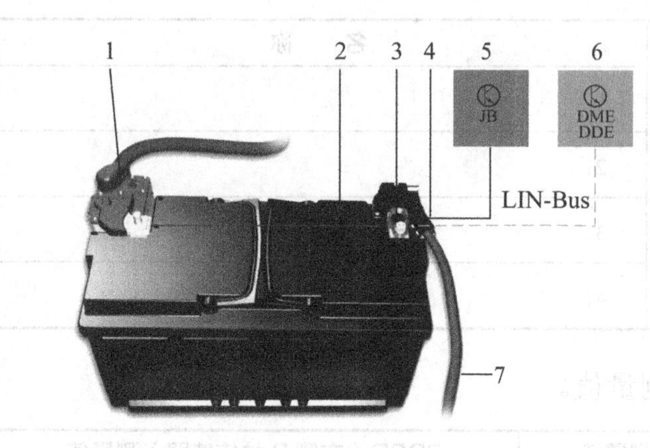	1.
	2.
	3.
	4.
	5.
	6.
	7.
	LIN-Bus：

7．简述蓄电池传感器的主要功能。

蓄电池静态电流检测

2.3.5　蓄电池的静态电流及检测

汽车上的部分电子设备需要长期供电，如控制单元、防盗系统、监控系统、电动座椅等具有记忆功能的电子模块及电子时钟等。由于电路中元器件自身的特性，这些常电模块会消耗一定的电量。此外，蓄电池也会有一定的自放电。在发动机关闭后，电子设备的电量消耗会给蓄电池带来很大的负担，甚至会导致蓄电池过度亏电，使汽车不能起动。因此，对蓄电池的静态电流进行检测是十分重要的。

2.3.5.1　蓄电池的静态电流

静态电流也称为寄生电流、暗电流，是指车辆在静置（点火开关置于“OFF”位置）时，蓄电池提供的电流。简单来说，就是当汽车停止工作时，有些电子设备仍在工作，但只消耗较少的电流，即静态电流。

不同车辆的静态电流有所不同，可以通过查找制造商维修手册获得。用电设备越多，静态电流越大。因此，随着汽车用电设备的增加，以及蓄电池容量的增大，汽车的静态电流会越来越大，如何防止静态电流引起蓄电池过度放电，显得尤为重要。

2.3.5.2　静态电流的检测

在进行静态电流检测前，须保证车辆处于以下状态：①关闭整车用电设备；②利用工具闭锁发动机舱盖板开关；③锁止车辆并确保车辆进入防盗锁止状态，并等待数分钟。

1．数字万用表检测法

当使用数字万用表检测静态电流时，需要断开蓄电池的负极连接，将数字万用表串接在电路中，为了保证安全，应借助辅助工具——静态电流测试开关（见图 2-29）进行检测。

图 2-29　静态电流测试开关

（1）将点火开关置于“OFF”位置，从蓄电池上断开蓄电池的负极电缆。

（2）将静态电流测试开关旋钮置于“OFF”（关）位置。

（3）将静态电流测试开关的阳接头端接至蓄电池的负极接线柱。

（4）将蓄电池负极电缆接至静态电流测试开关的阴接头端。

（5）将静态电流测试开关旋钮置于“ON”（开）位置。

（6）进行路试测量并开启所有附件，如收音机和空调系统。

（7）将点火开关置于“OFF”（关）位置，将一条带 10A 熔丝的跨接线接至静置电流测试开关的工具端子。

（8）将静态电流测试开关旋钮置于“OFF”（关）位置，使电流流经跨接线。

（9）检查跨接线中的熔丝，应完好。

（10）将静态电流测试开关旋钮置于“ON”（开）位置，拆下带熔丝的跨接线。

（11）将设定为 10A 直流量程的数字万用表接在测试开关工具端子之间。

（12）将静态电流测试开关旋钮置于“OFF”（关）位置，使电流流经数字万用表。

（13）关闭车辆系统后，测试静态电流是否低于标准值。

2．电流钳检测法

当使用电流钳检测静态电流时，不需要断开电路，只需将电流钳夹住蓄电池负极电缆。虽然这种测量方法简便，但需要使用高精度的电流钳以保证测量的准确性。

（1）选择电流挡。旋转功能按钮至电流挡，如图 2-30 所示。

（2）选择直流电流挡。按下 AC/DC 键，使显示屏上显示 DC 直流。

（3）校零。按下 ZERO（校零）键，使显示屏上显示为 0，如图 2-31 所示。

图 2-30　选择合适的挡位

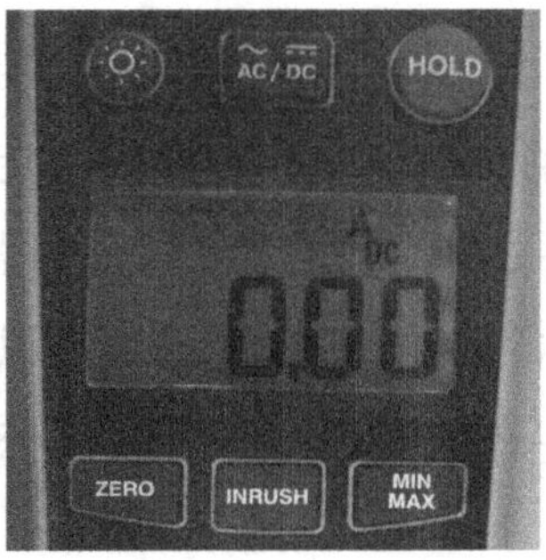

图 2-31　校零

（4）使用电流钳夹住蓄电池负极电缆，使电流钳的箭头方向和测试电流方向保持一致，如图 2-32 所示，并保证电缆在电流钳的中间位置。

（5）观察并记录测量值，如图 2-33 所示。

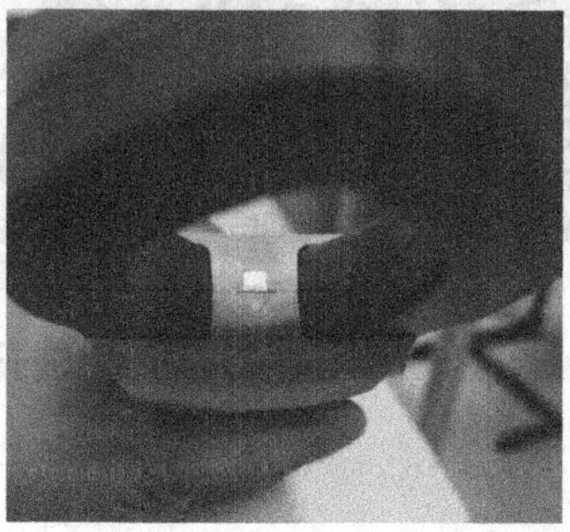

图 2-32 注意电流钳的箭头方向

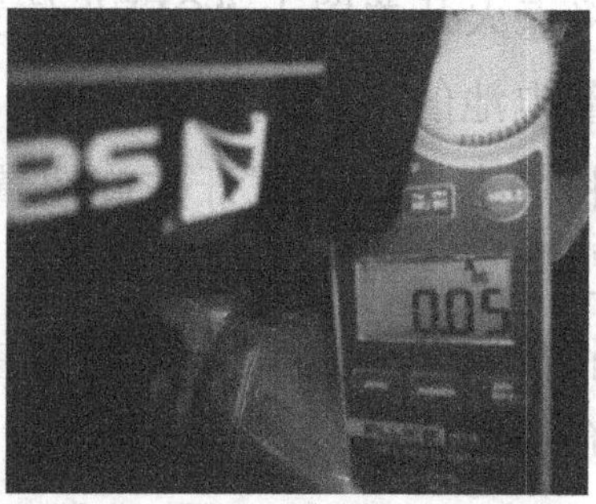

图 2-33 观察并记录测量值

2.3.5.3 静态电流的应用

1．静态电流的分析

这里以北京汽车的绅宝 C70 轿车为例，当汽车熄火后，整车的耗电分 3 个阶段降低，如图 2-34 所示。

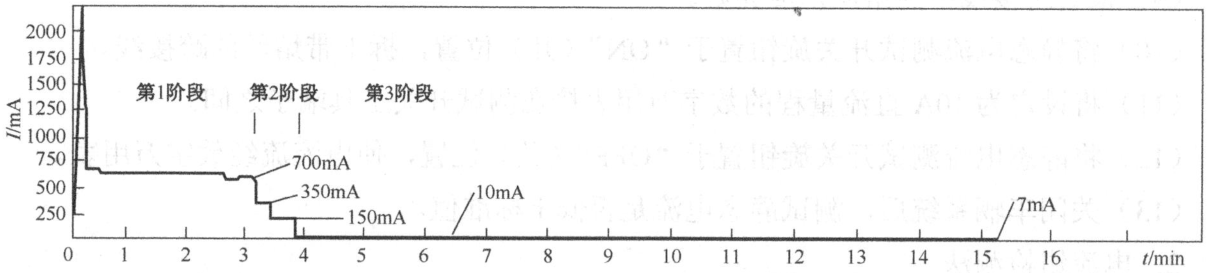

图 2-34 北京汽车绅宝 C70 轿车熄火后的静态电流变化规律

1）第 1 阶段——正常工作阶段

在该阶段，由于汽车熄火后，汽车的用电设备继续正常工作，因此耗电量大。由于发动机未起动，并不能对蓄电池进行充电，此时的蓄电池处于放电状态。不过该阶段的持续时间不是很长，在 3～4 min 内就会进入第 2 阶段——轻度休眠阶段。

2）第 2 阶段——轻度休眠阶段

从第 1 阶段到第 2 阶段，用电设备的耗电电流急剧下降，会出现一个静态电流突变点，称为第一休眠点。在轻度休眠阶段，汽车的用电设备会降低电流的消耗，等待命令下达，此时各用电设备的电流大幅降低，以降低蓄电池的电量使用。轻度休眠阶段的持续时间基本不超过 30s。在该阶段，如果用电设备仍然接收不到相关命令，就会进入第 3 阶段——深度休眠阶段。

3）第 3 阶段——深度休眠阶段

在所有用电设备进入第 3 阶段的过程中也存在一个电流急剧下降的点，称为第二休眠点。

在深度休眠阶段，用电设备的静态电流会达到一个最低状态，从而使整车的功耗降到最低。

2．静态电流检测在汽车维修中的应用

对于不同型号的汽车，静态电流的变化曲线是不同的，其对应的阶段持续时间、静态电流值和变化趋势也不相同。应用静态电流对汽车进行检测和维修时，可将测量得到的静态电流值与时间对应，并与车辆的设计参数进行比对，判断是否存在问题。当整车静态电流存在问题时，应对所有控制器和元器件的静态电流进行测量，找出存在问题的控制器或元器件，进而进行处理。

当汽车出现长时间静置后难以起动的问题（蓄电池亏电）时，应使用正确的方法对静态电流进行检测，并将实测的静态电流值与标准值进行对比，判断静态电流是否过大。

如果静态电流值较制造商给出的标准值小，则需要检查蓄电池。

如果静态电流值过大，则需要找出静电流超标的控制单元或元器件。这时需要通过依次拔插熔丝，在断开一个控制单元或元器件后，测量静态电流，并判断静态电流是否变小。如果静态电流变小，则说明是该控制单元或元器件没有休眠，造成静态电流增大；如果静态电流没有变化，则说明静态电流的增大和该控制单元或元器件并无关系，需要继续检查其他控制单元或元器件。按这种方法，逐一排查，找到故障点。如果在受保险装置保护的电路中没有发现故障，则需要对没有受保护的电路进行检测，如发电机、起动机、点火装置等，应注意静态电流下降时刻，并在该电路中进行进一步的故障查找，以找到故障点。

2.3.5.4　工作页

1．汽车上为什么会存在静态电流？

2．什么是静态电流？

3．请按要求回答以下问题：

（1）请列出使用万用表电流挡测量蓄电池静态电流的工作步骤。

（2）请补充完整图 2-35 中零部件 A、B、C、C_1 的名称。

（3）在图 2-35 中画出测量仪器进行静态电流检测的连接位置，并用“×”标出一条必须短路的导线。

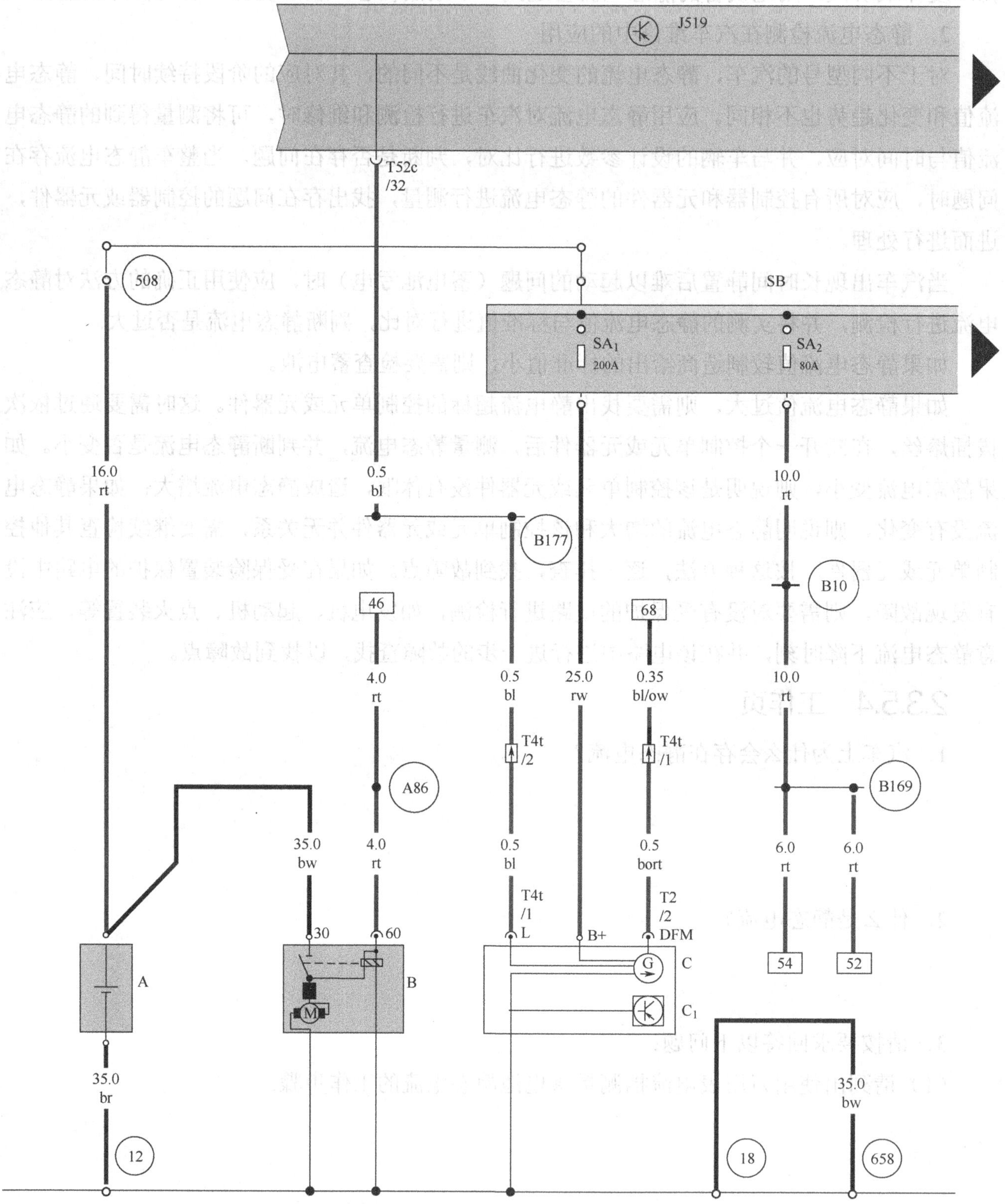

A ______________ B ______________ C ______________ C_1 ______________

J519—车载电网控制单元；SA_1—熔丝架 A 上的熔丝 1；SA_2—熔丝架 A 上的熔丝 2；
SB—熔丝座 B；T2—2 芯插头连接；T4t—4 芯插头连接；T52c—52 芯插头连接

图 2-35　充电系统电路图

4．实测的静态电流值为 620mA，比制造商给出的最大值 50mA 还大，请说明应进行哪些工作。

5．请进一步解释用于界定故障原因所预先确定的方法。

6．请在图 2-36 中用彩笔标出 SC_{18} 控制的电路。若在拔下 SC_{18} 后，静态电流低于 50mA，说明什么？

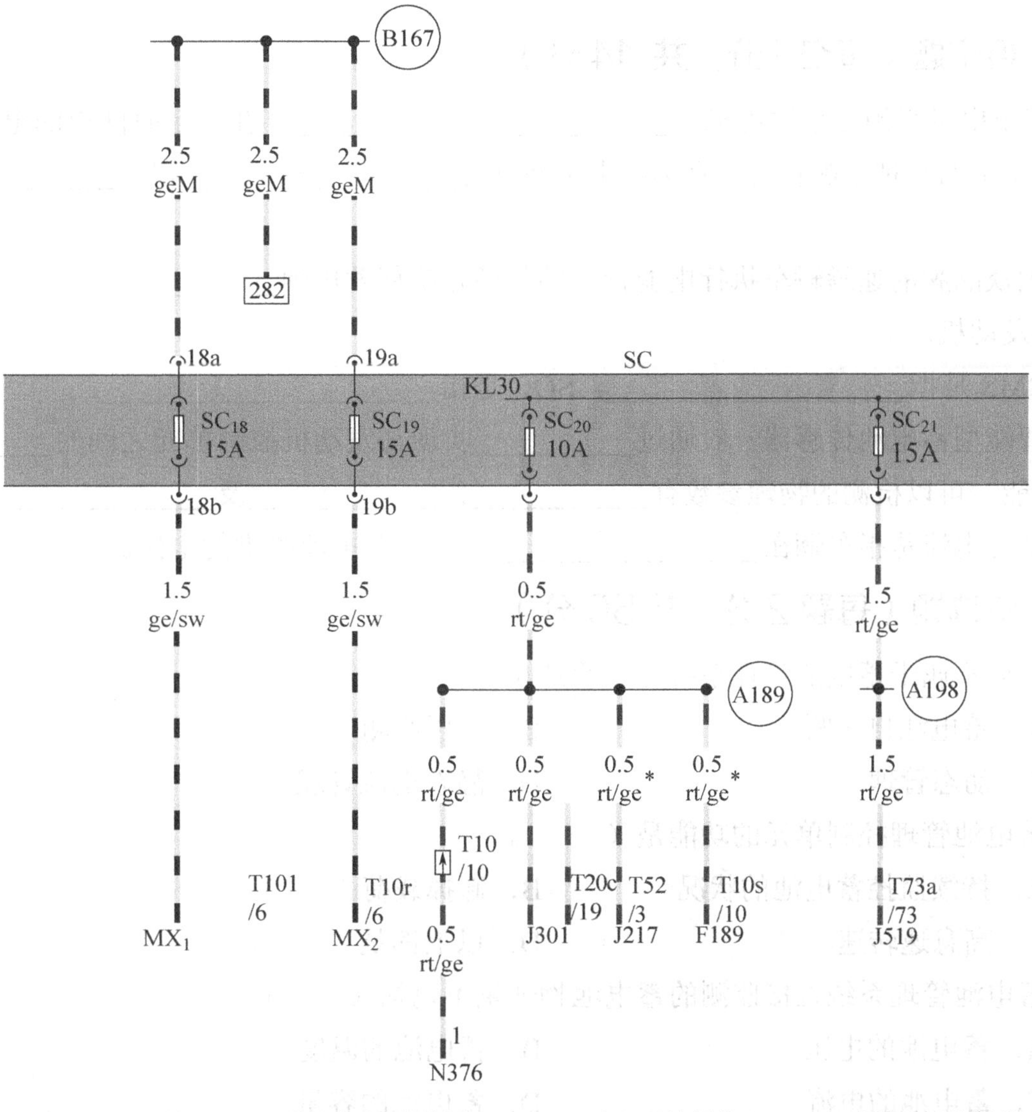

F189—Tiptronic 开关；J217—自动变速器控制单元；J301—空调器控制单元；J519—车载电网控制单元；MX_1—左前照灯；MX_2—右前照灯；N376—点火钥匙拔出锁止电磁铁；SC—熔丝座 C；SC_{18}—熔丝架 C 上的熔丝 18；SC_{19}—熔丝架 C 上的熔丝 19；SC_{20}—熔丝架 C 上的熔丝 20；SC_{21}—熔丝架 C 上的熔丝 21；T10—10 芯插头连接；T101—10 芯插头连接；T10r—10 芯插头连接；T10s—10 芯插头连接；T20c—20 芯插头连接；T52—52 芯插头连接；T73a—73 芯插头连接

图 2-36 SC 控制电路图

7．如果在受保险装置保护的电路中没有发现故障，请说明下一步的操作内容。

2.4 理论测试

一、填空题（每空 1 分，共 14 分）

1．整车电量平衡是指发电机、__________和______________在一定时间内的电能产生和消耗达到稳定的一种平衡状态。整车用电平衡分为________________和__________________两种。

2．大众品牌的速腾轿车执行电能管理的任务是确保蓄电池______________________的能量以起动发动机。

3．BMS 是指__________________，SOC 是指_____________________。

4．智能型蓄电池传感器一般通过__________实现与发动机控制单元之间的___________及唤醒功能，可以检测的物理参数有___________、____________及_______________。

5．静态电流是指车辆在___________________时，蓄电池提供的电流。

二、单选题（每题 2 分，共 50 分）

1．下列不属于蓄电池管理系统功能的是（　　）。

A．蓄电池自诊断　　B．胎压监测

C．动态管理　　D．静态电流管理

2．蓄电池管理控制单元的功能是（　　）。

A．持续监控蓄电池的状况　　B．卸掉载荷

C．高怠速转速　　D．以上都是

3．蓄电池管理系统直接监测的蓄电池物理量不包括（　　）。

A．蓄电池的电压　　B．蓄电池的温度

C．蓄电池的电流　　D．蓄电池的容量

4．静电流管理关闭等级 4 是（　　）。

A．减少静态电流　　B．关闭停车加热

C．运输模式　　D．总线休眠

5．下列不属于蓄电池管理系统动态能量管理功能的是（　　）。

A．制动力分配　　B．能量需求分配

C. 充电电压调节　　D. 提升发动机怠速转速

6. 下列不是蓄电池管理系统功能模块的是（　　）。

A. 蓄电池管理　　B. 蓄电池静态电流管理

C. 蓄电池动态管理　　D. 蓄电池性能检测

7. 大众品牌的速腾轿车的蓄电池静态电流管理是指（　　）时，对汽车用电设备进行管理。

A. 15 号接线柱接通但发动机不运转

B. 15 号接线柱接通

C. 15 号接线柱断开或 15 号接线柱接通但发动机不运转

D. 15 号接线柱断开

8. 蓄电池静态电流管理器激活的条件是（　　）。

A. 发动机停机　　B. 发动机运转

C. 汽车行驶　　D. 起动过程

9. 静态电流管理关闭等级 3 是（　　）。

A. 减小静态电流　　B. 关闭停车加热

C. 运输模式　　D. 总线休眠

10. 以下属于蓄电池动态管理功能的是（　　）。

A. 调节充电电压　　B. 减少能源消耗

C. 调节大功率加热系统　　D. 以上都是

11. 通过安全型蓄电池接线柱进行保护的蓄电池导线上安装的组件有（　　）。

A. 所有用电设备　　B. 危险警告灯和电话

C. 发电机和危险警告灯　　D. 发电机和起动机

12. 安全型蓄电池接线柱触发后，仍可执行重要功能的是（　　）。

A. 危险警告灯和电话　　B. 起动机和电话

C. 发电机和危险警告灯　　D. 发电机和起动机

13. 大众品牌的速腾轿车的电能管理模式有（　　）种。

A. 2　　B. 3　　C. 4　　D. 5

14. 大众品牌的速腾轿车中的（　　）负责执行用电负荷管理功能。

A. 车载电网控制单元　　B. 数据诊断接口

C. 组合仪表控制单元　　D. 发动机控制单元

15. 使用安全型蓄电池接线柱的目的是（　　）。

A. 将事故发生时产生短路的风险降至最低

B. 起动能力强

C. 连接可靠

D. 使用寿命长

16．以下不属于蓄电池传感器功能的是（　　）。

A．持续测量、更新车辆运行状态下的蓄电池电流、电压和温度

B．计算蓄电池指标，作为蓄电池充电和健康状态的基础

C．自诊断

D．将发生事故时产生短路的风险降至最低

17．以下不是受监控蓄电池导线组成部分的是（　　）。

A．外部绝缘层　　B．监控屏蔽层

C．铝丝　　D．铁丝

18．安全型蓄电池接线柱触发后，（　　）系统不能工作

A．危险警告灯　　B．车载电话

C．起动机　　D．安全气囊

19．安全型蓄电池接线柱（SBK）与智能型蓄电池传感器（IBS）的安装位置是（　　）。

A．SBK 安装在蓄电池正极上，IBS 安装在蓄电池正极上

B．SBK 安装在蓄电池负极上，IBS 安装在蓄电池负极上

C．SBK 安装在蓄电池正极上，IBS 安装在蓄电池负极上

D．SBK 安装在蓄电池负极上，IBS 安装在蓄电池正极上

20．智能型蓄电池传感器一般通过（　　）实现与发动机控制单元之间的数据传输及唤醒功能。

A．LIN 总线　　B．CAN 总线

C．MOST 总线　　D．Flexray 总线

21．汽车静态电流检测必须满足下列条件，除了（　　）。

A．关闭整车用电设备

B．利用工具闭锁发动机舱盖开关

C．断开蓄电池负极连接

D．锁止车辆并确保车辆进入防盗锁止状态，并等待数分钟

22．下列关于静态电流检测说法不正确的是（　　）。

A．在一般情况下，过高的静态电流消耗也可能是由一般性的电器故障引起的

B．CAN 总线的睡眠和唤醒功能出现问题时，会降低静态电流

C．如果所有控制单元都一起休眠或唤醒，无法使用自诊断仪器判断故障位置

D．可利用拔插熔丝的方法来判断静态电流过高的原因是否为电器线路内的故障

23．下列关于静态电流过大的描述，正确的是（　　）。

A．它由元器件故障引起

B．它不会导致蓄电池放电

C．与正常静态电流相比，放电速度较慢

D．它由蓄电池故障引起

24．电流钳上的箭头方向表示（　　）。

A．测试电流的方向　　B．面向自己

C．电流钳的反面　　D．电流钳的正面

25．使用数字万用表测量静态电流时，需要使用的工具是（　　）。

A．静态电流测试开关　　B．10A 熔丝跨接线

C．鳄鱼夹　　D．以上都是

三、判断题（每题1分，共20分）

1．蓄电池管理系统能直接监测蓄电池的温度。（　　）

2．静态电流管理是在发动机不运转时，对汽车用电设备进行的管理。（　　）

3．更换蓄电池时，关闭点火开关即断开蓄电池插接器，对汽车没有影响。（　　）

4．静态电流关闭等级 4 可以通过蓄电池控制单元进行设置。（　　）

5．蓄电池管理系统能提升发动机怠速转速。（　　）

6．蓄电池导线都装有监控装置。（　　）

7．在燃爆材料引燃后，不得继续使用安全型蓄电池接线柱，必须更换。（　　）

8．安全型蓄电池接线柱触发后，其他车载网络不能正常工作。（　　）

9．蓄电池传感器通常安装在蓄电池正极接线柱上。（　　）

10．静态电量平衡是指在各种环境工况下，汽车发电机的发电量都能满足整车用电设备的耗电量。（　　）

11．受监控的蓄电池导线的两端都有传感器导线，传感器导线与监控屏蔽层相连。（　　）

12．智能型蓄电池传感器可以检测蓄电池的静态电流。（　　）

13．大众品牌的速腾轿车用电设备因为电能管理而被关闭，则车载电网控制单元中有故障存储。（　　）

14．安全型蓄电池接线柱的作用是保护灯光电路。（　　）

15．智能型蓄电池传感器可以记录蓄电池的内阻。（　　）

16．若检测到蓄电池静态电流，则说明汽车电路存在故障。（　　）

17．关闭点火开关后，测得的蓄电池电流即为静态电流。（　　）

18．当蓄电池的静态电流超过制造商提供的标准值时，可以通过拔插熔丝的方法来判断故障电路。（　　）

19．汽车上装备的控制模块增多，蓄电池静态电流减小。（　　）

20．使用电流钳检测静态电流时，应注意电流钳的方向和测试电流的方向一致。（　　）

四、简答题（每题 8 分，共 16 分）

1．简述智能型蓄电池管理系统的作用。

2．在进行静态电流检测前，车辆须处于什么状态？

2.5 计划与决策

1．分组制订主题为“车辆蓄电池放电，检查蓄电池管理系统”的故障诊断与排除工作计划。

工作计划表

品牌		整车型号		生产日期		
发动机型号		发动机排量		行驶里程		
车辆识别码						
故障现象描述						
可能故障原因分析						
序　号	检查或检测内容	设备工具	注意事项	理论值	实测值	结果分析
1						
2						
3						
4						
5						
6						
小组成员及分工	组长： 卫生员：	记录员： 质检员：		安全员： 联络员：	展示员： 其他：	
计划审核（教师）				年　月　日	签字：	
检测中出现的问题		经验总结及改进措施				
结论和维修建议						
预估工时			成本预算			

2. 学生小组通过合作按照任务决策的关键要素完成任务决策。

任务决策：

（1）与师傅决策明确计划可行性。

工作任务的时间控制和成本控制，工作步骤的正确性、规范性和合理性，工作过程的安全性和环保性，考虑厂商的经济效益和工作效率等，并记录决策结果与师傅的建议。

（2）与客户决策明确计划可行性。

请站在客户的角度，和客户沟通任务计划实施的可能性。（包括：有几种可能供客户选择？某些项目做或不做？现在做还是以后做？考虑客户的成本控制、时间控制、安全性、环保性、美观性和便利性等，并记录决策结果与客户的意见。）

2.6 任务实施

1. 学生按照本组制订的工作计划进行故障诊断与排除作业，并将具体过程及结果记录在工作计划表中。

2. 查询工厂信息管理系统，进行备件和人员工资测算，并将其记录在工作计划表中的相应位置。

3. 实施过程评价。

排除蓄电池管理系统故障评价表

序 号	评价内容	评价标准	配 分	得 分
1	安全防护	座椅套、脚垫、转向盘罩、翼子板布、前栅子布、车轮挡块	10 分	
2	明确故障现象	打开点火开关，起动汽车，检查发动机的运转情况	5 分	
3	识别蓄电池	正确识别蓄电池	10 分	
4	故障诊断	1. 正确进行蓄电池（安装情况、液面/指示器/电解液比重）检查； 2. 正确测量蓄电池电压； 3. 正确使用故障诊断仪读取故障码和数据流； 4. 正确进行蓄电池性能检测，并做出判断； 5. 正确进行蓄电池静态电流检测； 6. 通过切断电路的方式查找故障点	40 分	
5	检查反馈	打开点火开关，起动车辆，检查发动机是否能够正常运转	5 分	
6	注意事项	出现危害人身或设备安全的操作，此项没分	5 分	
7	过程记录	对工作过程进行记录，记录内容应完整、翔实，漏一项扣 1 分，不完整的酌情扣分，扣完为止	5 分	

续表

序号	评价内容	评价标准	配分	得分
8	工作过程	工作态度积极； 文明操作，轻拿轻放，言行举止等合乎要求； 动作规范； 有野蛮操作的扣 5 分，有不文明语言的扣 5 分，扣完为止	5 分	
9	5S[①]	工具恢复，保持工作场地干净整洁，漏 1 项扣 1 分，扣完为止	5 分	
10	时间	超时 5min 以内的扣 5 分，超时 5～10min 的扣 10 分，超过 15min 须停止操作	10 分	
合计			100 分	

① 5S 即整理、整顿、清扫、清洁、素养。

2.7 任务评估

1．小组合作完成任务检查，对工作计划、工作过程、工作结果进行评估，并记录优点、缺点及改进建议。

1．检查工单（检测结果、维修建议、维修措施、故障排除情况）。   2．必要的 5S（车辆、工位、场地）。   3．请根据实施诊断与修理工作的实际情况，完善并改进工作计划。

2．车辆维修结束后，进行功能检查并将已修复的车辆及相关物品交付给组长，作为修理人员需要交付哪些物品？请写出交付车辆过程中需要注意的事项。

2.8 任务反思

在“排除蓄电池管理系统故障”的学习过程中你有哪些收获，请归纳总结。

序　号	项　目	总结内容
1	单元知识点总结	
2	目标达成情况	
3	达成目标的原因	
4	未达成目标的原因	
5	工作过程反思	
6	在今后学习中要保持的	
7	在今后学习中要杜绝的	
8	在今后学习中要尝试的	

2.9 知识拓展

多蓄电池管理系统

普通汽车蓄电池的作用是提供发动机起动所需的电能，并保证用电设备的供电。由于车辆装备复杂，尤其是对冷起动性能要求很高，若一个蓄电池不足以保证稳定供电，则可以使用 2 个或 3 个蓄电池，即采取多蓄电池方案。

双蓄电池车辆，包括一个起动蓄电池和一个车载电网蓄电池，这两个蓄电池并联，并通过发电机进行充电。在正常工作情况下，起动蓄电池在起动过程中向起动机供电，车载电网蓄电池向用电设备供电。如果其中一个蓄电池的电量不足，另一个蓄电池就会给予支持。该支持过程是由蓄电池管理控制单元来控制的。

如图 2-37 所示，奔驰双蓄电池管理系统由主蓄电池、起动蓄电池、蓄电池控制单元和前熔丝盒等组成。主蓄电用来为全车的用电设备提供电能；起动蓄电池用来给起动机提供电能。

3 个蓄电池车辆由一个起动蓄电池、一个车载电网蓄电池和一个转向助力蓄电池构成。其中，转向助力蓄电池在转向助力过程中向电动转向机提供电能，以保证稳定转向。

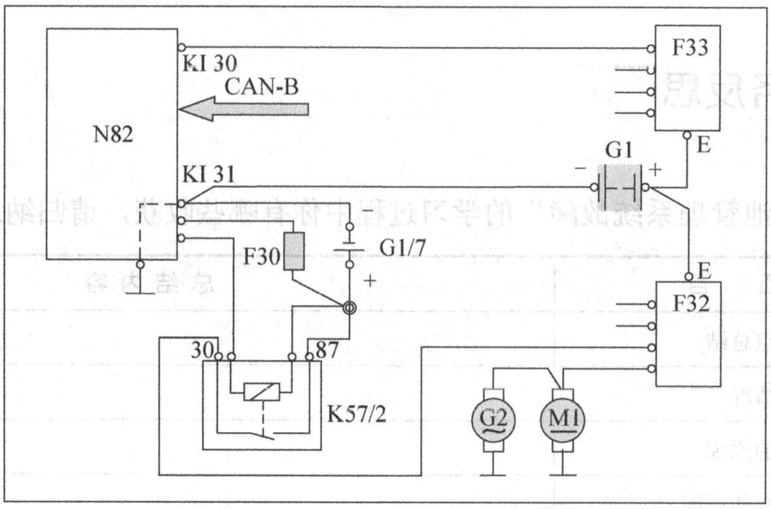

G1—主蓄电池；G1/7—起动蓄电池；N82—蓄电池控制单元；G2—发电机；M1—起动机；
K57/2—起动继电器；F30—温度过热熔丝；F32—前熔丝盒；F33—后熔丝盒

图 2-37　奔驰双蓄电池管理系统的组成

3

学习单元三

排除发电机的功能性故障

3.1 学习目标

素质目标

1. 能够遵守道德准则和行为规范；
2. 能够做出简单的决定并说明理由；
3. 能够在指定的时间积极主动地完成任务；
4. 能够反思自己的行为和工作技巧，并进行描述；
5. 在发电机检测过程中，遵守事故预防条例，逐步树立安全意识；
6. 在发电机检测过程中，按照规范标准进行操作，使学生逐步树立规范操作的意识。

知识目标

1. 掌握充电系统的结构和工作原理；
2. 通过电磁感应实验，理解电压产生原理；
3. 通过建立和分析半波整流和全波整流电路，理解整流原理；
4. 掌握发电机的结构和工作过程；
5. 掌握识读电路图的方法；
6. 通过分析电路图，理解发电机的充电电路。

技能目标

1. 能够描述交流发电机的结构和工作原理；
2. 能够正确选择和使用工具进行发电机充电电路的检测；
3. 能够正确选择和使用工具进行发电机的拆装；
4. 能够正确选择和使用工具进行发电机解体及解体检测；
5. 能够记录并分析检测结果；
6. 能够提供维修建议。

3.2 情境引入

一辆 2016 年上市的大众朗行轿车，搭载 1.4T 发动机，已行驶 7.8×10^5km。该车在起动后，出现充电指示灯常亮的问题。

3.2.1 接受任务

1．请两名同学分别扮演前台接待员和客户，完成接待任务。其他同学负责观察并记录优点及需要改进的地方。

指　　标	优　　点	需要改进的地方
注重使用文明用语		
着装合体，适合工作要求		
发型规范		
围绕“情境引入”中的任务能专业清楚地表达，条理分明，让对方听懂		
认真倾听，对问题有合理的、应有的反应		
有效利用客户陈述的信息并记录		
主动寻找伙伴帮助完成对话		
与伙伴有积极合作意识		
理解客户需求，为客户着想		
具备扎实丰富的专业知识		

2．围绕实习车，填写任务工单，明确故障现象。

车主姓名		日　期	
车　　型		车牌号	
发动机号		VIN	
联系电话			
通信地址			
故障现象描述：			
检查维修建议：			
故障结论：（更换或维修的零件记录）			
取车付款： 现金　　　　银行卡		维修人： 收款人：	

3.2.2 任务分析

3.2.2.1 认识充电指示灯

充电指示灯（见图3-1）又称为蓄电池放电警告灯。当点火开关置于点火挡位（ON）而不起动发动机时，充电指示灯点亮，表示蓄电池为电路供电；发动机起动后，充电指示灯应熄灭，此时改由发电机向汽车用电设备供电，并为蓄电池充电。充电指示灯的作用如下：

（1）指示发电机充电系统是否有故障。

（2）警告驾驶人停车后关断点火开关。

图3-1 充电指示灯

3.2.2.2 充电系统的组成

汽车的充电系统包括蓄电池、发电机和充电指示灯等，如图3-2所示。其中，充电指示灯用来表示充电系统的工作情况，可以辅助诊断充电系统有无故障。

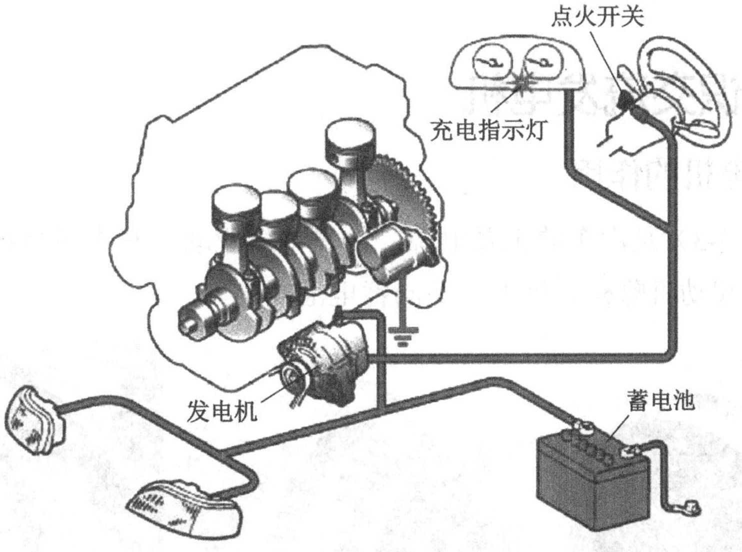

图3-2 汽车充电系统的组成

3.2.2.3 发电机充电系统异常、充电指示灯常亮的主要故障原因

（1）交流发电机驱动不良。交流发电机驱动带松弛、损坏，导致其转速过低，输出电压不足，无法为蓄电池充电。

（2）交流发电机电路故障。交流发电机的电路发生断路或短路，导致其不能发电，充电指示灯常亮。

（3）交流发电机损坏。具体包括：整流二极管损坏，电刷卡死、电刷与集电环不接触或接触不良，定子、励磁绕组断路、短路或搭铁、接线柱绝缘不良，以及防干扰电容器损坏。

(4) 电压调节器故障。具体包括：调节电压过低，电压调节器调整不当或内部短路、断路等。

(5) 蓄电池故障。具体包括：蓄电池充电不足，蓄电池性能下降，以及蓄电池静态电流过大等。

当出现充电指示灯常亮的故障时，应首先判断故障在于蓄电池还是发电机，然后进行诊断。本单元重点讲解发电机故障造成充电指示灯常亮的故障。

3.2.2.4 充电指示灯常亮的检查

(1) 检查传动带是否因老化、松动或沾有油污出现打滑，致使发电机转速不够，可用扰度仪测量传动带的扰度。

(2) 检查发电机的插头及B+接线柱和蓄电池极柱是否连接可靠，可用手拨动观察是否松动或插拔线束接头观察故障是否消除。

(3) 如果以上均正常，则需对发电机和线束进行排查。

3.3 知识与技能

3.3.1 认识交流发电机

3.3.1.1 发电机的作用

发电机（见图3-3）是汽车的主要电源，由发动机驱动，其作用是在发动机正常运转时，向所有用电设备（起动机除外）供电，并向蓄电池充电。

图3-3 发电机

3.3.1.2 发电机的分类

汽车用发电机可分为直流发电机和交流发电机两种，由于交流发电机在许多方面都优于直流发电机，目前多用作汽车电源。交流发电机可以按照不同的分类方法进行分类。

1. 按整体结构分类

(1) 普通交流发电机：使用时需要配装电压调节器的发电机。

（2）整体式交流发电机：发电机和电压调节器制成一个整体的发电机。

（3）带泵交流发电机：和汽车制动系统用真空助力泵安装在一起的发电机。

（4）无刷交流发电机：不需要电刷的发电机。

（5）永磁交流发电机：磁极采用永磁铁制成的发电机。

2．按整流器结构分类

按照整流器的结构，交流发电机可分为6管、8管、9管及11管4种类型。

3．按励磁绕组搭铁形式分类

（1）内搭铁型交流发电机：励磁绕组直接搭铁（与发电机壳体相连）。

（2）外搭铁型交流发电机：励磁绕组经电压调节器后搭铁。

3.3.1.3 交流发电机的型号

发电机作为汽车的主要电源，不同汽车上的发电机的型号众多，因而可以根据发电机的型号识别其信息。根据QC/T 73—1993《汽车电气设备产品型号编制方法》，汽车交流发电机的型号主要由下列5部分组成，如图3-4所示。

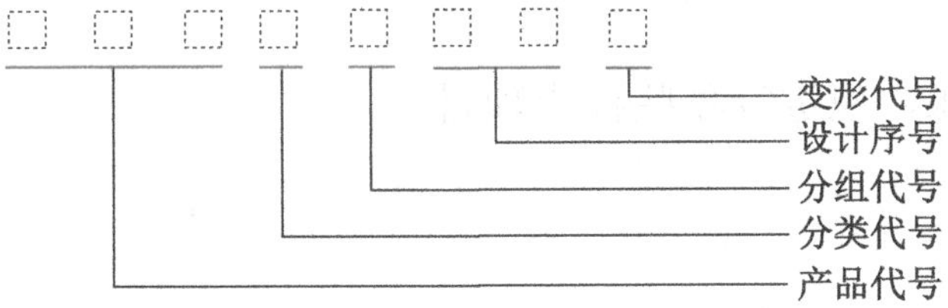

图3-4 国产汽车交流发电机的型号

（1）产品代号。它用英文字母表示。例如：

JF——普通交流发电机；

JFZ——整体式交流发电机；

JFB——带泵交流发电机；

JFW——无刷交流发电机。

（2）分类代号。它通常用一位阿拉伯数字表示。例如，若选用电压等级作为分类代号时，1表示12V系统；2表示24V系统；6表示6V系统。

（3）分组代号。它也用一位阿拉伯数字表示。当选用电压等级作为分类代号时，将电流等级作为分组代号，其含义见表3-1。

表3-1 电流等级代号　　单位：A

代　号	1	2	3	4	5	6	7	8	9
电流等级	≤19	≥20～29	≥30～39	≥40～49	≥50～59	≥60～69	≥70～79	≥80～89	≥90

（4）设计序号。它用1～2位阿拉伯数字表示，代表产品设计的先后顺序。

（5）变形代号。交流发电机以调整臂位置作为变形代号，从驱动端看，调整臂在左侧的用 Z 表示；调整臂在右侧的用 Y 表示；调整臂在中间的不加标记。

注意：进口发电机不符合上述标准。

选用汽车发电机的型号一般应与汽车制造商相匹配，须考虑带轮直径、槽宽、电压、功率或者电流、安装固定孔尺寸等参数。

3.3.1.4 工作页

1．一辆 2016 年上市的大众朗行 1.4T 轿车，在起动后，充电指示灯常亮。

（1）请写出由此可能产生的后果。

（2）可能存在哪些故障？

（3）为查找故障根源，应进行哪些检查项目？

2．请描述发电机的作用。

3．交流发电机按照整体结构可分为哪几种？

4．请写出下列发电机型号的含义。

（1）JFZ1913Z

（2）JFW15

3.3.2 交流发电机的结构及原理

3.3.2.1 交流发电机的结构

交流发电机由转子、定子、整流器、端盖及电刷、带轮和风扇等组成。如图 3-5 所示。

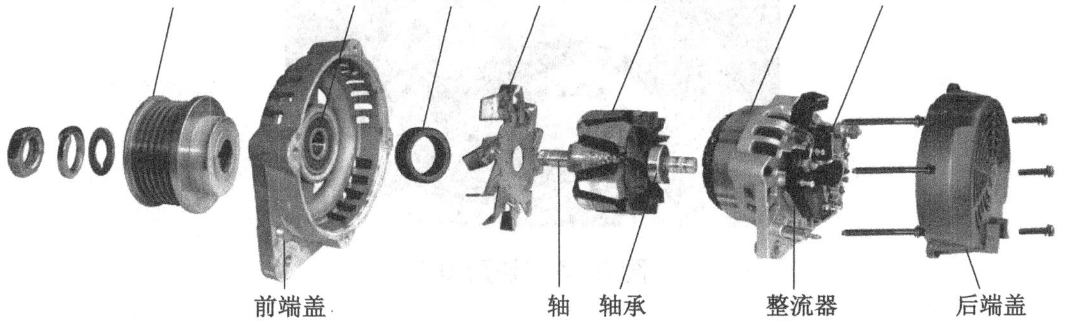

图 3-5 交流发电机的结构

1．转子

（1）作用。转子负责产生磁场。

（2）组成。转子由磁扼、励磁绕组、爪极、集电环和转子轴组成，如图 3-6 所示。

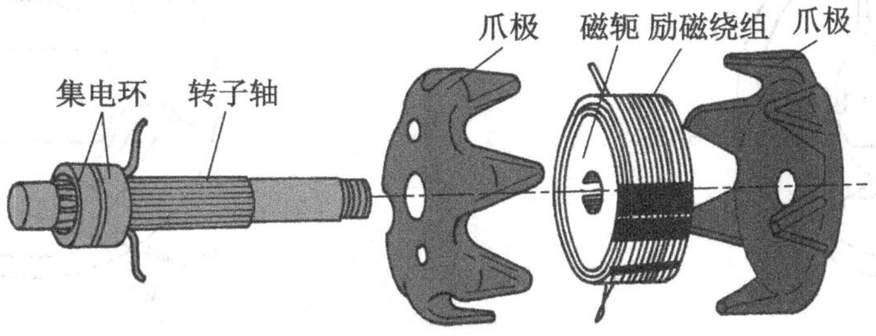

图 3-6 转子结构

爪极压装在转子轴上，共有两块，加工成鸟嘴形磁极。两爪极间的空腔内装有磁扼和励磁绕组。集电环由两个彼此绝缘的铜环组成，压装在转子轴上并与轴绝缘，两个集电环分别与励磁绕组的两端相连。

发电机的电刷与两集电环相接触，引入励磁电流流过励磁绕组。当给两集电环通入直流电时，励磁绕组中就有电流通过，并产生轴向磁通，使一块爪极被磁化为 N 极，另一块爪极被磁化为 S 极，进而形成多对 N 极和 S 极。转动转子，就会产生旋转的磁场。

2．定子

（1）作用。定子负责产生三相交流电。

（2）组成。定子由定子铁心和定子绕组组成。

定子又称为电枢，安装在转子外侧和发电机的前、后端盖固定在一起。定子总成如图 3-7

所示。定子铁心由内圆带槽的环状硅钢片叠成，定子绕组为三相对称绕组，安装在定子铁心的槽内。

图 3-7　定子总成

三相绕组的连接方法可分为星形（Y）联结和三角形（△）联结两种。其中，星形（Y）联结是指每相绕组的首端分别与整流器相连，每相绕组的尾端连在一起；三角形（△）联结是指每相绕组的首尾连成"△"形，如图 3-8 所示。

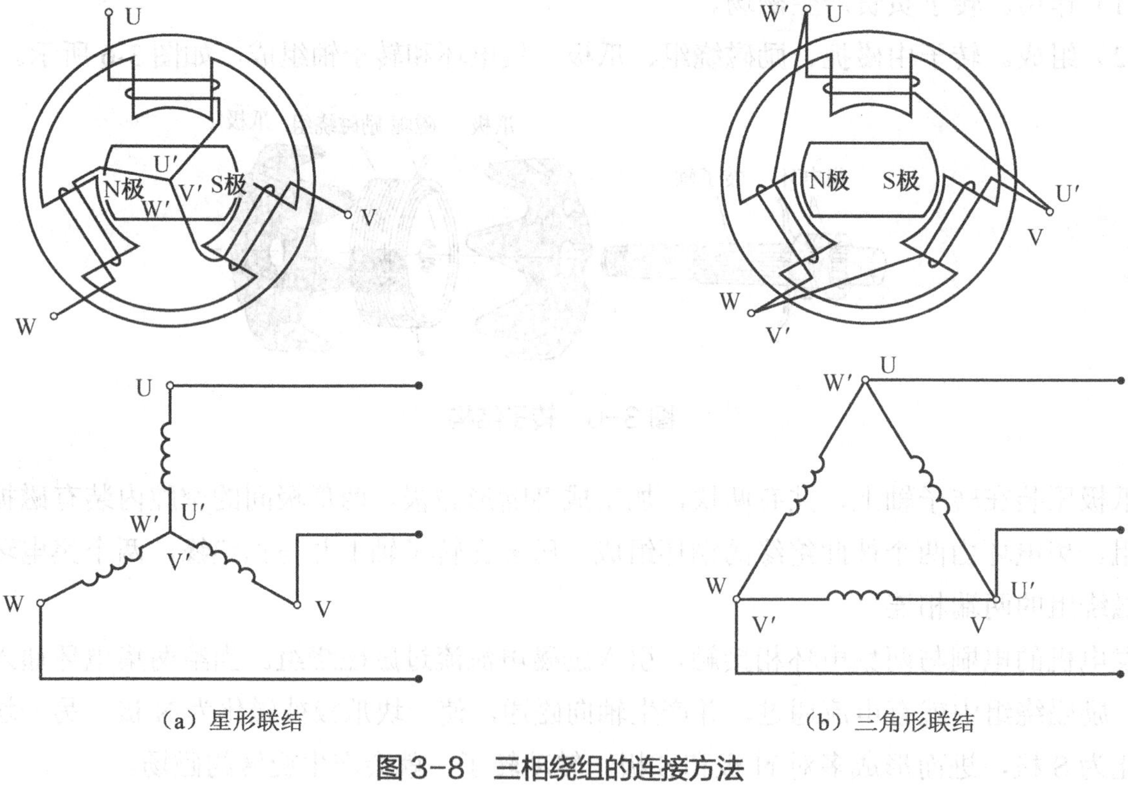

图 3-8　三相绕组的连接方法

当转子在定子内部转动时，会引起定子绕组中磁通的变化，定子绕组中即产生交变的感应电动势。三相对称绕组中产生的电动势是对称电动势，即电动势的大小相等、电位差互差 120°（电角度）。为保证绕组中的电动势是对称电动势，三相绕组在定子槽中的绕法必须满足下列要求：

① 每相绕组线圈的个数、每个线圈的匝数、每个线圈的大小都相等，这样可保证每项绕组所产生的电动势大小相等。

② 三相绕组的首端 U、V、W 在定子槽内必须间隔 120°。

3．整流器

（1）作用。整流器负责将定子绕组产生的三相交流电转变为直流电输出。

（2）组成。整流器由整流板和二极管组成，如图 3-9 所示。二极管分正二极管和负二极管两种，正二极管安装在一块铝制散热板上，称为正整流板；负二极管安装在另一块铝制散热板上，称为负整流板，也可用发电机后端盖代替负整流板。正整流板与外壳绝缘，其上有一个输出接线柱 B 作为发电机的输出端；负整流板直接搭铁，需要与壳体相连。

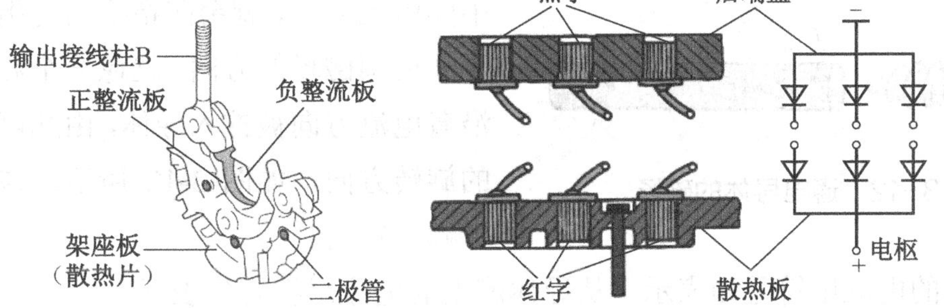

图 3-9 整流器

4．端盖及电刷

端盖一般分为前、后端盖两部分，具有支撑转子、定子、整流器和电刷组件的作用。

电刷、电刷架、电刷弹簧共同组成电刷组件，如图 3-10 所示。电刷的作用是使电流通过集电环引入励磁绕组（见图 3-11）。两个电刷分别装在电刷架的孔内，借助弹簧压力与集电环保持接触。电刷和集电环的接触应良好，否则会因磁场电流过小，导致发电机发电不足。

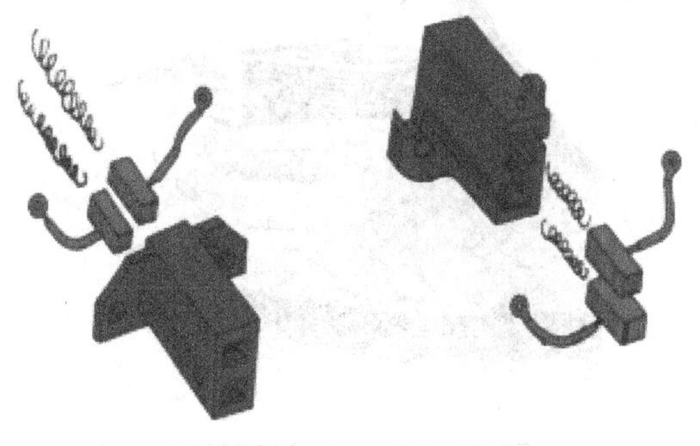

（a）内装式 （b）外装式

图 3-10 电刷组件

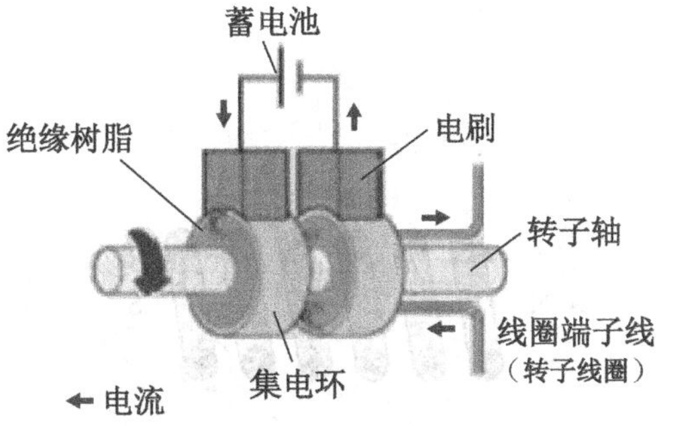

图 3-11 电刷的作用

5．带轮和风扇

交流发电机的前端装有带轮和风扇，由发动机通过传动带驱动，发电机的转子轴和风扇一起旋转。

发动机工作时，定子绕组和励磁绕组中都会有热量产生，温度过高会烧坏导线的绝缘层，导致发电机不能正常工作，因而需要帮助发电机散热。为了提高散热能力，有的发电机会装用两个风扇（前、后各一个）。

3.3.2.2 交流发电机的工作原理

交流发电机利用电磁感应原理，将发动机驱动发电机曲轴转动的机械能转变为电能输出。电和磁是不可分割的，电可以产生磁，磁也可以产生电，由此产生了交流发电机。

1．电流的磁效应

在一个通电导体的周围存在一个磁场，磁力线呈同心圆的形状，此即电流的磁效应，也称为电生磁。

通电直导线中的安培定则（安培定则一）：用右手握住通电直导线，让大拇指指向直导线中的电流方向，剩余四指手指的指向就是通电直导线周围磁场的方向，就像一个右旋螺纹的螺钉沿着电流方向被拧入导体，由此可以确定磁力线的旋转方向，如图 3-12 所示。该定则又称为右手螺旋定则。

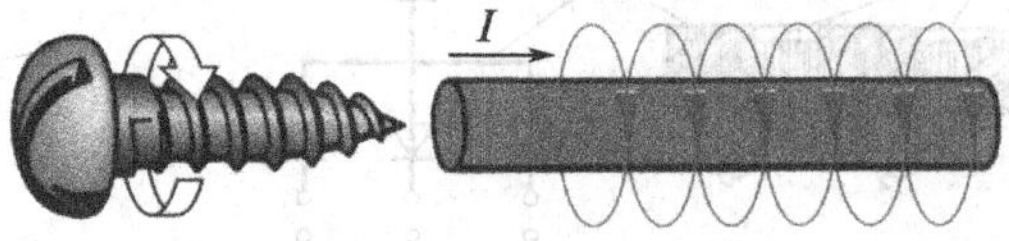

图 3-12 通电导体的磁场

进入导体的电流用符号⊗表示，从导体流出的电流用符合⊙表示。

如果将导体绕成一个线圈，则磁力线会在线圈内部聚集，并呈平行分布且密度均匀，称为均匀磁场。磁力线的出口处形成 N 极，入口处形成 S 极，如图 3-13 所示。通电线圈磁场的极性可以用下述安培定则判定。

通电线圈中的安培定则（安培定则二）：将右手的四根手指指向电流方向并握住线圈，竖起的大拇指即指向线圈的 N 极，如图 3-14 所示。

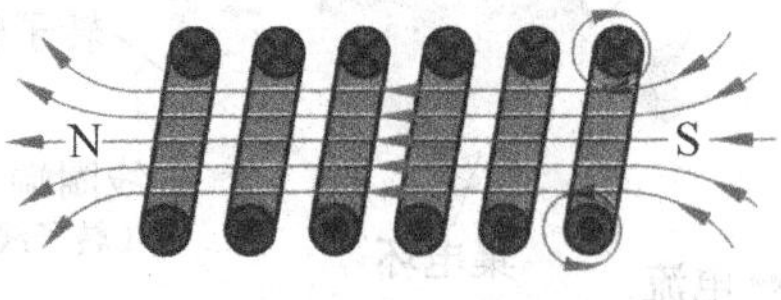

图 3-13 通电线圈的磁场

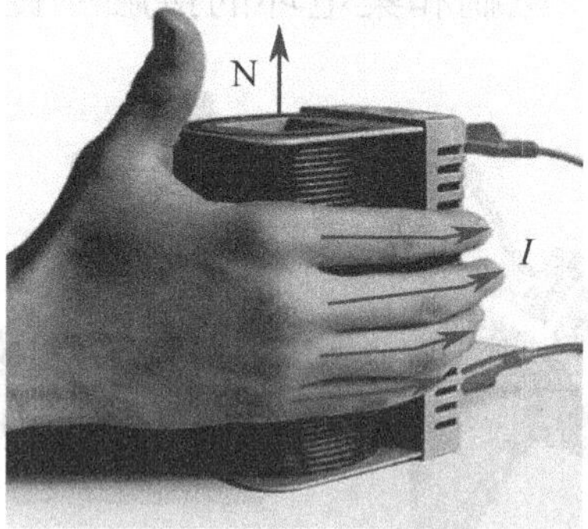

图 3-14 安培定则二

2．电磁感应

电磁感应是指通过改变导体回路或线圈所载有的磁通量，就能产生电动势，即感应电动势。若将此导体闭合成一回路，则该电动势会驱动电子流动，形成感应电流。

如果使磁铁在一个线圈中来回移动，就会在线圈内部产生交流电压，如图 3-15（a）所示。

如果使一个导体回路在磁场中来回移动，就会在导体回路内部产生交流电流，如图 3-15（b）所示。

这种电压产生的过程称为运动电磁感应。只有在线圈及导体回路中的磁通量发生改变时才会感应产生电压。磁通量是指由线圈或导体回路所包围的磁力线的总数。

感应电压的高低与线圈所包围的磁通量的改变速度（单位时间内的增加或减少）和线圈匝数呈正比。

磁通量在线圈内以何种方式发生改变，对感应电流的产生不具有任何影响。

磁通量的改变可通过下列方式发生：

（1）线圈在磁场中的运动或转动。

（2）在一个绕阻中接通或断开电流，如发电机励磁绕阻中的励磁电流。

（3）周期性地改变电流强度，如变电器中的一次绕组。

感应电压的方向取决于运动方向及磁场方向。电流的方向可由右手定则决定。右手定则：伸出右手，使拇指和其余四指相垂直，并且与手掌都在同一平面内，将右手放入磁场中，让磁感线垂直穿过手心，大拇指指向导体运动方向，其余四指所指的方向就是导体中感应电流的方向。因为是判断产生电（流）的定则，故又称为发电机定则，如图 3-16 所示。

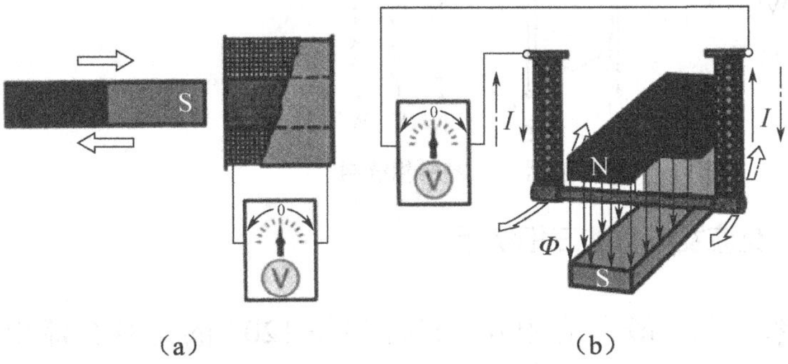

图 3-15　运动电磁感应

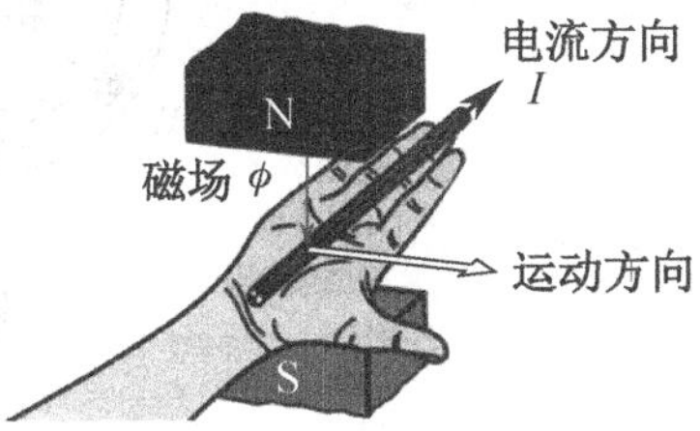

图 3-16　发电机定则

3．电压的产生

当点火开关被接通时，励磁绕组中就有电流流过，此时转子的两块爪极被磁化，形成了 N 极和 S 极相互交错的磁极。图 3-17 所示为单相绕组的工作原理。当发电机工作时，磁场同时转动，于是定子绕组与磁场发生相对运动，定子绕组切割磁感线，产生感应电动势。

（1）*a* 位置：定子绕组与磁力线平行→无电压；

（2）*b* 位置：定子绕组切割磁力线→高电压；

（3）*c* 位置：定子绕组与磁力线平行→无电压；

（4）*d* 位置：定子绕组反方向切割磁力线→高负电压；

（5）*a* 位置：定子绕组与磁力线平行→无电压。

a→*b*→*c*→*d*→*a* 周而复始，产生交流电。

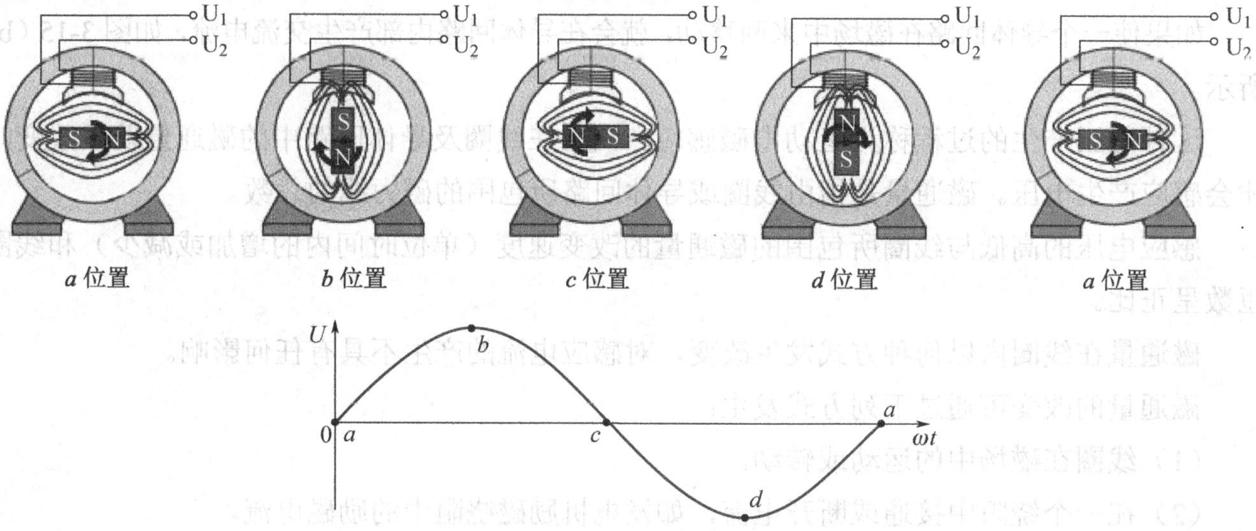

图 3–17　单相绕组的工作原理

如图 3-18 所示，在磁场中有 3 个互成 120° 的定子绕组同时与磁场发生相对运动，电路中会产生 3 个交变电动势。这样的发电机称为三相交流发电机。

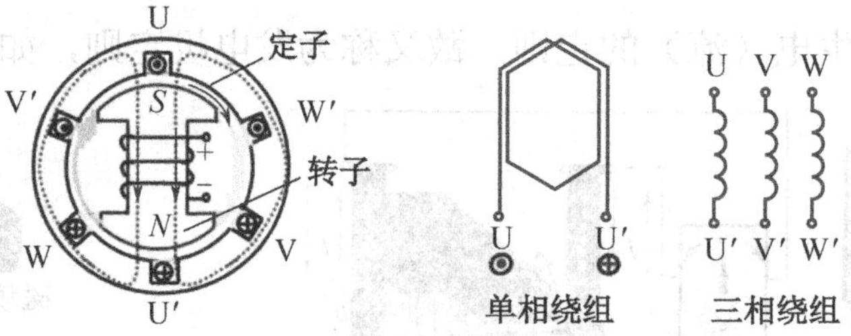

图 3–18　交流发电机的三相绕组

三相绕组所产生的感应电动势是频率相同、最大值相同、相位相差 120° 的正弦交流电动势，如图 3-19 所示。

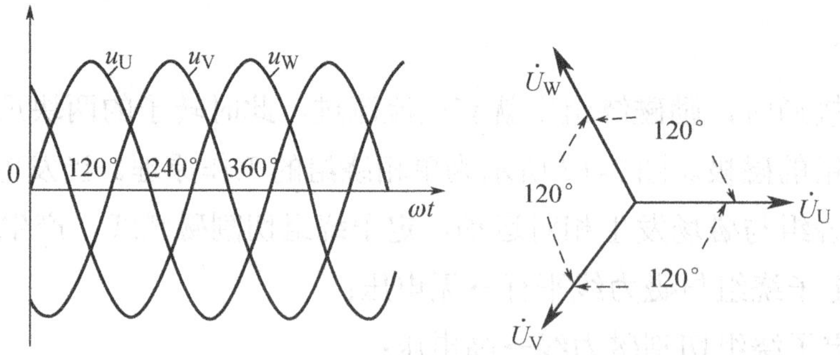

图 3–19　交流发电机的三相交流电

3.3.2.3　整流原理

在交流发电机定子的三相绕组中，通过感应产生三相交流电。但是交流电无法为蓄电池充电，因为车上的用电设备都采用直流电，这就需要将交流电转变为直流电。整流器是将交流电转变为直流电的一种装置。在汽车用发电机中，采用三相桥式整流电路作为整流器。按照二极管的个数，整流器分为6管、8管、9管和11管4种。

1．6管整流器

将定子的三相绕组和6个整流二极管按图3-20所示的电路进行连接。连接3个正二极管VD_1、VD_3、VD_5的负极通过元件板连在一起，它们的正极分别与三相绕组的首端相连；3个负二极管 VD_2、VD_4、VD_6 的正极通过元件板或端盖连在一起，它们的负极与三相绕组的首端相连，从而构成三相桥式整流电路。

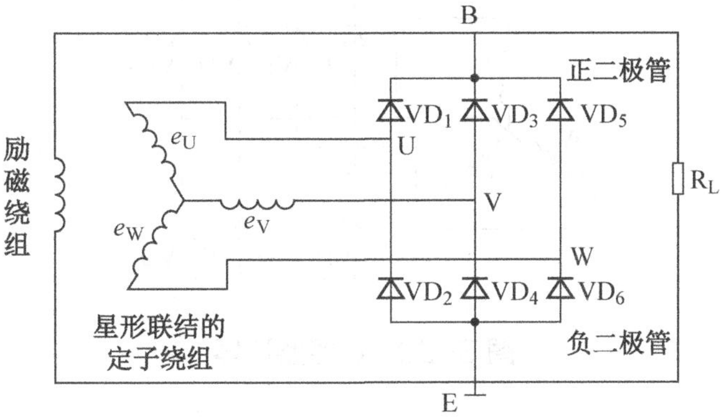

图3-20　三相桥式整流电路

（1）二极管的特性。二极管具有单向导电性，当给二极管加上正向电压时，二极管导通；当给二极管加上反向电压时，二极管截止。

（2）整流过程分析。在交流发电机运转过程的每个时间区间，总有一相绕组的电压最高，一相绕组的电压最低，而在整流器的6个整流二极管中，始终保持至少有2个二极管（一正一负）导通。

如图3-21所示，当转角为0°时，$e_W>0$，为正；$e_U=0$；$e_V<0$，为负，电流从e_W流出，经过VD_5、R_L、VD_4，从e_V流入（见图3-22），于是将定子绕组产生的三相交流电转换为脉动的直流电（见图3-21）。

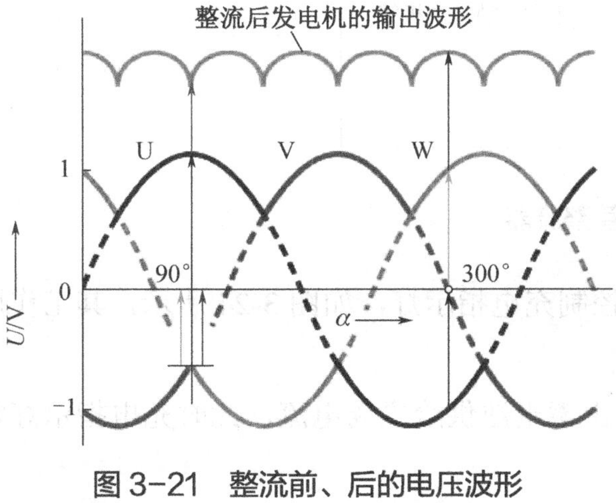

图3-21　整流前、后的电压波形

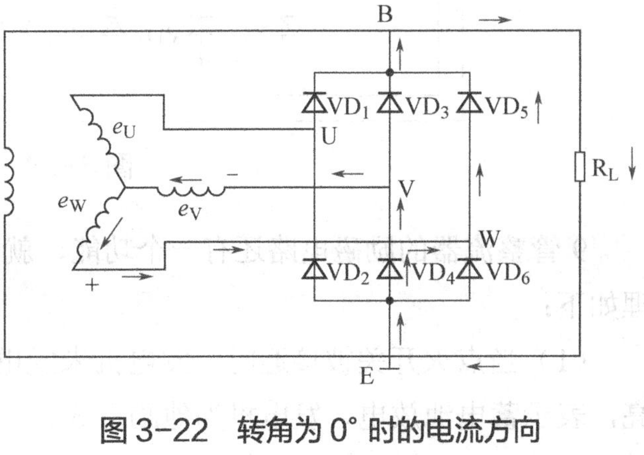

图3-22　转角为0°时的电流方向

2．8 管整流器

当定子绕组为星形联结时，三相绕组的公共结点成为中性点。从三相绕组的中性点引一根导线到发电机外，标记为 N，N 点的电压称为中性点电压。

为了利用发电机的中性点电压提高发电机功率，有些发电机的整流器具有 8 个二极管（见图 3-23），其中两个为中性点二极管 VD_7 和 VD_8，负责对中性点电压进行整流，使中高速时发电机的输出电流增加 10%～15%。

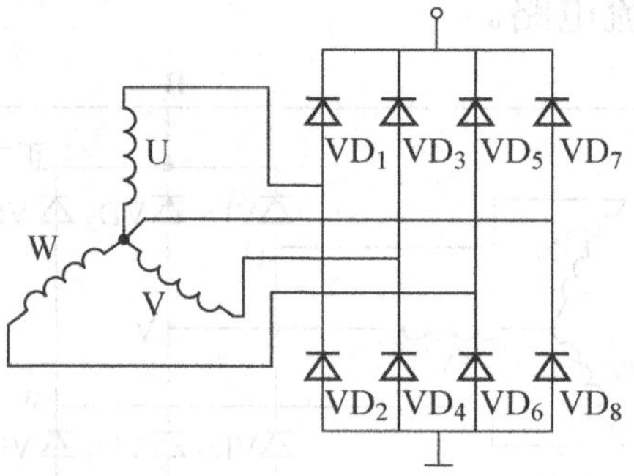

图 3-23　8 管整流器

3．9 管整流器

9 管整流器由 6 个大功率整流二极管（VD_1～VD_6）和 3 个小功率励磁二极管（VD_7～VD_9）组成，如图 3-24 所示。3 个励磁二极管与整流器中的 3 个负极二极管（VD_2、VD_4、VD_6）组成另一个三相桥式全波整流电路，直接向发电机的励磁绕组供电。

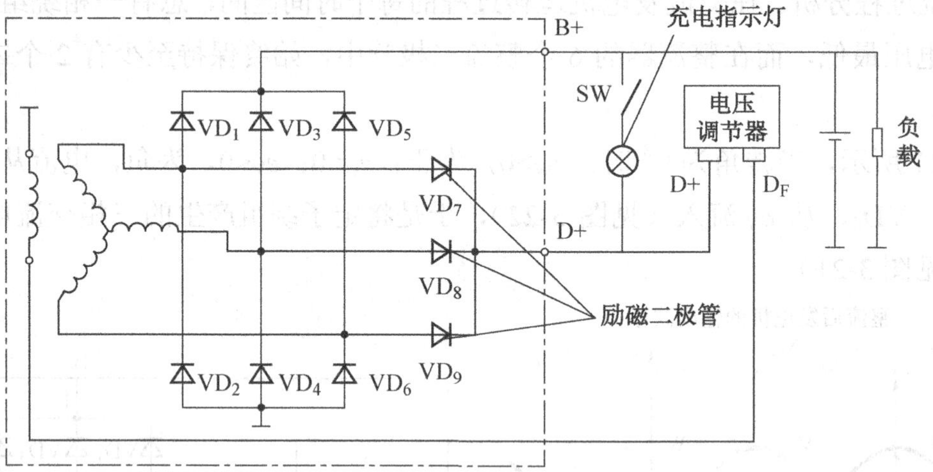

图 3-24　9 管整流器

9 管整流器的励磁电路还有一个功能，就是控制充电指示灯，如图 3-24 所示，其工作原理如下：

（1）当点火开关被接通时，发电机未发电，由蓄电池供给磁场电流，此时充电指示灯常亮，表示蓄电池放电，发电机为他励方式。

（2）当发动机起动后，转速升高到怠速及以上时，发电机应能正常发电并对外输出，磁场电流由发电机供给，发电机自励发电。若充电指示灯没有熄灭，则说明发电机不发电或充电指示灯的电路有故障。

（3）发动机熄火后，由于发电机不再发电，如果没有关断点火开关，蓄电池就会通过磁场电路向励磁绕组放电，充电指示灯会再次亮起，可提醒驾驶人关闭点火开关，避免蓄电池长时间放电烧坏励磁绕组和蓄电池亏电。

4．11 管整流器

11 管整流器中既有中性点二极管，也有励磁二极管，共 11 个二极管（见图 3-25）。8 个整流二极管 VD_1～VD_8（6 个接三相绕组，2 个接中性点）组成全波桥式整流电路对负载输出，3 个小功率二极管 VD_9、VD_{10}、VD_{11} 与 3 个大功率负极二极管 VD_2、VD_4、VD_6 也组成三相全波桥式整流电路，为发电机励磁绕组供电并控制充电指示灯。

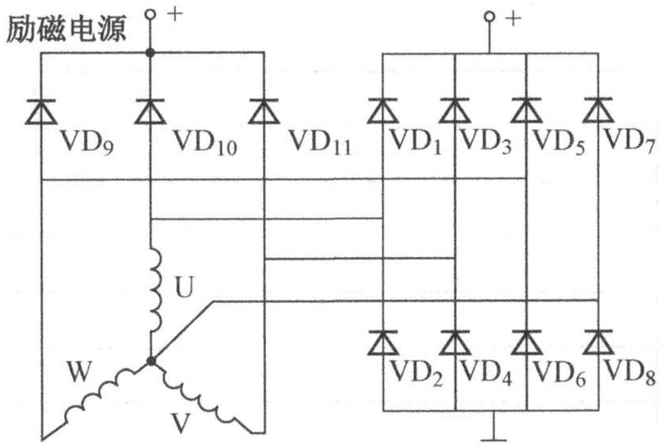

图 3-25　11 管整流器

目前，11 管整流器在汽车上的应用较多，因为它具有中性点二极管，可提高发电机的功率，又有励磁二极管能控制充电指示灯。

去掉 11 管整流器中的 3 个励磁二极管，就变成 8 管整流器。8 管整流器的充电指示灯由调节器直接控制。

3.3.2.4　工作页

Ⅰ．交流发电机的结构

1．请在下图中填写相应零部件的名称。

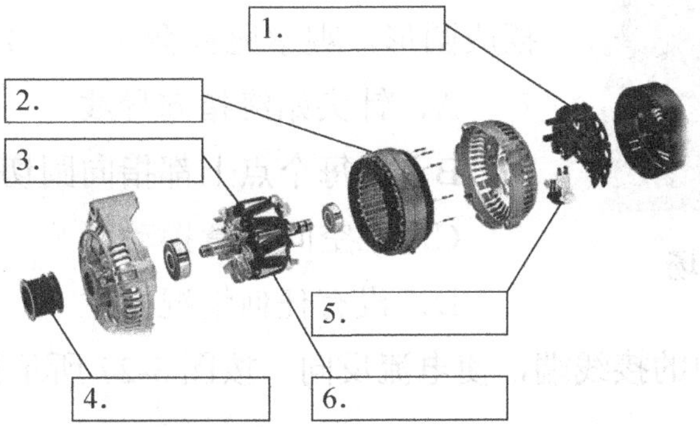

2．请将表格中的序号对应填入图中，并填写其作用。

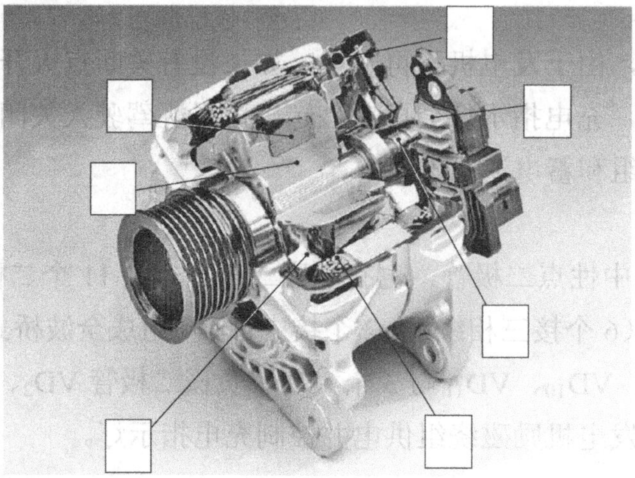

序　号	部件名称	作　用
1	励磁绕组	
2	爪极	
3	定子绕组	
4	整流器	
5	电压调节器	
6	集电环	
7	风扇	

Ⅱ．电流的磁效应实验

1．请按图 3-26 所示，将导线接至直流电源，并将电流升至约 10A。请在塑料盘中导线的四周撒些铁屑，观察铁屑的分布情况为（　　）。

A．铁屑分布方向呈直线

B．没有任何情况发生

C．铁屑分布方向以导线为中心呈环形（同心环）

D．铁屑被导线紧紧吸住

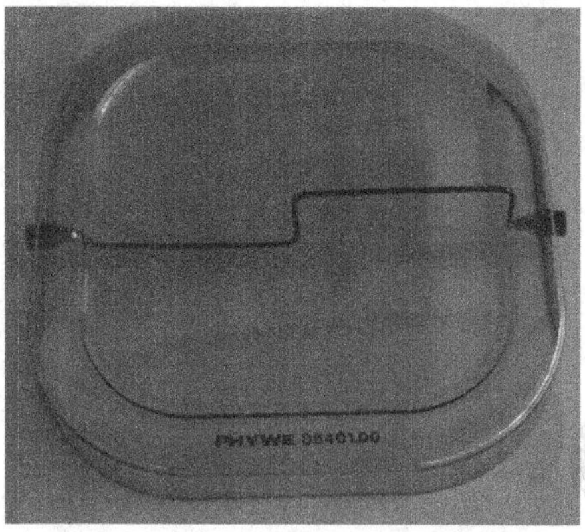

图 3-26　通电导线的磁场

2．请按图 3-27 所示，将活动的磁针围绕通电的导线摆成圆形，观察磁针会（　　）运动。

A．针尖始终指向导线

B．在每个点上都指向圆切线的方向

C．在空间任意摆动

D．没有任何情况发生

3．请调换实验装置中的接线端，使电流反向。按图 3-27 所示排列磁针，磁针会（　　）运动。

A．磁针转向且针尖再次指向导体

B．磁针转向且再次在每个点上指向圆切线的方向

C．电流方向的改变对磁针没有影响

D．没有任何情况发生

4．依据图 3-28 所示，请在下列空白处正确填入以下词汇：电流，电流通过的，同心，圆形，磁场方向。

图 3-27　通电导线周围磁针的运动

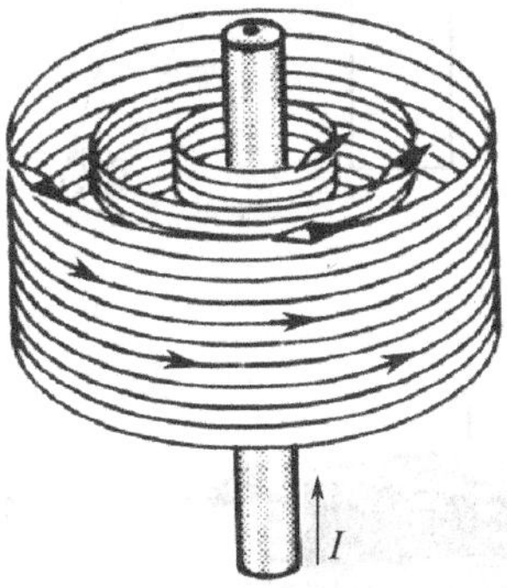

图 3-28　通电导线的磁场方向

围绕一个__________的导线形成一个__________的磁场。磁力线的形状为__________圆形。____________取决于____________的方向。

5．借助于专业书自主进行右手螺旋定则的学习（见图 3-29）。

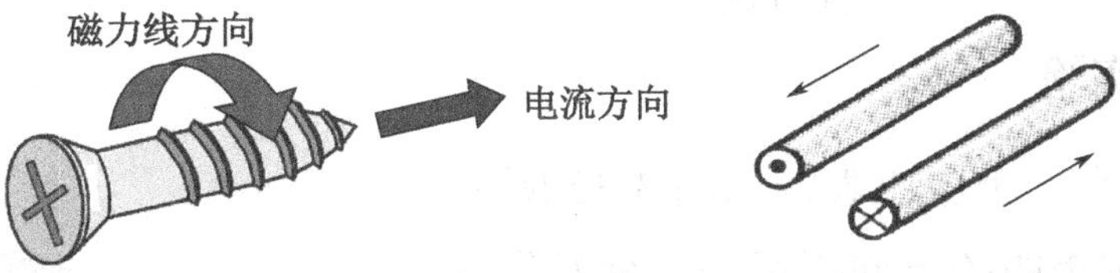

图 3-29　通电导体的磁场

（1）下列（　　）标出的磁力线都正确。

（2）下列（　　）标出的磁力线都正确。

6．将线圈接至一个直流电源上，并将电流升至 10A，在塑料盘中撒些铁屑，如图 3-30 所示。请在下图中画出各线圈的磁力线，并为产生的磁场添加极性。

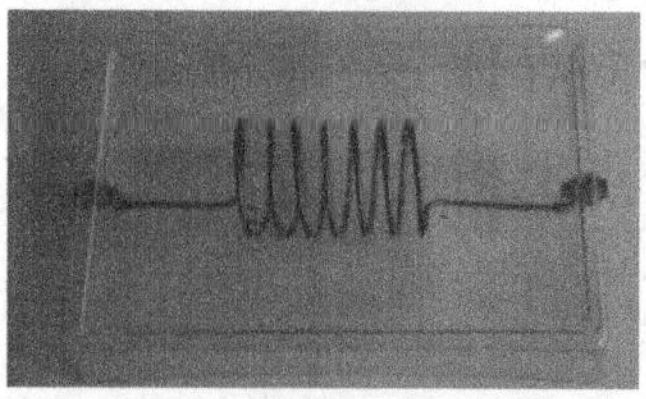

图 3-30　通电线圈的磁场

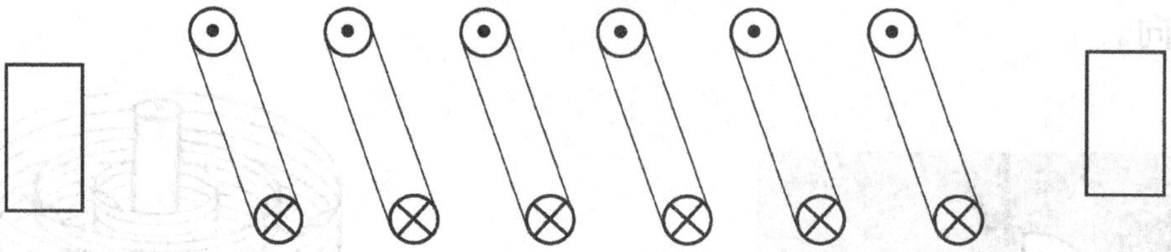

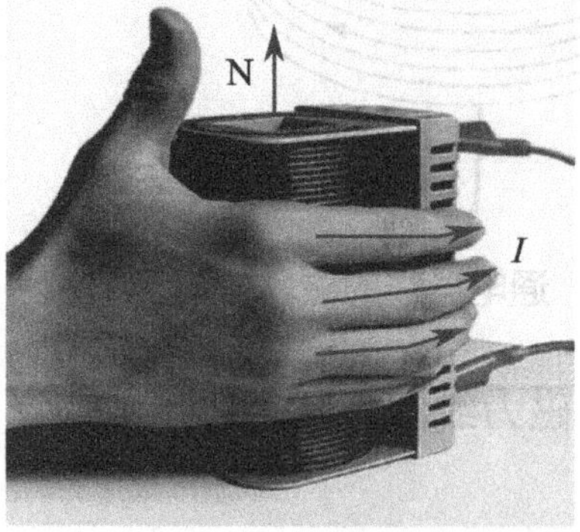

图 3-31　右手螺旋定则

7．依据图 3-31 所示，请在下列空白处正确填入以下词汇：相邻导体，右手，叠加，外部，平行，电流方向，大拇指，磁场。

一个通电线圈的__________由__________的磁场__________形成。线圈内部的磁力线呈__________分布，并在线圈的__________形成闭合圆环。线圈的 N 极和 S 极可通过右手螺旋定则来确定。将__________的四根手指指向__________并握住线圈，竖起的__________就指向 N 极方向。

Ⅲ．电磁感应实验

请将一个线圈接至一个电压表，如图 3-32 所示。

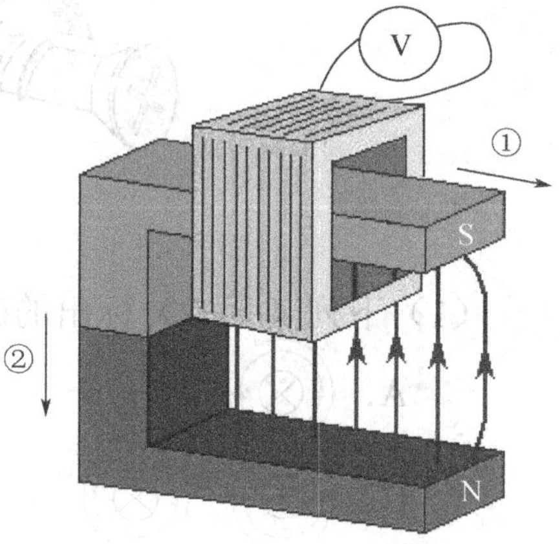

图 3-32　电磁感应实验装置

1．将一个磁铁按指明的方向①运动，会发生（　　）。

A．线圈中产生电压

B．没有任何情况发生

C．一旦连上电压表，就有电压产生

D．只要导体在磁场中运动，电压表的指针就会偏转

2．重复上述实验，但让磁铁沿方向②运动，会发生（　　）。

A．产生一个相当高的电压　　B．电压表的指针（几乎）没有发生偏转

C．没有任何情况发生　　D．产生一个交流电压

3．由上述观察可知（　　）。

A．只要磁场中有线圈，就会产生电压

B．只有当线圈沿磁力线方向运动时，才会产生电压

C．只有当线圈垂直于磁力线运动（导体切割磁力线）时，才会产生电压

D．是否以及何时产生电压完全是偶然

4．重复上述实验并沿与方向①相反的方向移动磁铁，会发生（ ）。

A．电压表的指针朝相反方向偏转

B．没有任何情况发生

C．电压表的指针（几乎）没有发生偏转

D．产生相位偏移的交流电压

5．交换磁铁的两极后，重复上述实验，会发生（ ）。

A．电压叠加

B．电压减半

C．电压表的指针朝相同的方向偏转

D．电压表的指针朝相反的方向偏转

6．从实验 1、实验 4 和实验 5 可以得出（ ）。

A．电压的极性取决于导体相对于磁场的运动方向

B．不论线圈如何运动，电压方向始终不变

C．电压的极性只有很小的改变

D．电压的大小取决于运动方向

7．请在实验装置中按先慢后快的方式移动线圈穿过磁场，会发生（ ）。

A．移动越快，产生的电压越低

B．移动越慢，产生的电压越高

C．移动越快，产生的电压越高

D．移动越慢，产生的电压负值越大

8．由实验 7 可知（ ）。

A．产生的电压随单位时间内切割的磁力线数量的增加而升高

B．产生的电压随单位时间内切割的磁力线数量的增加而降低

C．产生的电压对运动速度有很大影响

D．电压越高，运动速度越大

9．将不同匝数的线圈接到电压表上后，在磁铁的一个磁极端上移动线圈，会发生（ ）。

A．线圈的匝数对产生的电压没有影响

B．匝数越少，产生的电压越高

C．匝数多时会改变电压的极性

D．匝数越多，产生的电压越高

10．由实验 9 可知（ ）。

A．线圈的匝数决定了电压的极性

B．对产生的电压高低起决定作用的是电压表的量程选择范围

C．产生的电压随匝数的增加而升高

D．电压高时，匝数增加

11．当使用一个磁性更强的磁铁进行实验时，会发生（ ）。

A．磁场强度对电压高低没有影响

B．磁力越强，产生的电压越高

C．磁场密度很高时，电压发生中断

D．磁通密度越高，产生的电压越低

总结：

产生的电压的高低取决于	产生的电压的方向取决于

Ⅳ．电压的产生

1. 请补全单相绕组不同位置切割磁力线所产生电压的情况，并画出单相绕组产生的电压。

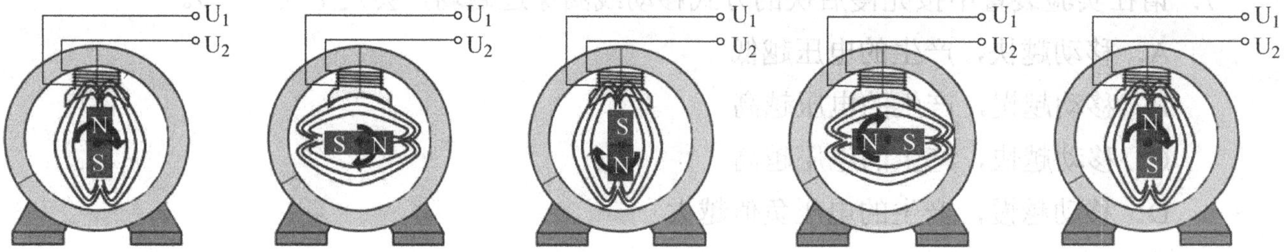

a 位置　*b* 位置　*c* 位置　*d* 位置　*a* 位置

图 3-33　单相绕组不同位置产生的电压情况

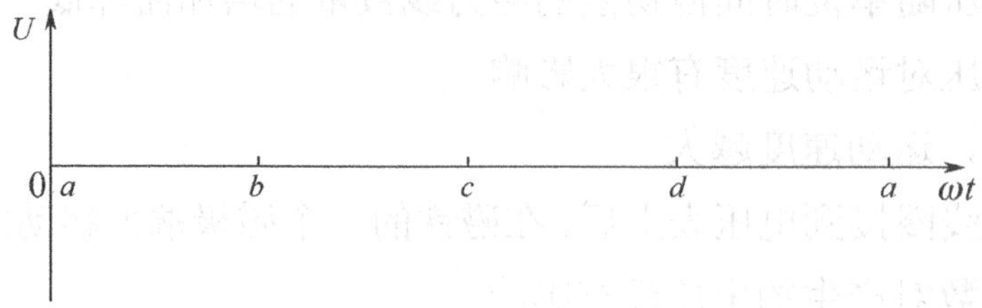

2．三相交流发电机产生电压的原理是什么？

3．请用不同颜色在图 3-34 中画出三相交流发电机的 3 个相位。

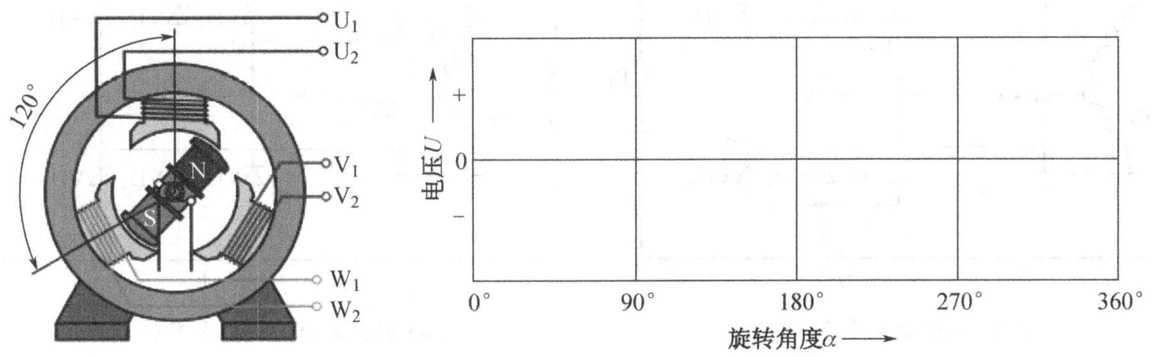

图 3-34　三相交流发电机

4．通过磁感应产生的发电机电压值的大小与哪些因素有关？

Ⅴ．整流原理

1．为什么交流电在车辆上必须转换为直流电？

2．请在图 3-35 所示的方框中写出三相桥式整流电路的组成部件名称，并依据图 3-36 所示的三相交流电，图 3-37 所示的三相桥式整流电路中标出转角为 90°、180° 时的电流方向。

转角为 0° 时的电流方向

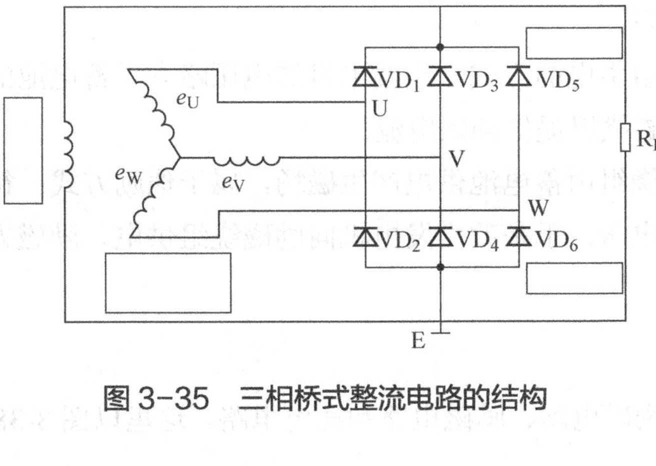

图 3-35　三相桥式整流电路的结构

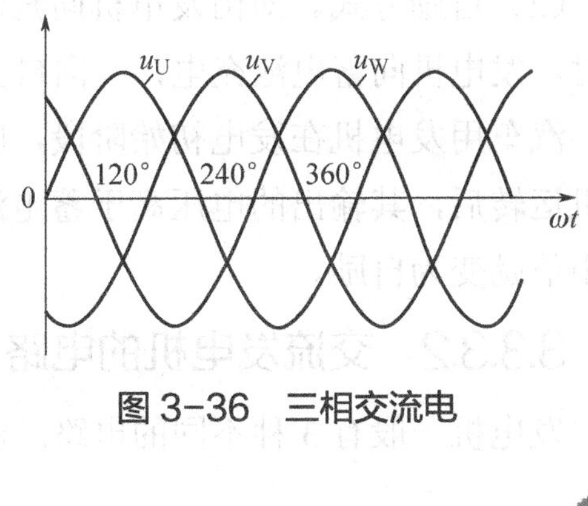

图 3-36　三相交流电

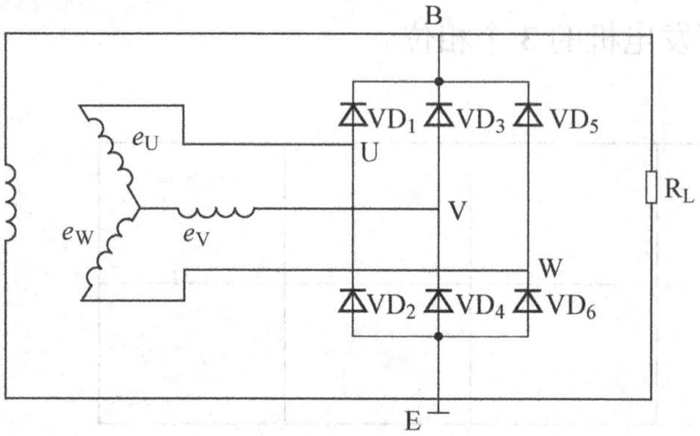

（a）转角为 90° 时的电流方向

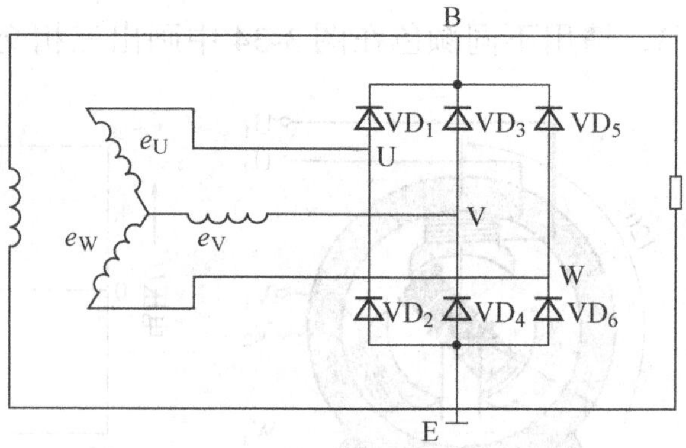

（b）转角为 180° 时的电流方向

图 3-37　三相桥式整流电路

3．请描述 6 管、8 管、9 管、11 管整流器之间的区别。

3.3.3　交流发电机的电路

3.3.3.1　交流发电机的励磁

除永磁交流发电机不需要励磁外，其他形式的交流发电机必须给励磁绕组通电才能有磁场产生，否则发电机不能发电。

将电流引入励磁绕组使其产生磁场，称为励磁，发电机的励磁有他励和自励两种方式。

（1）他励方式。即由蓄电池向励磁绕组供电的方式。硅整流发电机的磁极尺寸小，能够留存的剩磁很弱，因而在发电机低速时仅靠剩磁产生的电动势，并不能使二极管导通，无法及时为蓄电池充电。因此，当发电机低速且其电压低于蓄电池的电压时，采用他励方式供电，以使发电机快速建立磁场，令电压迅速升高。

（2）自励方式。即由发电机向励磁绕组供电的方式。当发电机的电压略高于蓄电池的电压时，发电机向蓄电池充电，并向自身励磁绕组提供励磁电流。

汽车用发电机在发电初始阶段，励磁绕组由蓄电池供电产生磁场，属于他励方式；待发电机运转后，其输出的电压高于蓄电池的电压，于是改由发电机向励磁绕组供电，励磁方式也由他励变为自励。

3.3.3.2　交流发电机的电路

发电机一般有 3 种不同的电路：初始励磁电路、励磁电路和充电电路。这里以图 3-38 所示的交流发电机为例，说明发电机的 3 种不同电路。

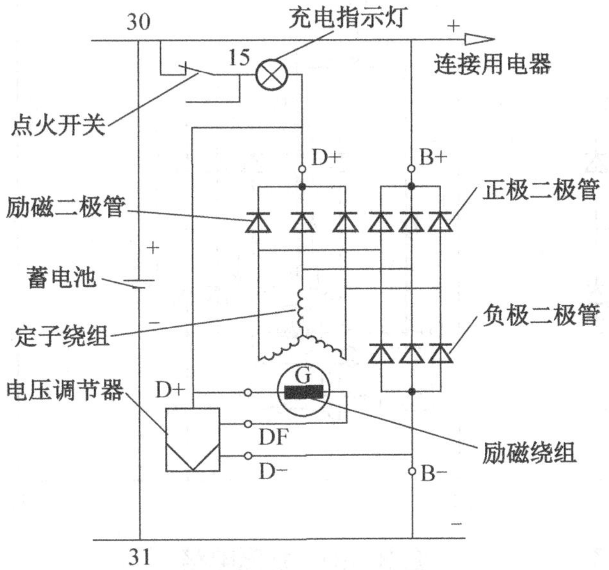

图 3-38　交流发电机内部结构

1．初始励磁电路

在发电机未起动时或起动过程中，由于发电机自身不能发电或输出电压低于蓄电池的电压，故而需要蓄电池供给励磁绕组电流，使励磁绕组产生磁场以发电。

在车辆起动后，初始励磁电路需要在励磁绕组中建立一个磁场，直至励磁电流开始流通。因此励磁电流必须超过正、负二极管的临界电压（2×0.7V=1.4V）。

交流发电机的初始励磁电路如图 3-39 所示，其电流经蓄电池+/30→点火开关→充电指示灯→端子 D+→励磁绕组→电压调节器 DF→电压调节器 D−/搭铁 B−至蓄电池−/31。

若充电指示灯损坏，则无法产生初始励磁，因为初始励磁电路断开。

2．励磁电路

随着转速的提高（一般在发动机达到怠速时），发电机定子绕组的电动势逐渐升高并使整流器二极管导通。当发电机的输出电压大于蓄电池的电压时，发电机就能对外供电。当发电机能对外供电时，就可以将自己产生的电能供给励磁绕组，这种方式也称为自励发电。

交流发电机的励磁电路如图 3-40 所示，励磁电流在转子的励磁绕组中建立磁场。电压调节器负责提供各自所需的励磁电流。如果三相桥式电路也用于励磁电流的整流，则在正极一侧有 3 个励磁二极管，在负极一侧由负极二极管进行整流。

励磁电流经定子绕组→励磁二极管→端子 D+→励磁绕组→电压调节器 DF→电压调节器 D−→负极二极管至定子绕组。

3．充电电路

发动机起动后，发电机的输出电压高于蓄电池的电压，于是由发电机为汽车电路供电，并向蓄电池充电。交流发电机的充电电路为车载电网提供电能，如图 3-41 所示。

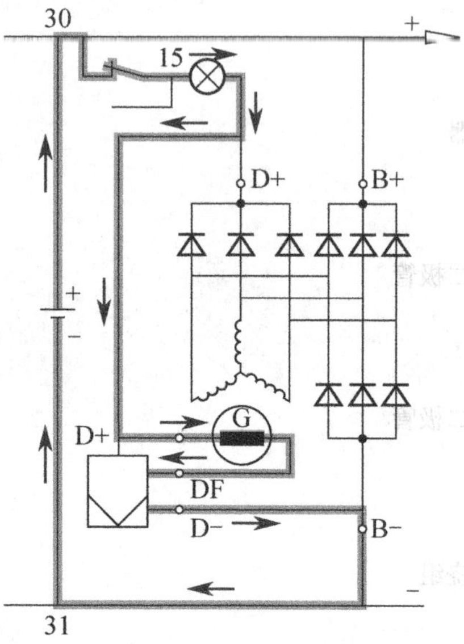

图 3-39　初始励磁电路
（交流发电机）

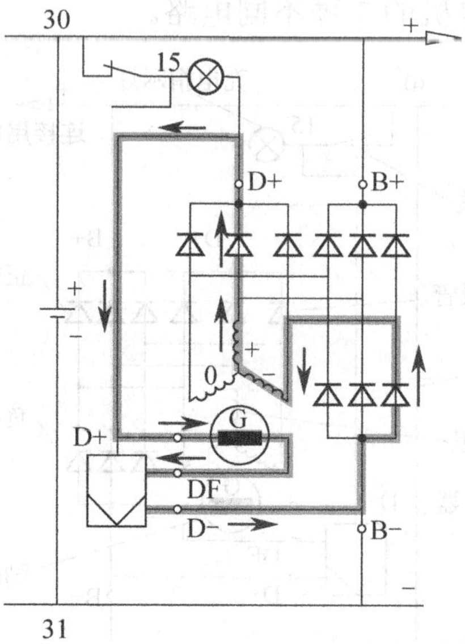

图 3-40　励磁电路
（交流发电机）

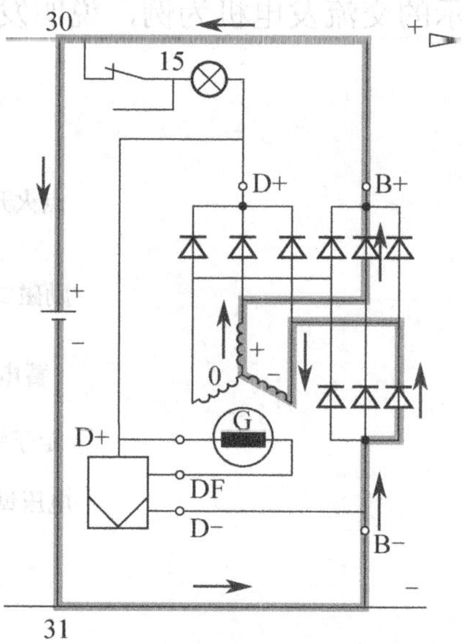

图 3-41　充电电路
（交流发电机）

充电电流经定子绕组→正极二极管→端子 B+→蓄电池/用电设备→搭铁 B-→负极二极管至定子绕组。

三相发电机产生的部分电流经励磁二极管和电压调节器流向励磁绕组，用来产生感应所需的磁场。

3.3.3.3　工作页

1．充电指示灯常亮的故障原因可能在于内部电路。请在下图中补充各部件及接线柱。

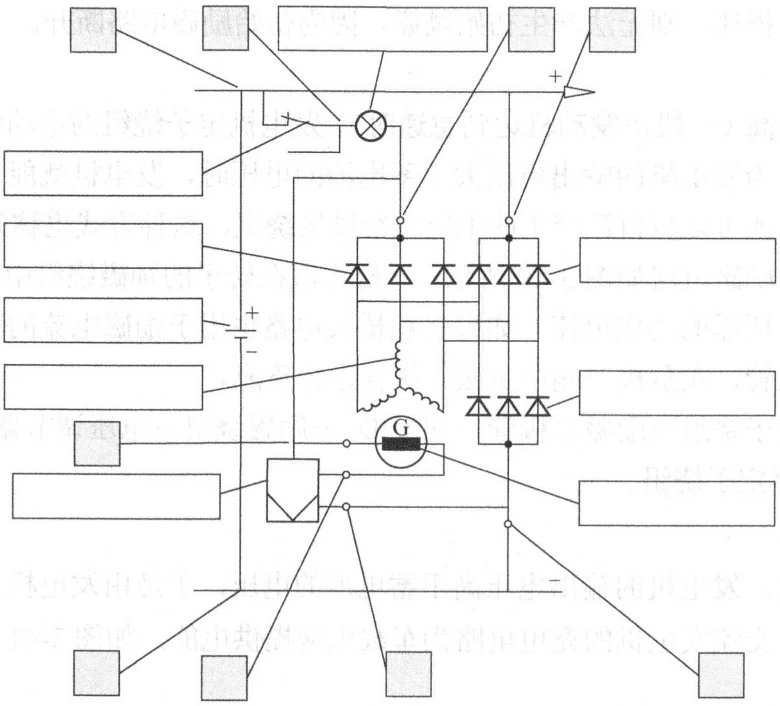

2．用彩笔标出电流走向，并对各个回路进行分析，完成下表。

电路	初始励磁电路	励磁电路	充电电路
电路图	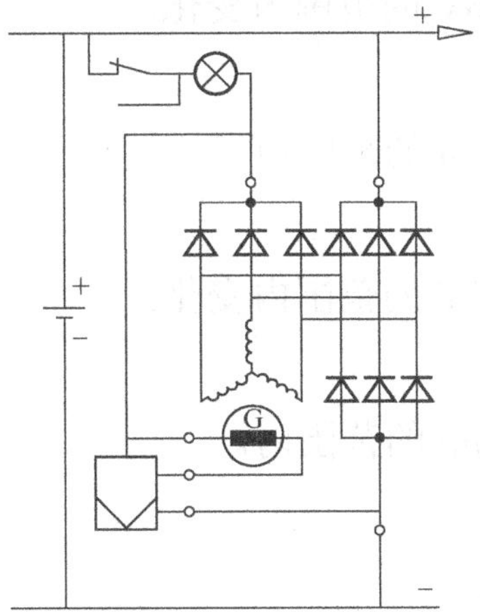	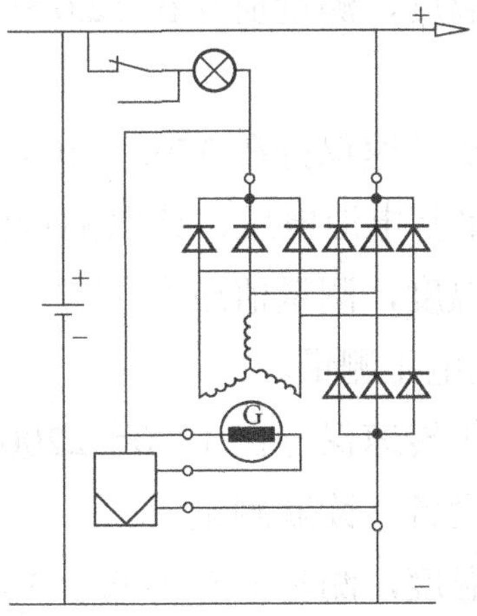	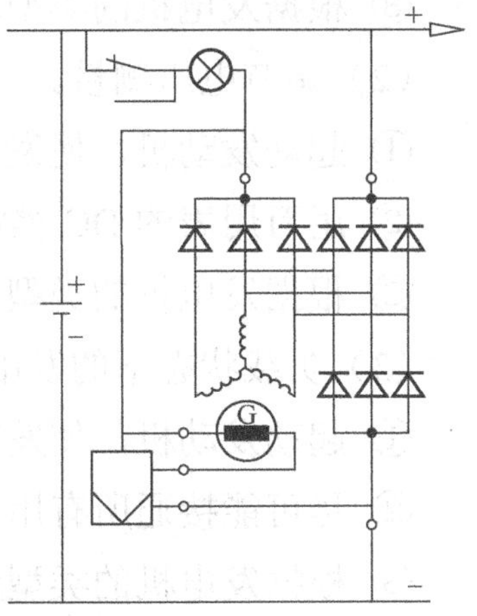
电流的作用			
关键词描述电流回路			
电路中可能的故障			

3.3.4 交流发电机故障诊断

当出现充电指示灯常亮的故障现象时，应首先判断是蓄电池的故障还是发电机的故障，然后进行诊断。当发电机不工作或发电量不足时，应首先判断故障发生在外电路还是发电机内部。

3.3.4.1 交流发电机就车检测

1．外观检查

（1）检查传动带是否因老化、松动或沾有油污而打滑，导致发电机转速不够，可用扰度仪测量传动带的扰度。

发电机拆装

（2）检查发电机连接插头及 B+接线柱和蓄电池极柱是否连接可靠，可用手拨动观察连接是否松动或插拔线束插头观察故障是否消除。

2．使用万用表检测发电机故障

（1）空载电压测量。

① 在发动机起动前，用万用表（DC 挡）的正极接发电机的输出端子 B，使负极搭铁。

② 读取测量值，即为蓄电池的空载电压。

③ 根据发电机的类型和温度，测量值应在 12.0～12.6V 的范围内变化。

（2）调节电压测量。

① 起动发动机，使发动机转速保持在 3500～4000r/min 的范围内。

② 用万用表的 DC 挡测量蓄电池电压，读取测量值。

③ 根据发电机的类型和温度，测量值应在 13.7～14.7V 的范围内变化。

（3）负载状态下的发电机电压测量。

① 起动发动机，使发动机转速保持在 1800～2200r/min 的范围内。

② 尽可能接通所有用电设备，读取测量值。

③ 根据发电机的类型和温度，测量值应不低于 13.0V。

（4）静态电流测量。发动机熄火后，将电流表接入蓄电池负极和搭铁之间。蓄电池的静态电流不应超过额定值（如 30mA），不同车型的静态电流的额定值不同。如果静态电流超过额定值，则表示存在故障。

3.3.4.2 交流发电机的拆卸与分解

1. 交流发电机的拆卸

从汽车上拆下交流发电机的操作步骤如下：

（1）拆下蓄电池负极柱上的搭铁电缆插头。

（2）拆下发电机上的导线插头或插接器插头。

（3）拆下发电机固定螺栓和传动带张力调节螺栓，松开传动带。

（4）取下发电机。

2. 检查交流发电机

交流发电机在分解前，可以通过外观检查，初步判断可能存在故障的部位，检查主要包括以下方面：

（1）检查外观与间隙。检查外壳、挂脚等处有无裂纹及损伤等。手持带轮前后摆动，判断前轴承轴向及径向间隙是否变大。

（2）检查阻力。转动转子，检查轴承阻力、噪声，以及转子与定子之间有无摩擦噪声及异常响声。当发现轴承阻力较大时，可拆除电刷再试，以确定阻力的来源是电刷还是轴承。

（3）检查转子轴是否弯曲。转动转子轴，目测检查带轮的摆差大小，判断转子轴是否弯曲。

3. 分解交流发电机

（1）拧下电刷组件的固定螺钉，取下电刷组件。

（2）拧下后轴承盖的固定螺钉，取下后轴承防尘盖后，拧下后轴承的紧固螺母。

（3）拧下前、后端盖的连接螺栓，轻敲前、后端盖，使前、后端盖分离。

（4）从后端盖上拆下定子绕组端头，使定子总成与后端盖分离。

（5）拆下整流器总成、转子和电压调节器。

（6）拆下带轮固定螺母，从转子上取下带轮、半圆键、风扇和前端盖。

（7）用布或棉纱蘸适量清洗剂，擦洗励磁绕组、定子绕组、电刷及其他部件。

3.3.4.3 交流发电机的分解检测

1．检查转子

（1）检查励磁绕组的电路故障。如图 3-42 所示，用万用表测量两集电环之间的电阻（励磁绕组的电阻），应与标准值相符。若阻值为∞，则表示励磁绕组断路；若阻值过小，则表示励磁绕组短路。一般 12V 发电机励磁绕组的电阻阻值为 1.8～2.8Ω。

（2）检查励磁绕组的搭铁故障。如图 3-43 所示，用万用表的电阻最大挡测量集电环与铁心（或转子轴）之间的电阻（励磁绕组与铁心之间的电阻），应为∞，否则表示有搭铁故障。

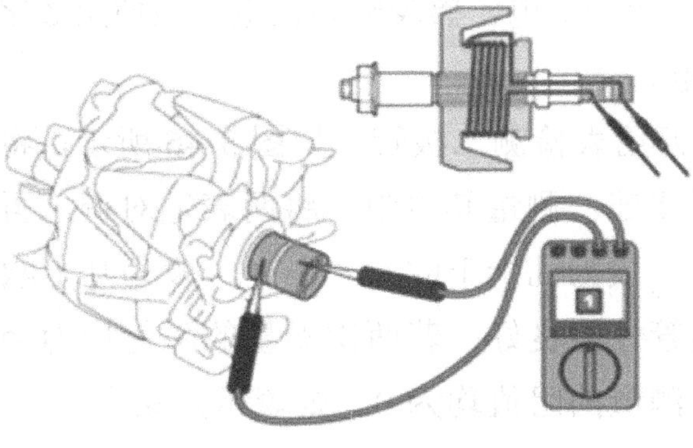

图 3-42　测量励磁绕组的电阻

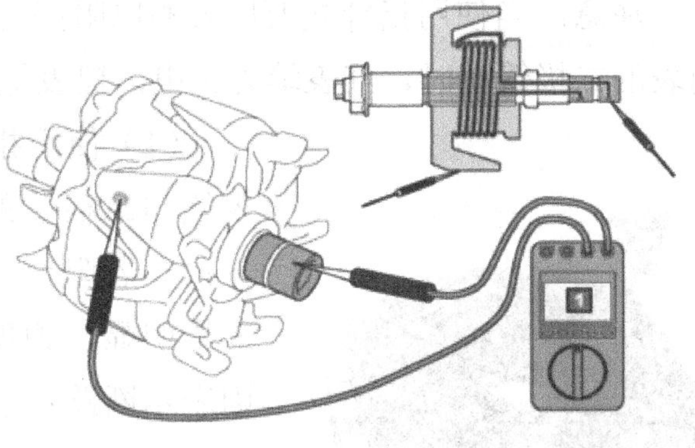

图 3-43　测量励磁绕组与铁心之间的电阻

若为励磁绕组断路故障，应焊修或更换转子总成；若为励磁绕组短路或搭铁故障，应更换转子总成。

2．检查定子

（1）检查定子绕组的电路故障。如图 3-44 所示，用万用表测量定子绕组 3 个接线端的电阻（定子绕组的电阻），方式为两两互测，阻值应小于 1Ω 且相等。若阻值为∞，则表示断路；若阻值过小（近似等于 0），则表示短路。对于断路故障，应用 35W、220V 的电烙铁焊接修复，若不能修复，应更换定子绕组或定子总成。

（2）检查定子绕组的搭铁故障。如图 3-45 所示，用万用表的电阻最大挡测量定子绕组 3 个接线端与定子铁心之间的电阻（定子绕组与定子铁心之间的电阻），应为∞，否则说明有搭铁故障。若判断有搭铁故障，应更换定子绕组或定子总成。

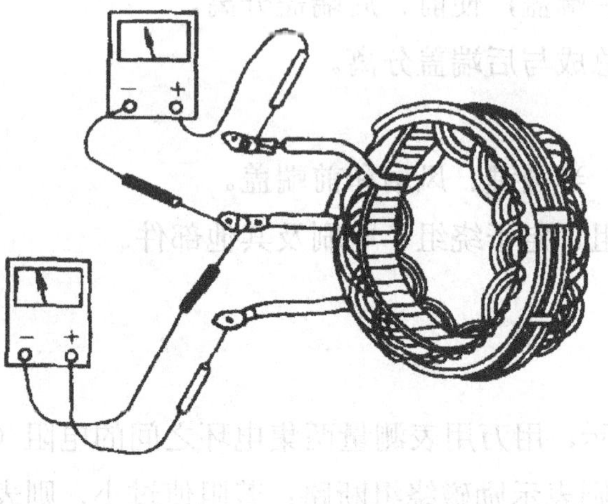

图 3-44　检查定子绕组的电阻

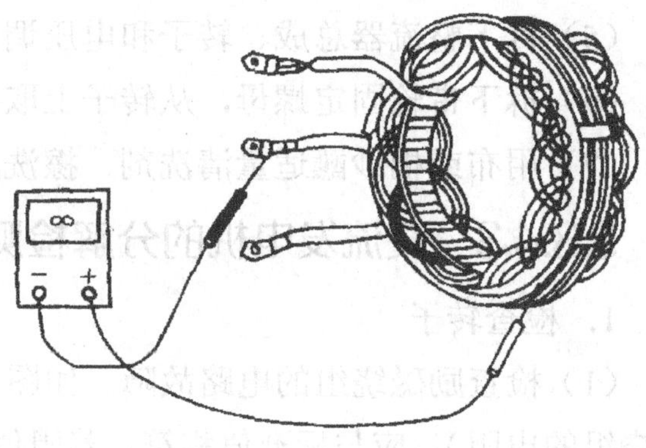

图 3-45　检查定子绕组与定子铁心之间的电阻

3．检测整流器中的二极管

检测二极管既可使用指针式万用表，也可使用数字万用表。为了减少测量误差，应避免使用指针式万用表进行电阻测量。

注意：当使用指针式万用表的电阻挡时，红表笔为负电，黑表笔为正电；当使用数字万用表的二极管挡时，红表笔为正电，黑表笔为负电。

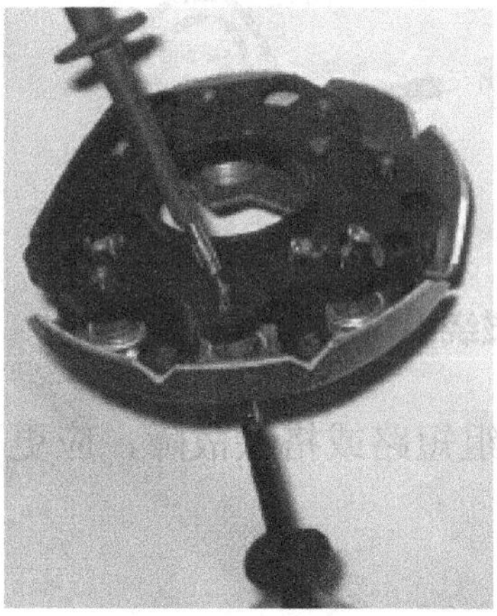

图 3-46　检查二极管

（1）使用指针式万用表检测二极管。如图 3-46 所示，将两表笔与二极管的两极相连，测量其电阻；将两表笔对调，再测一次。若阻值一大（一般为几十千欧）一小（一般为几十欧），差异明显，说明二极管性能良好；若两次测量的阻值均为∞，则表示断路；若两次测量的阻值均为 0，则表示短路。

（2）使用数字万用表检测二极管。选择二极管挡，将数字万用表的两表笔接于二极管的两极，进行测量；将两表笔对调，再测一次。正向导通，显示的数值是二极管的正向压降值，单位是 mV，一般硅管的正向压降值为 500～700mV；反向截止，万用表应显示“1”或“OL”。若一次导通、一次截止，则表示二极管性能良好；若两次均为截止，则表示断路；若两次均为导通，则表示短路。

3.3.4.4　工作页

1．交流发电机的就车检测

检测前提条件：

外观检查：__________　蓄电池电压检测：__________　静态电流检测：__________

安全注意事项：____

辅助工具：____

发电机额定值（额定电流和额定电压）：____________________

充电系统的检测：______________________________

（1）空载电压测量。

将电压表与发电机 B+（或蓄电池 B+）接线柱和蓄电池负极相连。检测时，除了必须使用的用电设备（如点火装置），不允许打开其他用电设备。

请按照专业要求在电路图中画出电压表，并填写下表。

空载电压	额定值	测量值
发动机每分钟转速/发电机每分钟转速		
充电电压		

（2）怠速负载电压测量。

将电压表与发电机 B+（或蓄电池 B+）和蓄电池负极相连，将钳形电流表接入充电电路。打开尽可能多的用电设备，直至达到要求的充电电流。充电电流约为最大电流或型号标识牌上的电流的 50%。

请按照专业要求在电路图中画出电流表，并填写下表。

怠速负载电压	额定值	测量值
发动机每分钟转速/发电机每分钟转速		
充电电压		
充电电流		

（3）额定转速负载电压测量。

将电压表与发电机 B+（或蓄电池 B+）和蓄电池负极相连，将钳形电流表接入充电电路。打开尽可能多的用电设备，直至达到最大充电电流或型号标识牌上的最大充电电流。当负荷达到最大时，充电电压不得低于静态电压。请填写下表。

额定转速负载电压	额定值	测量值
发动机每分钟转速/发电机每分钟转速		
充电电压		
充电电流		

观察结果：

____

____

____

____

可能的故障原因：

（4）发电机处于负载状态下的蓄电池正极导线和搭铁检测。

测量发电机壳体与蓄电池负极之间的电压降 U。

请按照专业要求在电路图中画出电压表。

项　目	参　数	额定值	测量值
蓄电池正极导线检测	U/V		
搭铁检测	U/V		

观察结果：

过高的电压降有何影响？

补救措施：

2．交流发电机的分解检测

（1）请在下表中写出各图所示的检测内容（填在上方空白处）及额定值（填在下方空白处）。

	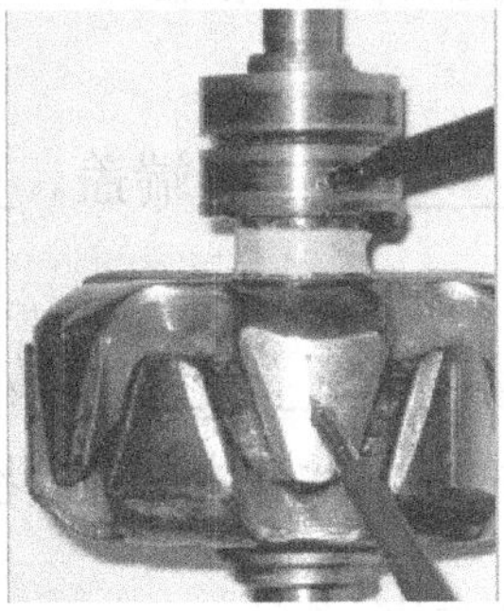	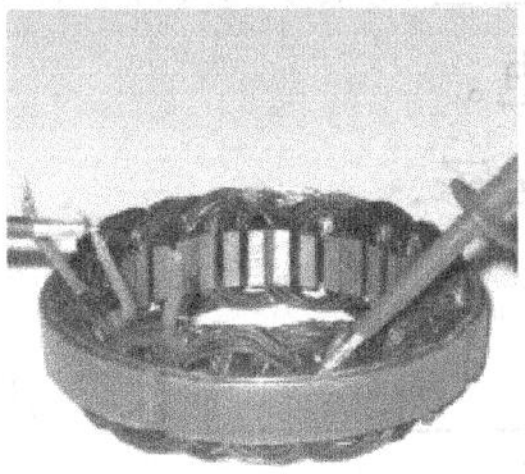	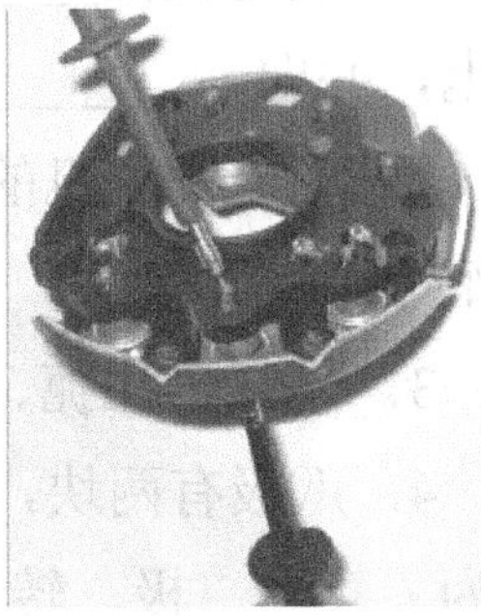

（2）部件检测。

① 转子检测。

励磁绕组的电阻：　　　　　　　　判断结果：

励磁绕组的搭铁电阻：　　　　　　判断结果：

② 定子检测。

定子绕组的电阻：　　　　　　　　判断结果：

定子绕组的搭铁电阻：　　　　　　判断结果：

③ 整流器的二极管检测。

二极管	1	2	3	4	5	6	7	8	9	10	11
正向压降											
反向截止											
判断结果											

3．车辆修复后，在交给服务顾问前，针对修复的车辆还需要进行哪些检查？

3.4 理论测试

一、填空题（每空 0.5 分，共 10 分）

1．发电机由__________驱动，其作用是在发动机正常运转时，向___________________供电，并向_________充电。

2．交流发电机的由转子、_________、____________、端盖、___________、带轮和风扇等组成。

3．转子由磁扼、________________、爪极、___________和转子轴组成。

4．爪极有两块，当励磁绕组中有电流通过时，一块爪极被磁化为______极，另一块被磁化为________极。转动转子，就会产生__________的磁场。

5．右手螺旋定则：将右手四根手指指向____________并握住线圈，竖起的大拇指就指向线圈的 _________。

6．感应电压的方向取决于__________的方向及 ________的方向。

7．交流发电机的励磁有__________和 _________两种方式。

8．交流发电机内部有 3 种不同的电路，分别是________________、________________和 _______________。

二、单选题（每题 2 分，共 40 分）

1．励磁绕组直接搭铁的交流发电机是（　　）发电机。

A．车身搭铁　　B．内搭铁

C．自身搭铁　　D．整体

2．下列中的（　　）不是按照整流器结构划分的交流发电机。

A．7 管　　B．8 管

C．9 管　　D．11 管

3．根据 QC/T 73—1993，整体式交流发电机的产品代号是（　　）。

A．JF　　B．JFB

C．JFZ　　D．JFW

4．根据 QC/T 73—1993，电压等级代号“1”表示（　　）。

A．6V 系统　　B．12V 系统

C．24V 系统　　D．36V 系统

5．根据 QC/T 73—1993，电流等级代号“5”表示（　　）。

A．30～39A　　B．40～49A

C．50～59A　　D．60～69A

6．交流发电机的作用是（　　）。

A．汽车的主要电源　　B．为用电设备供电

C．向蓄电池充电　　D．以上都是

7．JFW13012 的含义是（　　）。

A．整体式交流发电机，电压为 12V，电流为 20～29A

B．无刷交流发电机，电压为 12V，电流为 30～39A

C．永磁交流发电机，电压为 24V，电流为 30～39A

D．普通交流发电机，电压为 24V，电流为 20～29A

8．JFZ24006 的含义是（　　）。

A．整体式交流发电机，电压为 12V，电流为 40～49A

B．无刷交流发电机，电压为 12V，电流为 30～39A

C．整体式交流发电机，电压为 24V，电流为 40～49A

D．永磁交流发电机，电压为 24V，电流为 30～39A

9．转子的作用是（　　）。

A．通电产生磁场　　B．产生交流电

C．将电流引入励磁绕组　　D．形成多对 N 极和 S 极

10．转子由（　　）组成。

A．励磁绕组、三相绕组、转子铁心

B．转子铁心、转子绕组

C．励磁绕组、转子轴、集电环

D．励磁绕组、爪极、转子轴、集电环

11．定子的作用是（　　）。

A．通电产生磁场　　B．产生三相交流电

C．将电流引入励磁绕组　　D．保持充电电压恒定

12．集电环的作用是（　　）。

A．冷却电流通过的导体　　B．通电产生磁场

C．将电流引入励磁绕组　　D．将交流电转变为直流电

13．整流器的作用是（　　）。

A．通电产生磁场　　B．产生交流电

C．将电流引入励磁绕组　　D．将交流电转变为直流电

14．交流发电机工作时的能量转化关系是（　　）。

A．电能转化为热能　　B．热能转化为电能

C．机械能转化为电能　　D．电能转化为机械能

15．发电机的定子绕组与磁场发生相对运动，产生感应电动势，下图中的（　　）能够

产生高电压。

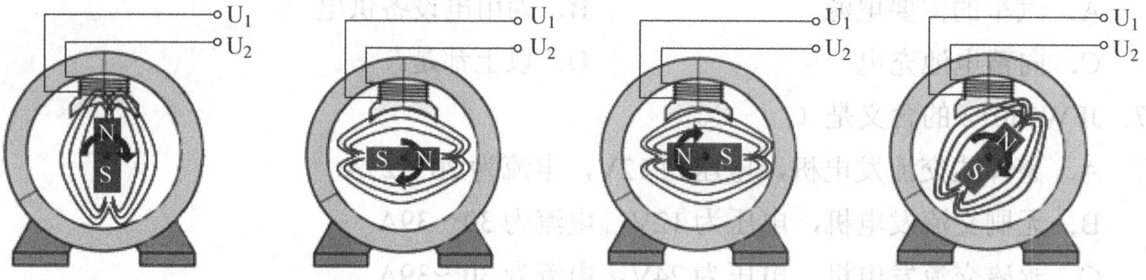

A.　　B.　　C.　　D.

16. 下列中的（　　）标出的磁力线都正确。

A. 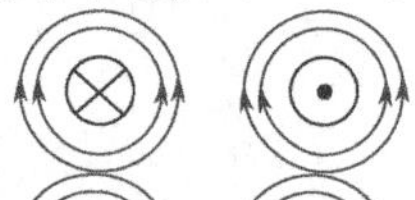　　B. 

C. 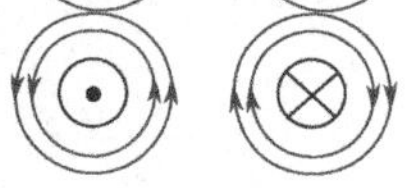　　D. 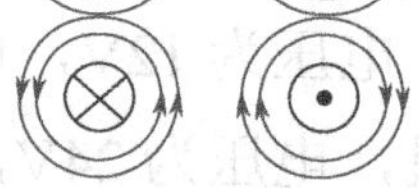

17. 下列中的（　　）不是发电机电路。

A. 初始励磁电路　　B. 起动电路

C. 励磁电路　　D. 充电电路

18. 使用万用表检测发电机空载电压，测量值一般应在（　　）的范围内变化。

A. 10.5～12V　　B. 12.0～12.6V

C. 13.7～14.7V　　D. 13.0～13.5V

19. 下图中的（　　）表示励磁绕组的电阻检查。

A. 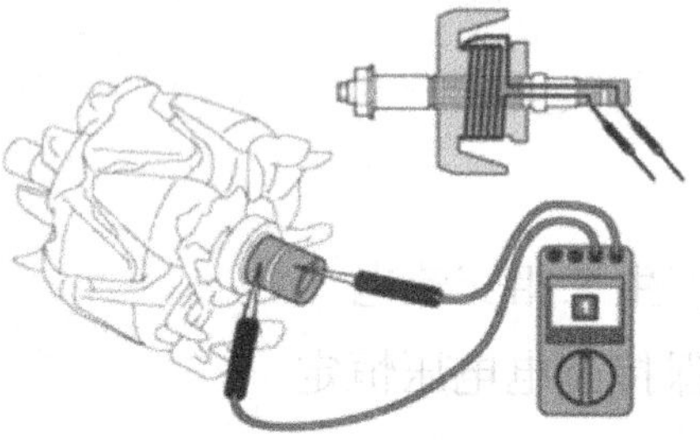

B. 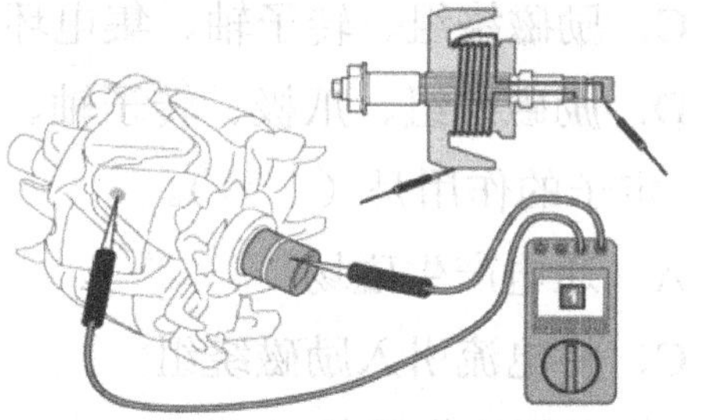

C. 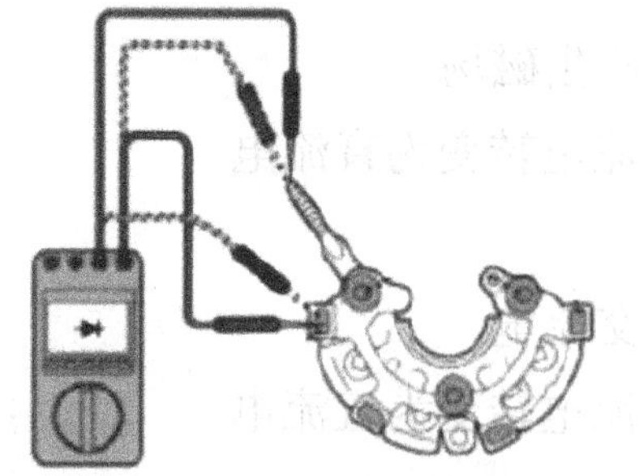

D. 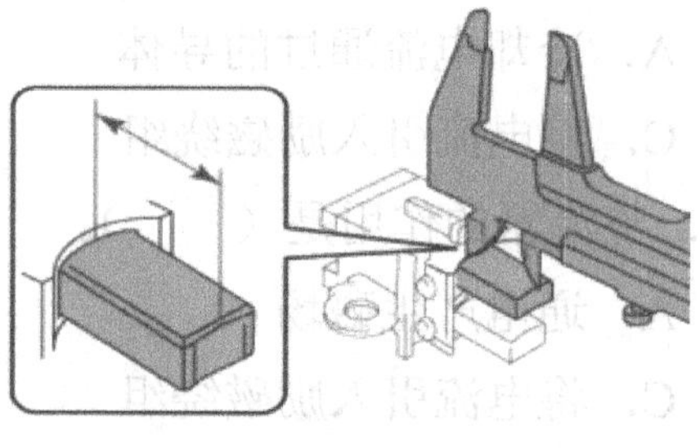

20. 检查整流器时，应使用数字万用表的（　　）挡。

A. 电压　　B. 电流　　C. 电阻　　D. 二极管

三、判断题（每题 2 分，共 40 分）

1．交流发电机按照整流器的结构划分为内搭铁型交流发电机和外搭铁型交流发电机。（　　）

2．外搭铁型交流发电机是励磁绕组的一端经电压调节器后搭铁的发电机。（　　）

3．型号为 JFZ12012 的发电机的电压等级为 24V 系统。（　　）

4．电压调节器的作用是自动调节发电机输出电压并使电压保持恒定。（　　）

5．发电机转子的作用是产生三相交流电。（　　）

6．发电机定子的作用是产生磁场。（　　）

7．发电机集电环的作用是将电流引入励磁绕组。（　　）

8．整流器的作用是将三相交流电转变为直流电输出。（　　）

9．发电机定子的三相绕组的首端 U、V、W 在定子槽内须间隔 180°。（　　）

10．整流器分为正整流板和负整流板，负整流板上的一个输出接线柱 B 作为发电机的输出端。（　　）

11．发电机的散热风扇只有 1 个。（　　）

12．汽车用发电机都是交流发电机。（　　）

13．导线周围存在磁场，磁力线呈同心圆的形状。（　　）

14．定子绕组与磁场发生相对运动，定子绕组切割磁感线，产生感应电动势。（　　）

15．8 管整流器是在 6 管整流器的基础上增加 2 个励磁二极管。（　　）

16．9 管整流器是在 6 管整流器的基础上增加 3 个励磁二极管。（　　）

17．11 管整流器是在 6 管整流器的基础上增加 3 个中性点二极管和 2 个励磁二极管。（　　）

18．当发电机的输出电压高于蓄电池的电压时，发电机向励磁绕组供电，励磁方式称为他励。（　　）

19．当发电机自己不能发电或输出电压低于蓄电池的电压时，需要蓄电池供给发动机励磁绕组电流。（　　）

20．在检查励磁绕组与铁心（或转子轴）之间的绝缘情况时，应用万用表测量两集电环之间的电阻。（　　）

四、简答题（每题 5 分，共 10 分）

1．请写出下列发电机型号代表的含义。

（1）JFZ1721　　　　（2）JFZ24

2．在图 3-47 中用彩笔标出励磁电路走向，并用关键词描述电流回路。

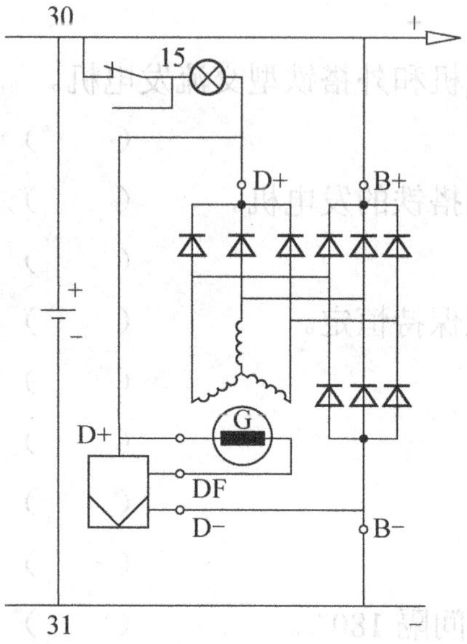

图 3-47　交流发电机内部结构

3.5　计划与决策

1．分组制订主题为“车辆充电指示灯常亮，检查车辆充电系统”的故障诊断与排除工作计划。

工作计划表

<table>
<tr><td>品牌</td><td></td><td>整车型号</td><td colspan="2"></td><td colspan="2">生产日期</td><td></td></tr>
<tr><td>发动机型号</td><td></td><td>发动机排量</td><td colspan="2"></td><td colspan="2">行驶里程</td><td></td></tr>
<tr><td>车辆识别码</td><td colspan="7"></td></tr>
<tr><td>故障现象描述</td><td colspan="7"></td></tr>
<tr><td>可能故障原因分析</td><td colspan="7"></td></tr>
<tr><td>序　号</td><td colspan="2">检查或检测内容</td><td>设备工具</td><td>注意事项</td><td>理论值</td><td>实测值</td><td>结果分析</td></tr>
<tr><td>1</td><td colspan="2"></td><td></td><td></td><td></td><td></td><td></td></tr>
<tr><td>2</td><td colspan="2"></td><td></td><td></td><td></td><td></td><td></td></tr>
<tr><td>3</td><td colspan="2"></td><td></td><td></td><td></td><td></td><td></td></tr>
<tr><td>4</td><td colspan="2"></td><td></td><td></td><td></td><td></td><td></td></tr>
<tr><td>5</td><td colspan="2"></td><td></td><td></td><td></td><td></td><td></td></tr>
<tr><td>6</td><td colspan="2"></td><td></td><td></td><td></td><td></td><td></td></tr>
</table>

续表

小组成员及分工	组长： 记录员： 安全员： 展示员： 卫生员： 质检员： 联络员： 其他：		
计划审核（教师）	年 月 日 签字：		
检测中出现的问题		经验总结及改进措施	
结论和维修建议			
预估工时		成本预算	

2．学生小组通过合作按照任务决策的关键要素完成任务决策。

任务决策：

（1）与师傅决策明确计划可行性。

工作任务的时间控制和成本控制，工作步骤的正确性、规范性和合理性，工作过程的安全性和环保性，考虑厂商的经济效益和工作效率等，并记录决策结果与师傅的建议。

（2）与客户决策明确计划可行性。

请站在客户的角度，和客户沟通任务计划实施的可能性。（包括：有几种可能供客户选择？某些项目做或不做？现在做还是以后做？考虑客户的成本控制、时间控制、安全性、环保性、美观性和便利性等，并记录决策结果与客户的意见。）

3.6 任务实施

1．学生按照本组制订的工作计划进行故障诊断与排除作业，并将具体过程及结果记录在工作计划表中。

2．查询工厂信息管理系统，进行备件和人员工资测算，并将其记录在工作计划表中的相应位置。

3．实施过程评价。

排除发电机故障评价表

序　号	评价内容	评价标准	配　分	得　分
1	安全防护	座椅套、脚垫、转向盘罩、翼子板布、前栅子布、车轮挡块	10 分	
2	明确故障现象	打开点火开关，起动车辆，观察充电指示灯	5 分	
3	识别发电机	正确识别发电机	10 分	
4	故障诊断	1. 正确在车上进行发电机外观检查(传动带、电气插头安装情况); 2. 正确进行发电机充电电压测量; 3. 正确使用工具拆卸和分解发电机; 4. 正确使用工具进行发电机分解检测	40 分	
5	检查反馈	打开点火开关，起动车辆，检查充电指示灯是否正常及充电电压是否正常	5 分	
6	注意事项	出现危害人身或设备安全的操作，此项没分	5 分	
7	过程记录	对工作过程进行记录，记录内容应完整、翔实，漏一项扣 1 分，不完整的酌情扣分，扣完为止	5 分	
8	工作过程	工作态度积极; 文明操作，轻拿轻放，言行举止等合乎要求; 动作规范; 有野蛮操作的扣 5 分，有不文明语言的扣 5 分，扣完为止	5 分	
9	5S①	工具恢复，保持工作场地干净整洁，漏 1 项扣 1 分，扣完为止	5 分	
10	时间	超时 5min 以内的扣 5 分，超时 5～10min 的扣 10 分，超过 15min 须停止操作	10 分	
合　计			100 分	

① 5S 即整理、整顿、清扫、清洁、素养。

3.7 任务评估

1．小组合作完成任务检查，对工作计划、工作过程、工作结果进行评估，并记录优点、缺点及改进建议。

1．检查工单（检测结果、维修建议、维修措施、故障排除情况）。   2．必要的 5S（车辆、工位、场地）。   3．请根据实施诊断与修理工作的实际情况，完善并改进工作计划。

2．车辆维修结束后，进行功能检查并将已修复的车辆及相关物品交付给组长，作为修理

人员需要交付哪些物品？请写出交付车辆过程中需要注意的事项。

3.8 任务反思

在“排除发电机的功能性故障”的学习过程中你有哪些收获，请归纳总结。

序 号	项 目	总 结 内 容
1	单元知识点总结	
2	目标达成情况	
3	达成目标的原因	
4	未达成目标的原因	
5	工作过程反思	
6	在今后学习中要保持的	
7	在今后学习中要杜绝的	
8	在今后学习中要尝试的	

3.9 知识拓展

永磁交流发电机

目前常用的交流发电机的转子是励磁绕组形成的电磁铁，通过电刷和集电环向励磁绕组供电来产生磁场，如图 3-48 所示。

永磁交流发电机是由永磁体产生励磁磁场的交流发电机。它没有电刷和集电环，不会因为两者的磨损与接触不良造成励磁不稳定或发电机不工作等故障，工作时也不会产生电火花，能够减少无线电干扰。

永磁交流发电机中产生磁场的是一个可旋转的磁铁，其两端为 N 极和 S 极。该磁铁是发电机的转子，定子线圈安装在磁铁外围，并与磁铁转轴位于同一平面。磁铁旋转，会产生旋转磁场，线圈切割磁力线会产生感应电动势（见图 3-49）。

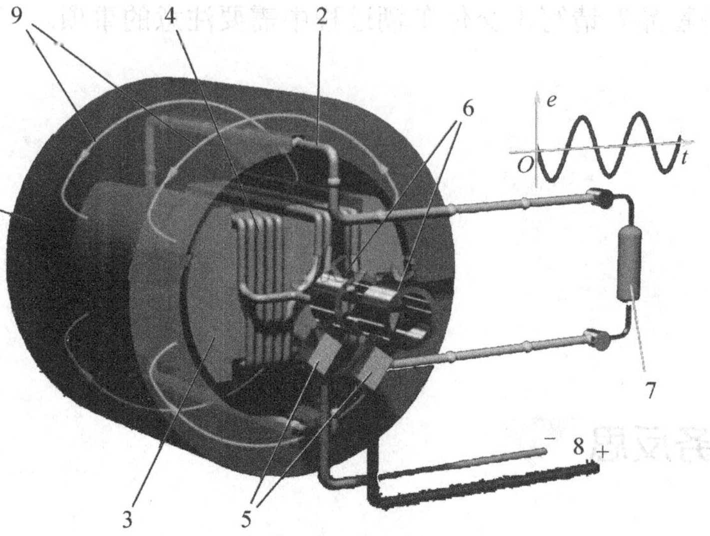

1—定子铁心；2—定子绕组；3—转子铁心；4—励磁绕组；5—电刷；

6—集电环；7—负载电阻；8—励磁电源；9—磁力线；

e—输出电压；*t*—时间

图 3-48　励磁转子交流发电机的工作原理

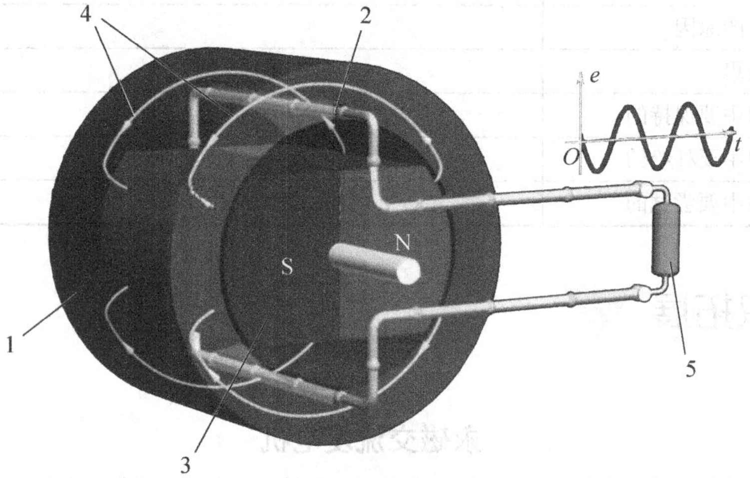

1—定子铁心；2—定子绕组；3—永磁体转子；4—磁力线；5—负载电阻；

e—输出电压；*t*—时间

图 3-49　永磁交流发电机的工作原理

永磁交流发电机制成后不需外界能量即可维持磁场，但也导致从外部调节、控制其磁场困难的问题，使永磁交流发电机的应用受限。

4

学习单元四

排除发电机电压调节故障

4.1 学习目标

素质目标

1. 具有职业认同感和劳动精神；
2. 能够阅读技术信息，通过检索提炼，建构逻辑关系；
3. 能够以口头和书面形式准确无误地传达信息；
4. 能够提出各种不同的解决建议并相互比较；
5. 能够主动参与团队活动，工作态度积极认真。

知识目标

1. 了解电压调节器的功能和类型；
2. 理解多功能电压调节器的工作过程；
3. 掌握电路图的识读方法；
4. 掌握使用示波器读取多功能电压调节器的电压和电流波形的方法；
5. 通过分析电路图，理解发电机的电气功能。

技能目标

1. 能够分析可能的故障原因，并界定充电系统故障；
2. 能够规划配备多功能调节器的汽车充电系统的故障诊断流程；
3. 能够选择合适的检测仪对充电系统进行检测；
4. 能够记录并分析检测结果；
5. 提供维修建议，并借助维修站系统选择新件、替换件或翻新件；
6. 计算维修成本。

4.2 情境引入

一辆 2016 年上市的大众迈腾轿车，搭载 1.8T 发动机，已行驶 7.6×10^{5}km。该车在起动后，车载显示屏上显示充电指示灯常亮。该车装备带有多功能电压调节器的发电机。

4.2.1 接受任务

1．请两名同学分别扮演前台接待员和客户，完成接待任务。其他同学负责观察并记录优点及需要改进的地方。

指　标	优　点	需要改进的地方
注重使用文明用语		
着装合体，适合工作要求		
发型规范		
围绕“情境引入”中的任务能专业清楚地表达，条理分明，让对方听懂		
认真倾听，对问题有合理的、应有的反应		
有效利用客户陈述的信息并记录		
主动寻找伙伴帮助完成对话		
与伙伴有积极合作意识		
理解客户需求，为客户着想		
具备扎实丰富的专业知识		

2．围绕实习车，填写任务工单，明确故障现象。

车主姓名		日　期	
车　　型		车牌号	
发动机号		VIN	
联系电话			
通信地址			
故障现象描述：			
检查维修建议：			
故障结论：（更换或维修的零件记录）			
取车付款： 现金　　　　银行卡		维修人： 收款人：	

4.2.2 任务分析

为了节能环保，汽车交流发电机不断改进结构，除了具有传统的励磁电路，还增加了发电机的负荷控制系统。

大众品牌的迈腾轿车发电机的发电负荷由车载电网控制单元（J519）根据整车电网所需的用电量和蓄电池的实际电量进行控制，J519 根据发动机控制单元（J623）提供的发电机的充电电压信号进行发电机的负荷控制。

由迈腾轿车能源管理系统的电路结构（见图 4-1）可知，发电机电路由 B+、DFM 和 L 3 个接线端组成。DFM 接线端连接发动机控制单元（J623），为其提供发电机负荷信号；L 接线端连接车载电网控制单元（J519），为其提供发电机工作信号，同时 J519 为发电机工作提供预励磁电流。

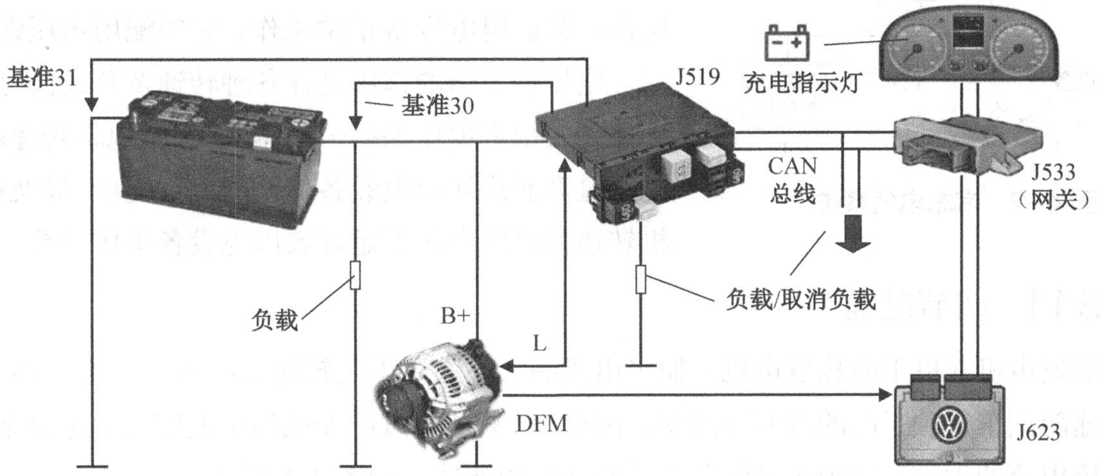

图 4-1 迈腾轿车能源管理系统的电路结构

充电指示灯常亮的可能故障原因如下：

① 发电机故障或者发电机连接电路故障；

② 蓄电池损坏；

③ 仪表本体及仪表电路有故障（由于充电指示灯是通过仪表控制单元显示状态的）；

④ 车载电网控制单元（J519）本体及电路故障；

⑤ 发动机控制单元（J623）本体及电路故障。

通过上述故障分析，可知发电机工作与否不仅与电路和相关零部件有关，更要注意发电机的负载控制。

4.3 知识与技能

4.3.1 认识电压调节器

汽车正常行驶时，发动机的转速变化范围很大，一般为 800～6000r/min。汽车的交流发电机的转子是由汽车发动机通过传动带驱动的，因此它输出电压的大小随发动机转速的增加波动很大，在这种情况下汽车用电设备是不能正常工作的。为使交流发电机的输出电压在发动机任何转速下都能恒定在某一特定范围内，12V 汽车电气系统中的发电机电压维持在 14V 左右（见图 4-2），24V 汽车电气系统中的发电机电压维持在 28V 左右。

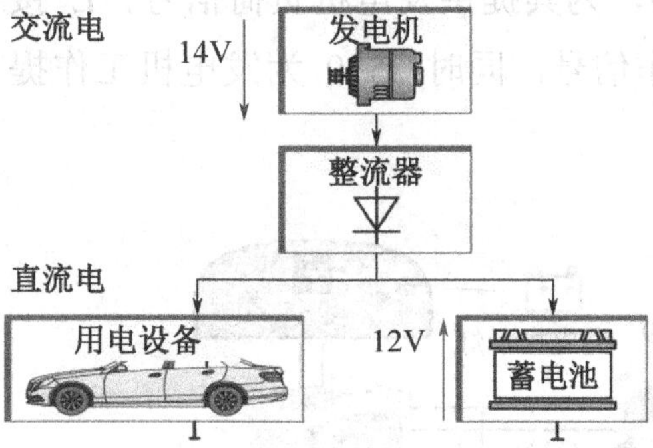

图 4-2　汽车电气系统

要想使交流发电机的输出电压稳定在一个小的范围内，保证用电设备正常工作，它须配用电压调节器。

电压调节器的作用是在各种转速及负载情况下，自动控制发电机电压保持恒定，防止在发电机转速高时因电压过高而烧坏用电设备使蓄电池过充电，以及在发电机转速低时因电压不足导致用电设备工作异常。

4.3.1.1 调节过程

交流发电机（以下简称发电机）输出电压的大小取决于其转速和励磁电流 I_E。由于发电机的转速随汽车行驶工况的改变而改变，电压调节只能通过改变磁场强度即励磁电流来实现。所需励磁电流的大小取决于车辆的负荷及发动机的转速，如图 4-3 所示。

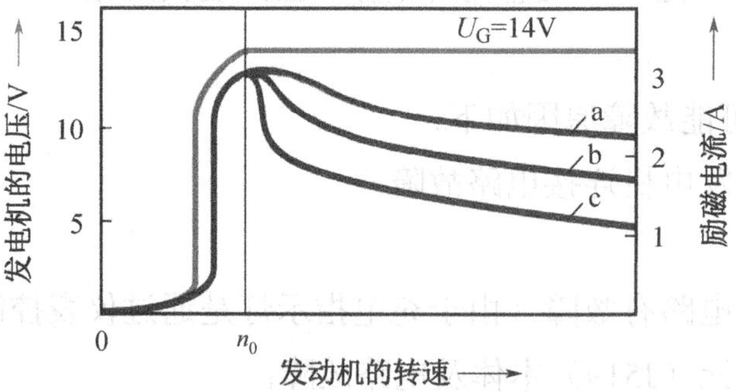

a—大负荷；b—中等负荷；c—小负荷；U_G—调节电压

图 4-3　不同负荷下的励磁电流 I_E

电压调节器通过控制接通和断开励磁电路的持续时间（接通持续时间 t_E，断开持续时间 t_A）来改变励磁电流 I_E 的平均值，以增强或削弱磁场强度，进而改变发电机的感应电压。

如图 4-4 所示，当 I_{Emax}=3A，$I_{平均}$=I_E=2A 时，通过 t_E 和 t_A 可以调节电流平均值，从而调节磁场强度，改变发电机的输出电压。

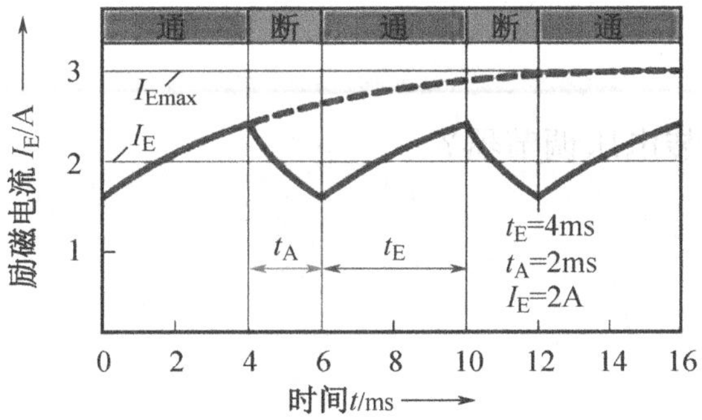

图 4-4 励磁电流 I_E 取决于 t_E/t_A

4.3.1.2 电压调节器的分类

电压调节器按工作原理可分为触点式电压调节器、晶体管电压调节器、集成电路电压调节器和多功能电压调节器，如图 4-5 所示。触点式电压调节器安装在发电机外部，现已基本被淘汰；其他电压调节器都安装在发电机内部。

（a）触点式电压调节器　　（b）晶体管电压调节器

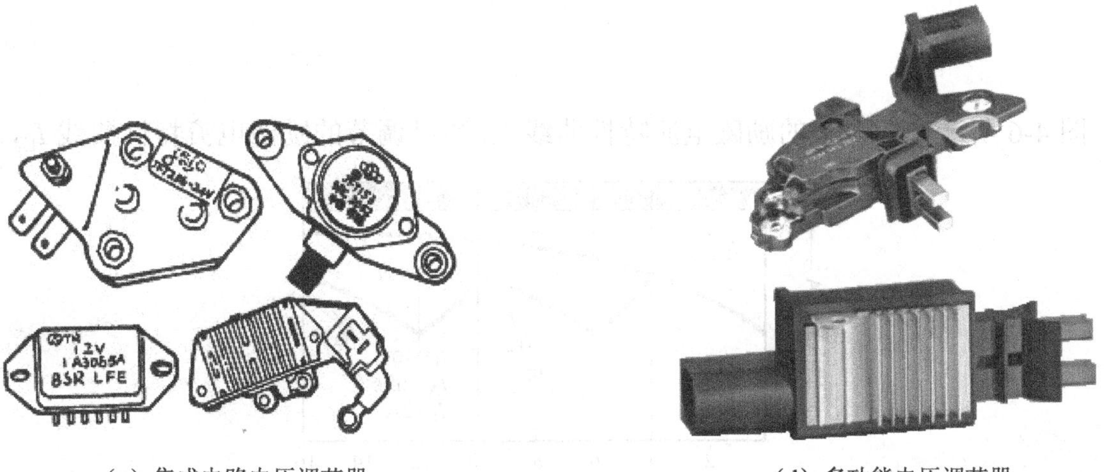

（c）集成电路电压调节器　　（d）多功能电压调节器

图 4-5 常见的电压调节器

4.3.1.3 工作页

1．汽车为什么需要安装电压调节器？

2．请简述电压调节器的作用。

3．交流发电机的输出电压取决于哪些因素？

4．只能通过改变________________________来实现交流发电机的电压调节。所需励磁电流的大小取决于____________及______________。

5．电压调节器如何调节交流发电机的电压？

6．图 4-6 所示为未调节的励磁电流特性曲线 I_{E1} 和已调节的励磁电流特性曲线 I_{E2}。

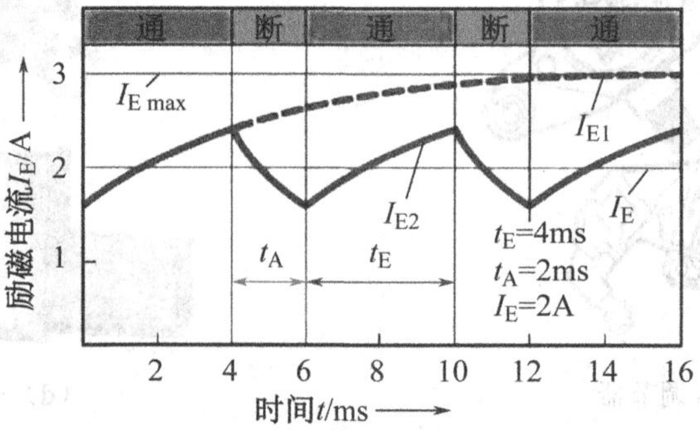

图 4-6　不同的励磁电流特性曲线

（1）请写出未调节的励磁电流的最大值：

I_{Emax}=____________________

（2）请写出已调节的励磁电流的波动范围：

I_{E2}=____________________

（3）请写出已调节电路的平均值：

I_E=____________________

（4）对上述电流进行调节有哪些作用？

7．图 4-7 所示为发动机转速、负荷与励磁电流之间的关系，请依据该图回答下列问题。

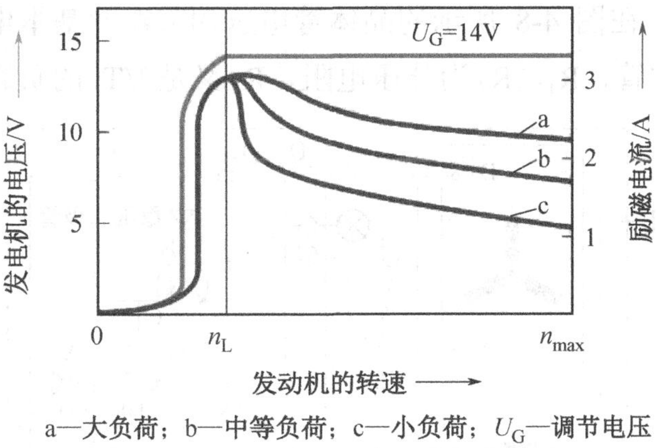

图 4-7　发动机转速、负荷与励磁电流之间的关系

（1）从发动机的哪个转速开始，发电机供应的充电电压为 14V？

（2）励磁电流的大小取决于哪些因素？

（3）请在下表中填入不同负荷工况下的励磁电流值。

高转速和小负荷	
中转速和中等负荷	
怠速转速和大负荷	

8．电压调节器按工作原理可分为触点式电压调节器、晶体管电压调节器、________和________。触点式电压调节器安装在________；其他电压调节器都安装在________。

4.3.2 晶体管电压调节器

晶体管电压调节器利用晶体管的开关作用来控制发电机励磁电路的接通或断开，从而调节磁场的强弱，使输出电压保持不变。晶体管电压调节器所用控制电路都装在发电机壳体内，因而不需要连接导线。晶体管电压调节器大多采用 NPN 型晶体管制成，其电压调节值在制造时已精确调试，由于普遍采用整体封装结构，无法在使用时进行调整。

4.3.2.1 晶体管电压调节器的基本结构

晶体管电压调节器一般由 1～2 个稳压二极管、1～3 个二极管、2～3 个晶体管及若干电阻、电容等元器件组成。在图 4-8 所示的晶体管电压调节器的基本电路中，VT_2 是大功率晶体管，VT_1 是小功率晶体管，R_1、R_2 为分压电阻，R_2 又是 VT_1 的负载电阻。

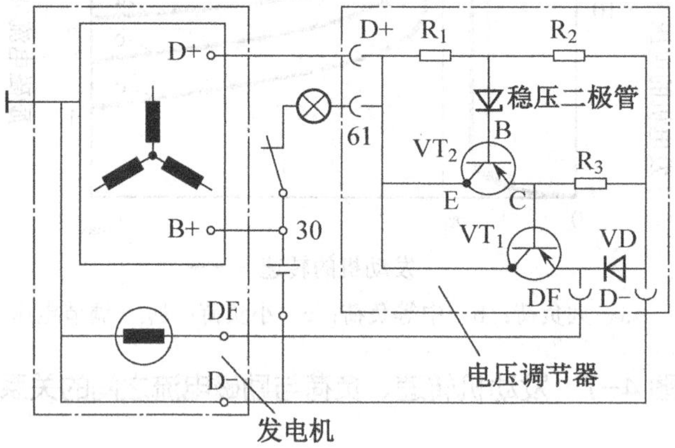

图 4-8　晶体管电压调节器的基本电路

4.3.2.2 晶体管电压调节器的控制过程

励磁电路的接通或者断开取决于晶体管电压调节器的理论电压，并通过控制电路实现“开”和“关”。

（1）接通励磁电路。如图 4-9 所示，如果发电机的实际电压低于理论电压（如 14.2V），稳压二极管不导通，晶体管 VT_2 截止，导致晶体管 VT_1 的基极电位降低，晶体管 VT_1 导通。励磁电流通过晶体管 VT_1、电刷和集电环进入发电机励磁绕组，励磁电路接通，发电机发电。

（2）断开励磁电路。如图 4-10 所示，如果发电机的实际电压高于理论电压（如 14.2V），稳压二极管导通，晶体管 VT_2 的基极电流降低，晶体管 VT_2 导通，导致晶体管 VT_1 的基极电位升高，晶体管 VT_1 截止，励磁电流被切断。

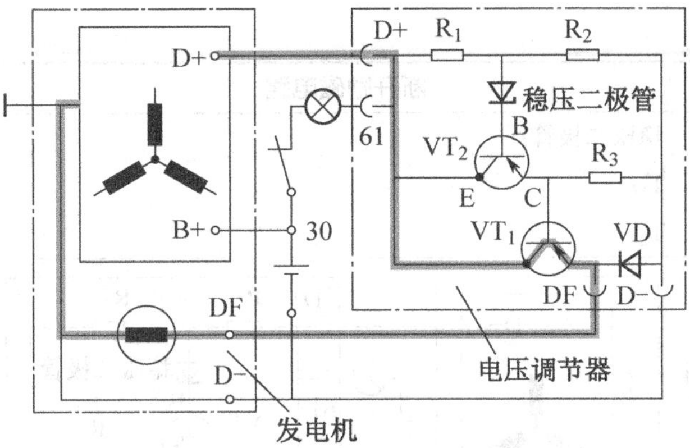

图 4-9　接通励磁电路

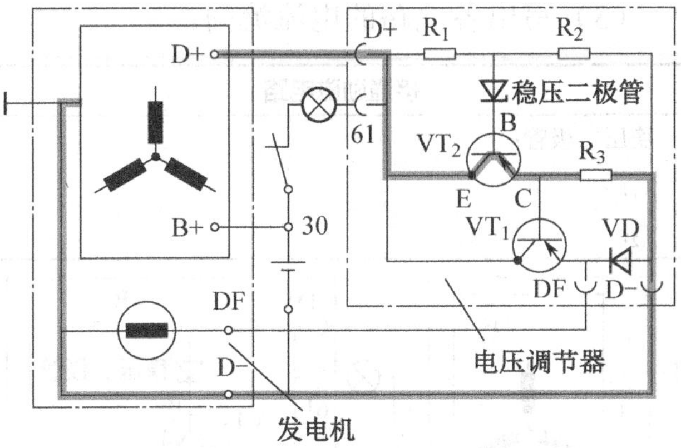

图 4-10　断开励磁电路

4.3.2.3　工作页

1．晶体管电压调节器利用______________作用来控制发电机励磁电路的____________，从而调节磁场的强弱，使输出电压保持不变。

2. 图 4-11 所示的电压调节器中的晶体管和二极管有哪些作用？在用控制器进行电压调节时会发生何种现象？

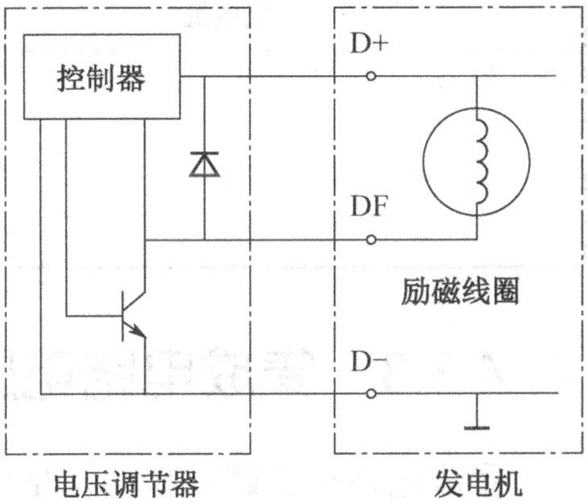

图 4-11　电压调节器

3．完成下表，理解晶体管电压调节器的工作原理。

（1）写出各元器件的状态；

（2）在电路图中用彩笔标出电路走向；

（3）写出各电路的电流流向。

接通励磁电路	断开励磁电路
稳压二极管： T_1： T_2：	稳压二极管： T_1： T_2：
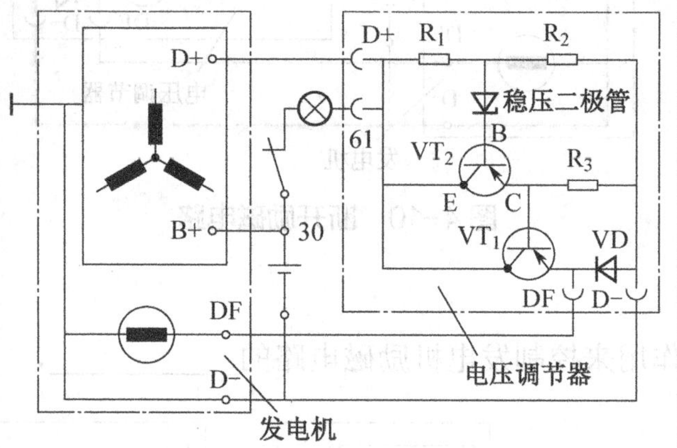	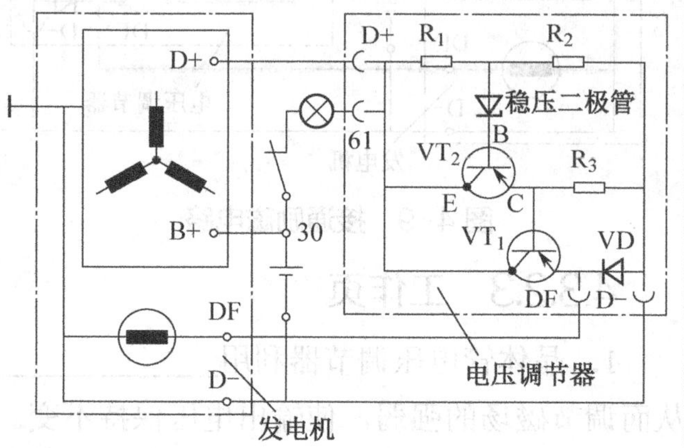
电流流向：	电流流向：

4.3.3 集成电路电压调节器

集成电路电压调节器也称为IC调节器，它根据使用要求，将电路中的若干元器件集成在同一基片上，制成一个独立的电子芯片。集成电路电压调节器装在发电机内部，构成整体式交流发电机。集成电路电压调节器的工作原理与晶体管电压调节器的工作原理基本相同，即通过稳压二极管（以下简称稳压管）感应发电机的输出电压信号，利用晶体管的开关作用来控制发电机的励磁电流，使发电机的输出电压保持恒定。

4.3.3.1 集成电路电压调节器的类型

按照电源电压检测方式的不同，集成电路电压调节器可分为发电机电压检测电路和蓄电池电压检测电路两种形式。

1．发电机电压检测电路

如图4-12所示，分压器 R_1、R_2 从发电机输出端得到电压，稳压管 VD_1 上的电压与发电机的输出电压成正比，因此该电路称为发电机电压检测电路（检测点在发电机上）。

发电机电压检测电路的优点：发电机与检测电路相距较近，可不用导线连接，而是直接接在发电机输出端，连接可靠，不会导致检测电路检测不到信号。发电机电压检测电路的缺点：当发电机与蓄电池之间的连接电阻阻值较大时，蓄电池充电电压会偏低，导致蓄电池充电不足。

2．蓄电池电压检测电路

如图 4-13 所示，分压器 R_1、R_2 从蓄电池输出端得到电压，稳压管 VD_1 上的电压和蓄电池端电压成正比，因此该电路称为蓄电池电压检测电路（检测点在蓄电池上）。

蓄电池电压检测电路的优点：通过直接检测蓄电池端电压来控制发电机的输出电压，可使蓄电池的充电电压有保证。蓄电池电压检测电路的缺点：当蓄电池与发电机的连接不可靠时，会使发电机失控。

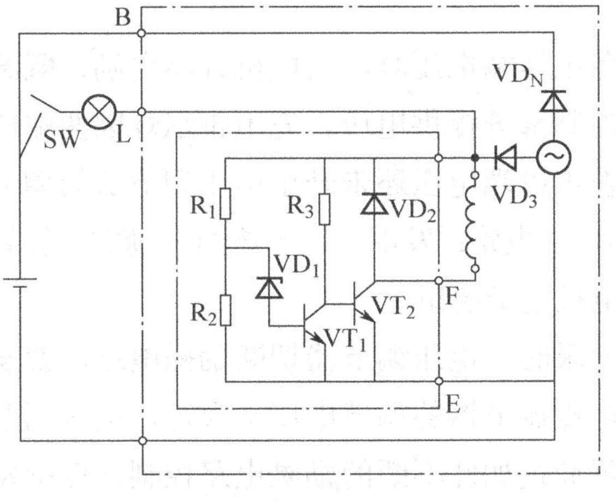

图 4-12　发电机电压检测电路

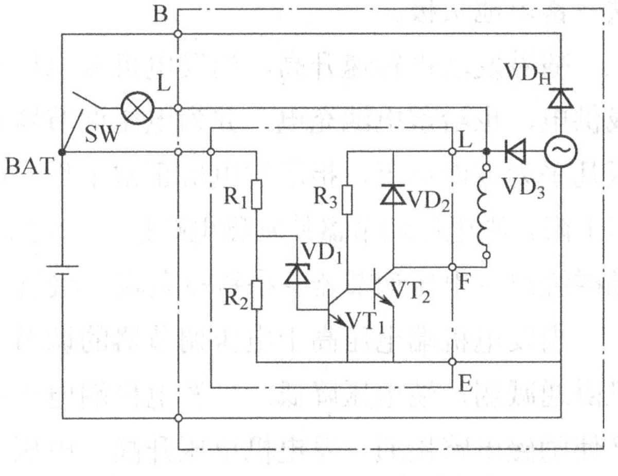

图 4-13　蓄电池电压检测电路

4.3.3.2　集成电路电压调节器的应用

如图 4-14 所示，桑塔纳 GSI 轿车采用集成电路电压调节器，它将集成电路和保护电阻共同置于一块陶瓷基片上，封装在一个金属壳中，并与电刷连成一体，以便于安装和维护。

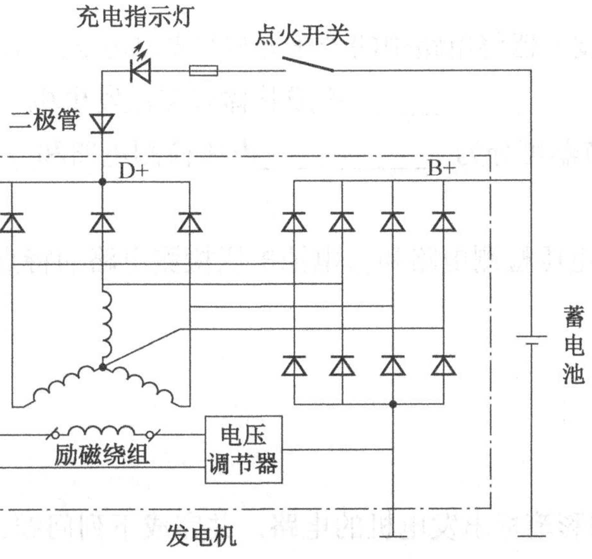

图 4-14　桑塔纳 GSI 轿车的整体式交流发电机的电路原理图

发电机共有 2 个接线柱：输出接线柱 B+直接与蓄电池正极相连对外供电；磁场接线柱 D+通过二极管、充电指示灯、熔丝和点火开关与蓄电池正极连接，为发电机提供他励电流并控制充电指示灯。集成电路电压调节器采用发电机电压检测电路，通过 3 个端子分别与发电机的励磁二极管输出端、电刷（励磁绕组）和壳体相连。

工作过程：接通点火开关，蓄电池通过点火开关、熔丝、充电指示灯、二极管给发电机提供他励电流并为电压调节器检测控制部分提供电压。由于蓄电池的电压低于电压调节器的调节电压上限，电压调节器使励磁电路接通，充电指示灯同时点亮。初始励磁电路/充电指示灯电路：蓄电池正极→点火开关→熔丝→充电指示灯→二极管→励磁绕组→电压调节器→搭铁→蓄电池负极。

随着发动机转速升高，当发电机端电压超过蓄电池端电压时，发电机开始自励，既给负载供电，也给蓄电池充电，并为电压调节器检测控制部分提供电压。充电指示灯因两端的电压几乎为零而熄灭，指示发电机正常工作。如果发电机端电压还未升至电压调节器的调节电压上限，则电压调节器使励磁电路接通。发电机的自励电路：发电机定子绕组→励磁二极管→励磁绕组→电压调节器→搭铁→负极二极管→发电机定子绕组。

当发电机端电压高于电压调节器的调节电压上限时，电压调节器切断励磁电路，使发电机磁通减弱，端电压降低；当发电机端电压低于电压调节器的调节电压下限时，电压调节器又使励磁电路接通，发电机电压升高。电压调节器通过如此不断的励磁电路控制，保持发电机端电压不超过调节电压。

与充电指示灯串联的二极管的作用：在发电机端电压高于蓄电池端电压时，保证发电机不通过励磁二极管和充电指示灯对外供电，以免充电指示灯给驾驶人造成错觉，防止励磁二极管过载损坏。

4.3.3.3 工作页

1．集成电路电压调节器将电路中的若干元器件集成在同一基片上，制成一个__________。它一般安装在发电机________________，构成整体式交流发电机。按照电源电压检测方式的不同，集成电路电压调节器可分为_____________电压检测电路和_____________电压检测电路两种形式。

2．请比较发电机电压检测电路和蓄电池电压检测电路的特点。

3．在图 4-15 中用彩笔标出发电机的电路，并完成下列问题。

（1）发电机有________个接线柱，分别为__________。电压调节器采用__________电压检测电路，通过 3 个端子分别与发电机的________________、_____________和__________连接。

（2）用彩笔在图中标出发电机发电后的自励电路，并写出电流流向。

（3）请描述电压的调节过程。

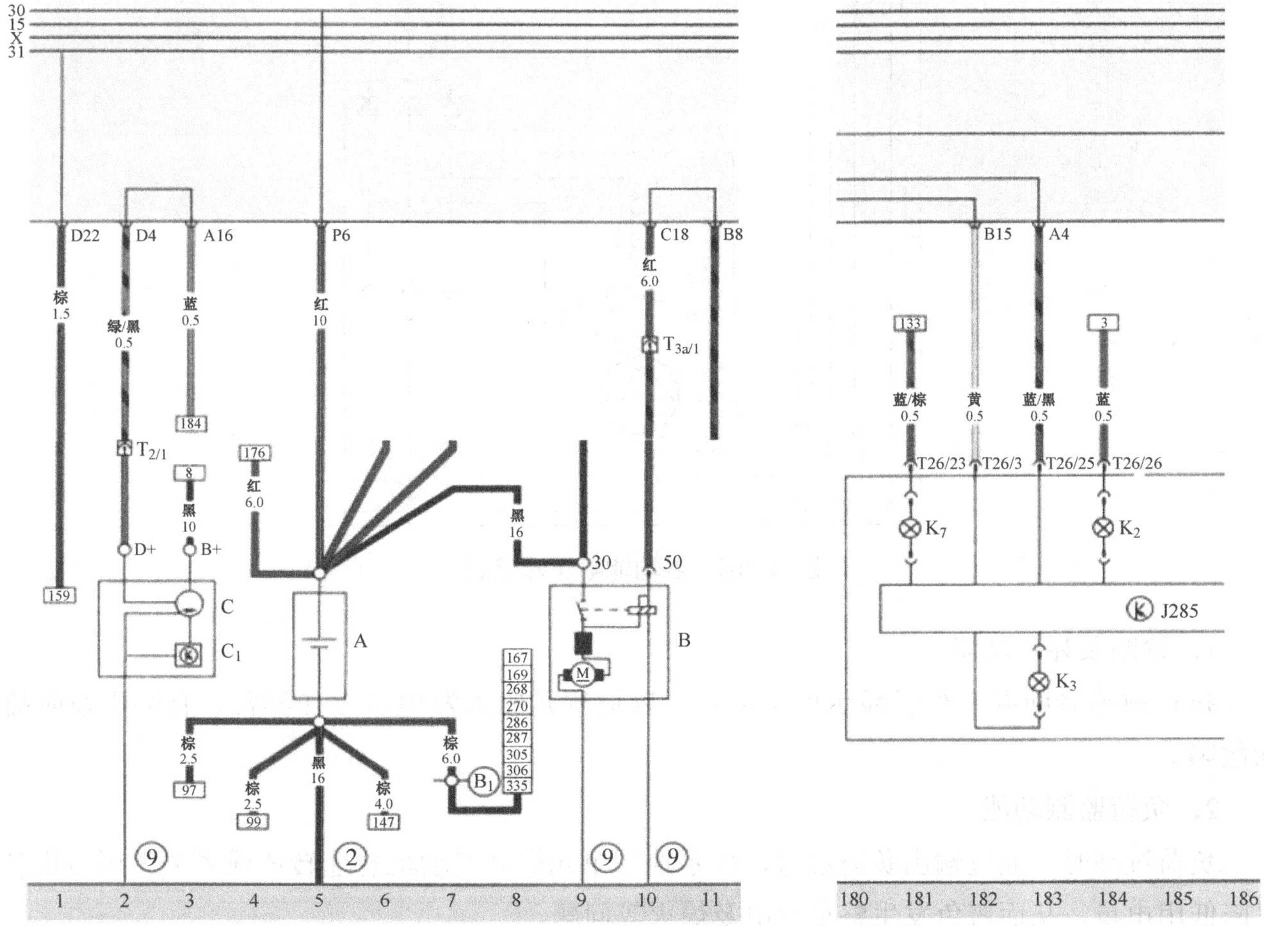

A—蓄电池；B—起动机；C—交流发电机；C_1—电压调节器；

J285—组合仪表控制单元；K_2—充电指示灯；K_3—油压警告灯；K_7—驻车制动指示及制动液位警告灯

图 4-15　桑塔纳发电机电路图

4.3.4　多功能电压调节器

充电电路检测

多功能电压调节器是一种带微控制器的集成电路电压调节器。采用该种调节器的发电机不再装用励磁二极管，因为励磁电流不再由整流电路导出，而是直接从接线柱 B+处输出，如图 4-16 所示。

4.3.4.1　多功能电压调节器的功能

多功能电压调节器除了调节输出电压和保持电压基本恒定，还具有报警、保护、检测等功能，也可与汽车的控制单元进行通信，控制单元经过综合分析运算，调整用电设备的使用策略或者发动机转速以适应整车用电需求，从而使汽车电气系统的运行更加可靠、稳定。

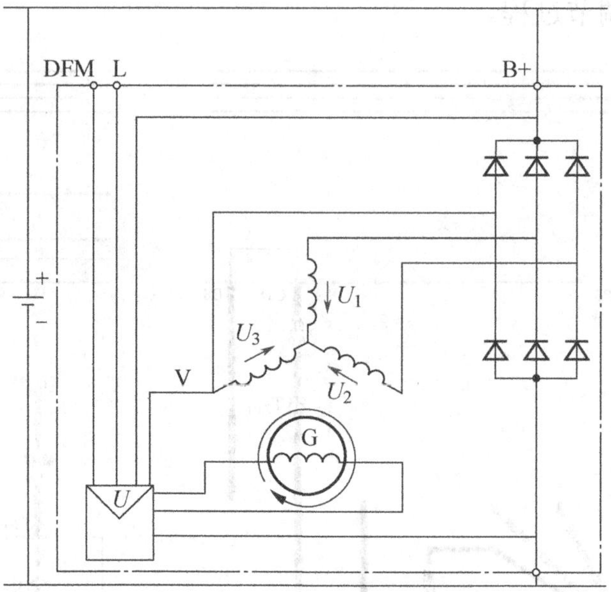

图 4-16　多功能电压调节器

1．诊断及显示功能

执行故障诊断并在车载显示屏上显示，以提醒驾驶人发电机工作异常，有助于及时排除故障。

2．负荷监测功能

负荷过高时，通过输出负荷信号，提示控制单元提高发动机怠速转速或者关闭用电设备以降低用电量，从而避免发生整车亏电及熄火等问题。

3．起动负荷反馈功能

发动机起动时，发电机的励磁方式为他励，除了消耗蓄电池的电量，产生的电磁阻力矩也不利于发动机起动。因此，在发动机起动过程中，通过切断励磁电路，使发电机不工作，电磁阻力矩损耗为零，可使发动机起动更轻松、平顺。当发动机成功起动后，发电机进入正常工作状态。起动负荷反馈如图 4-17 所示。

4．行驶负荷反馈功能

当负荷突然增大时，输出功率的突然增大会导致机械转矩突变。这在低速时会对发动机造成较大影响，而在怠速时则可能导致发动机熄火。当用电设备的负荷变化较大时，励磁电流只是缓慢增大。为了使发动机怠速运转平稳，可以减小励磁电流。行驶负荷反馈如图 4-18 所示。

此外，多功能电压调节器还可通过蓄电池传感器和蓄电池管理系统，根据蓄电池的状态调节充电电压和电流。

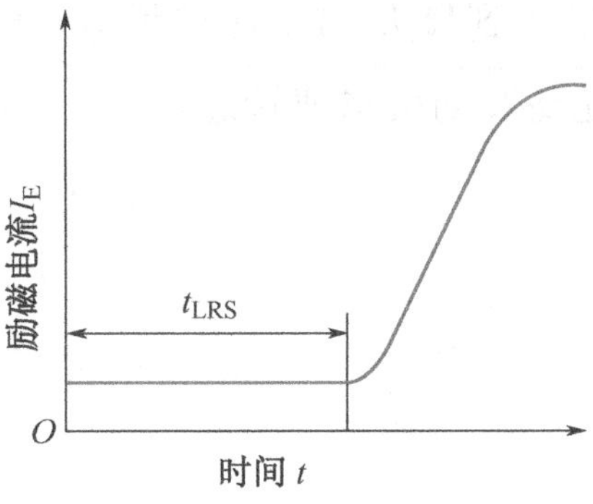

图 4-17 起动负荷反馈

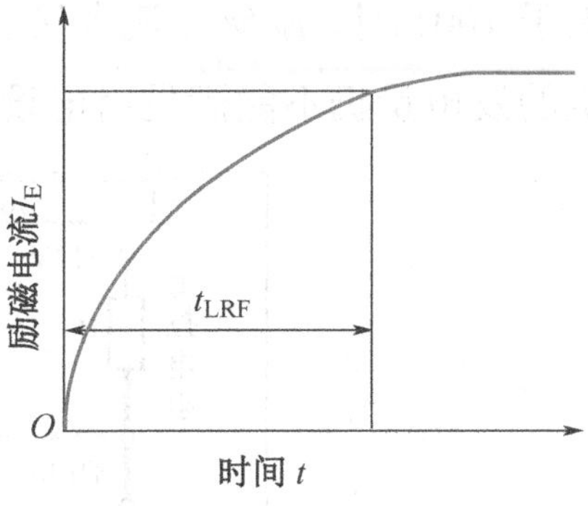

图 4-18 行驶负荷反馈

4.3.4.2 多功能电压调节器的应用

这里以 DFM（带有发动机现场监控）控制的多功能电压调节器为例，介绍多功能电压调节器的应用。

1. 控制逻辑

在大众能源管理系统（参照图 4-1）中，发电机接有 3 根线，其中 1 根连接发电机 B+接线柱和蓄电池，为 B+接线柱接线；1 根连接发电机 L 端与车载电网控制单元（J519），为 L 线；剩余 1 根接在发电机 DMF 和发动机控制单元之间，为 DMF 线。

B+接线柱接线在发动机起动瞬间向发电机转子提供励磁磁场；发动机起动后，发电机通过该线向蓄电池充电。

L 线的作用是在打开点火开关时，使 J519 在发电机内部搭铁（见图 4-19），J519 检测到 L 端的电压约为 1V 后，通过 CAN 总线向仪表传输信号，仪表上的充电指示灯点亮。车辆起动后，J519 检测到 L 端的电压约为 12V，发电机的发电量通过 L 线反馈给 J519，J519 再通过 CAN 总线将信号传输给仪表，仪表上的充电指示灯熄灭。此外，J519 还根据 L 线的电压情况来判断发电机是否正常工作，如果电压过低，则会适时关闭车上的一些大负荷用电设备。

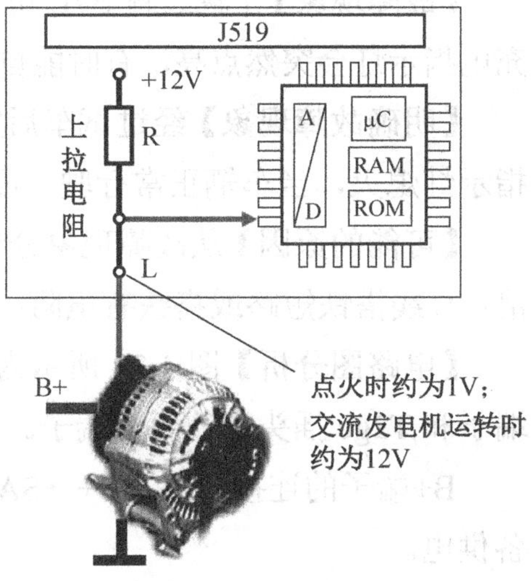

图 4-19 L 线的控制

DMF 线的作用是向发动机控制单元（J623）提供发电机的负荷情况（见图 4-20），如果有必要，发动机控制单元会提升发动机的转速。

多功能电压调节器根据发电机的运行状态，以脉冲宽度调制方式（占空比）控制励磁电流的通或断（见图 4-21），使发电机的输出电压保持恒定。同时发电机将该信号发送给发动机控制单元，使其掌握发电机当前的负荷状态。

当负荷大于 100%时，励磁电流全接通，发电机的发电量达到最大，DFM 信号电压约为 0V，若发电机的发电量仍不能满足用电设备需求，则需要提高发动机怠速转速。

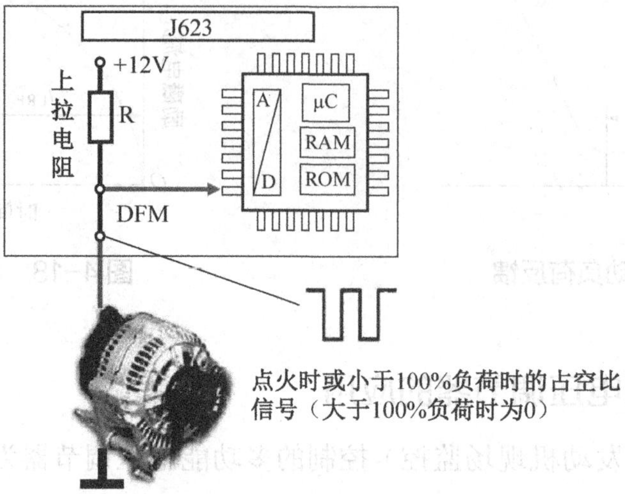

图 4-20　DFM 线的控制

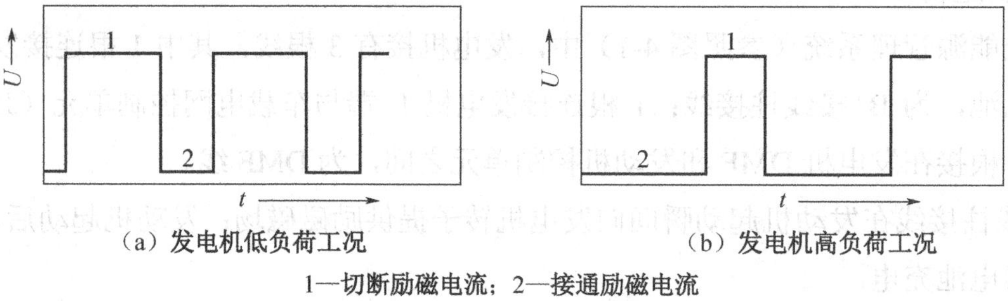

图 4-21　励磁电流与发电机负荷的变化

2．维修示例

【故障现象】1 辆迈腾 B7L 轿车，搭载 CEA 型发动机，已行驶 8.2×10^5km。该车行驶时，充电指示灯会突然点亮，有时能自动熄灭，有时需要重新起动发动机才能熄灭，偶尔正常。

【明确故障现象】经过试车后发现，打开点火开关，充电指示灯点亮，车辆起动后，充电指示灯熄灭，当车辆正常行驶一段时间后，充电指示灯会突然报警。

【可能的原因】从故障现象分析可能的故障原因：发电机不工作；发电机传动带断裂或打滑；L 线搭铁短路或搭铁有电阻；J519 故障；仪表故障等。

【电路图分析】图 4-22 所示为迈腾轿车发电机的电路，发电机共有 3 个端子，分别为 B+端子和 T2gc 插头上的两个端子。

B+端子的连接电路：B+→SA_1→蓄电池，作为发电机输出线，给蓄电池充电，为用电设备供电。

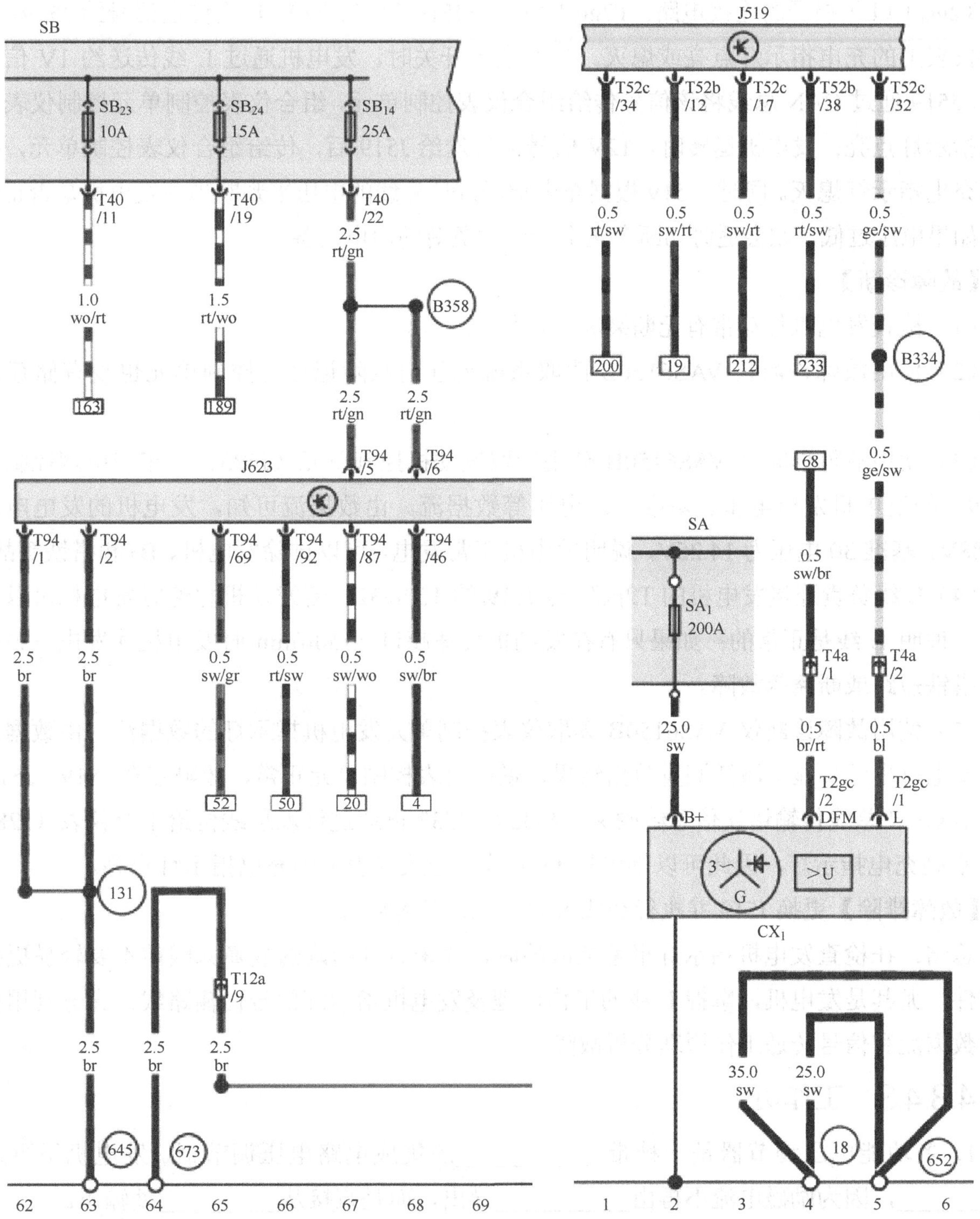

CX$_1$—带电压调节器的交流发电机；J519—车载电网控制单元；J623—发动机控制单元；SA，SB—保险装置

图 4-22　迈腾轿车发电机的电路

T2gc/2（DFM）端子的连接电路：T2gc/2（DFM）→J623（T94/46）。发电机通过占空比信号向发动机控制单元（J623）报告自身的负荷情况。当负荷大于 100%时，J623 会提升发动机转速。

T2gc/1（L）端子的连接电路：T2gc/1（L）→J519（T52c/32）。L线传递信号给J519，J519控制仪表上的充电指示灯点亮或熄灭。打开点火开关时，发电机通过L线传送约1V信号给J519，J519通过CAN总线将该信号传给组合仪表控制单元，组合仪表控制单元控制仪表上的充电指示灯点亮；发电机运转时，12V信号被传送给J519后，传给组合仪表控制单元，仪表上的充电指示灯熄灭。同时，J519根据充电指示灯信号线的电压来判断当前发电机是否正常工作，如果电压过低，则会适时切断车辆上一些大负荷的用电设备。

【故障诊断】

（1）检查发电机传动带有无断裂和打滑情况。

（2）使用故障诊断仪VAS6150B读取系统无任何故障记忆，控制单元也没有储存通信故障。

（3）使用故障诊断仪VAS6150B分别读取发动机控制单元（J623）和车载电网控制单元（J519）的发电机发电电压、基准30电压等数据流。由数据流可知，发电机的发电电压为14.288V，基准30电压为14.25V，说明发电机正常发电，可以排除发电机、B+和搭铁等故障。

（4）L线负责连接发电机的T2gc/1与J519的T52c/32，若发动机怠速时发电机可以正常发电，说明L线是正常的；如果只有在发动机转速超过1750r/min时发电机才发电，说明L线有搭铁短路或断路等故障。

（5）使用故障诊断仪VAS6150B读取仪表控制单元发电机指示灯的数据流。由数据流可知，发电机指示灯显示激活测量数据结果，说明仪表控制单元正常，故障点在J519。J519通过舒适CAN总线传输错误信息给网关（J533），J533再通过仪表总线传给组合仪表（J285），J285点亮充电指示灯，因此可以推出是J519故障导致仪表上的充电指示灯点亮。

【故障排除】更换J519并执行在线编码匹配，故障消除。

总结：在检查发电机指示灯报警类故障时，在未查到明确的故障原因前不要轻易更换任何部件，尤其是发电机，掌握L线的工作原理及发电机指示灯信号传输路线，充分利用控制单元数据流和信号传递工作原理分析故障。

4.3.4.3 工作页

1. 多功能电压调节器是一种带__________的集成电路电压调节器。发电机不再装有__________，因为励磁电流不再由__________导出，而是直接从__________处输出。

2. 发电机随负荷变化的功能测试。

将故障诊断设备博世740连到车辆上，分别利用通用示波器的电压表通道CH1和钳形电流表通道CH2测量蓄电池电压和发电机充电电流。

（1）请根据下表执行测量任务并记录测量值。

发电机负荷 （发动机怠速运行）	无负荷	打开近光灯	+风扇	+后风窗玻璃加热	+负载电阻
蓄电池电压/V					
发电机充电电流/A					

（2）按照测量值绘制波形图。

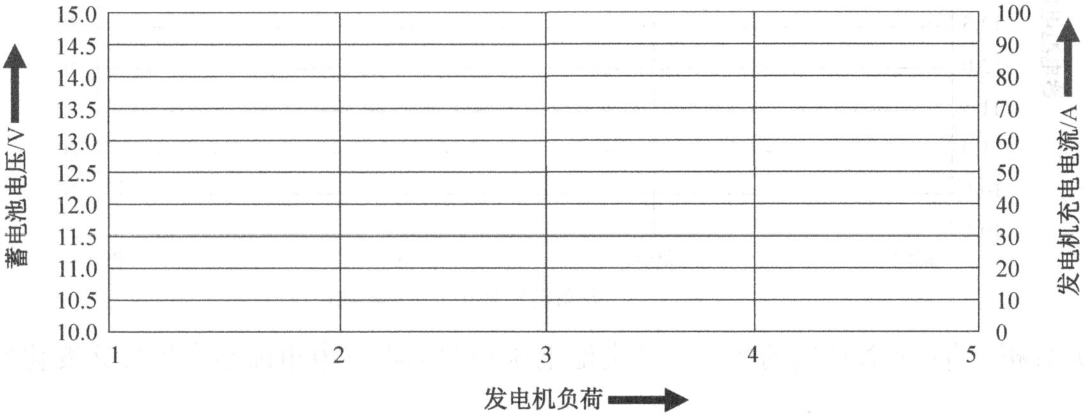

1—无负荷的情况；2—打开近光灯的情况；3—在 2 的基础上增加风扇；
4—在 3 的基础上增设风窗玻璃加热功能；5—在 4 的基础上增加负载电阻

（3）分析：随着负荷的增加，蓄电池电压和发电机充电电流会发生什么变化？

3．发电机随转速变化的功能测试。

将故障诊断设备博世 740 连到车辆上，分别利用通用示波器的电压表通道 CH1 和钳形电流表通道 CH2 测量蓄电池电压和发电机充电电流，用一个电压表测量发电机的 B+端电压。

（1）请根据下表执行测量任务并记录测量值。

发动机转速 /（r/min）	怠速	2000	3000	4000
蓄电池电压/V				
发电机电压/V				
发电机充电电流/A				

（2）请按照测量值绘制波形图。

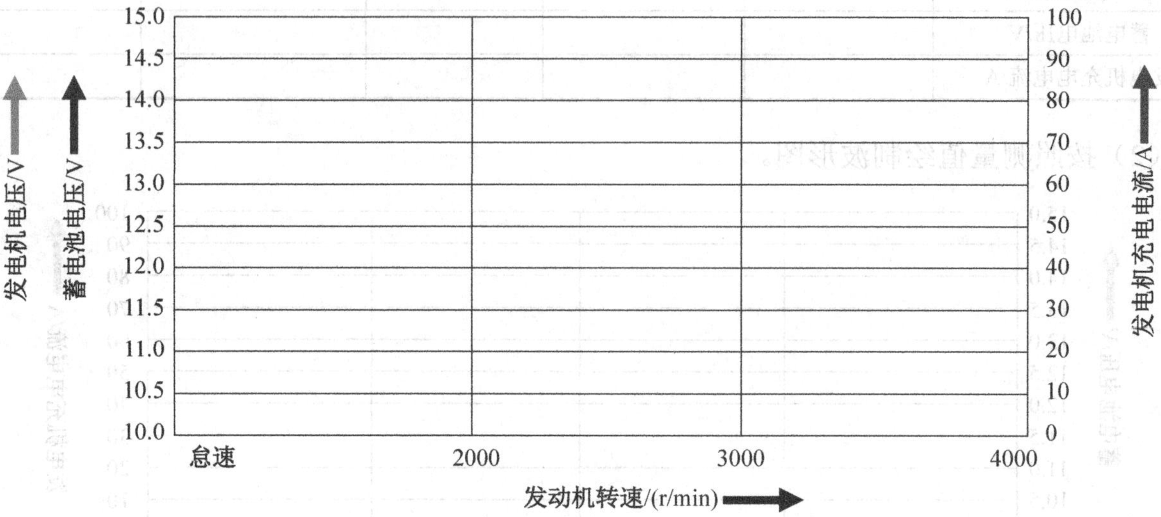

（3）分析：① 随着转速的增加，蓄电池电压和发电机充电电流会发生什么变化？

② 蓄电池电压与在发电机上直接测量的电压的差别从何而来？

③ 如何进行有关发电机转速和负荷的具体检测？

④ 从哪里能获得发电机检测的额定数据？

4．起动负荷反馈功能检测。

将故障诊断设备博世 740 连到车辆上。将通用示波器的电压表通道 CH1 接 DFM，将钳形电流表通道 CH2 接发电机 B+端。

（1）示波器调节：将 CH1 的 y 轴调至 20V，将 CH2 的 y 轴调至 200A，将 x 轴调至 1s。

（2）起动车辆并记录测量结果。

（3）请按照测量结果绘制波形图。

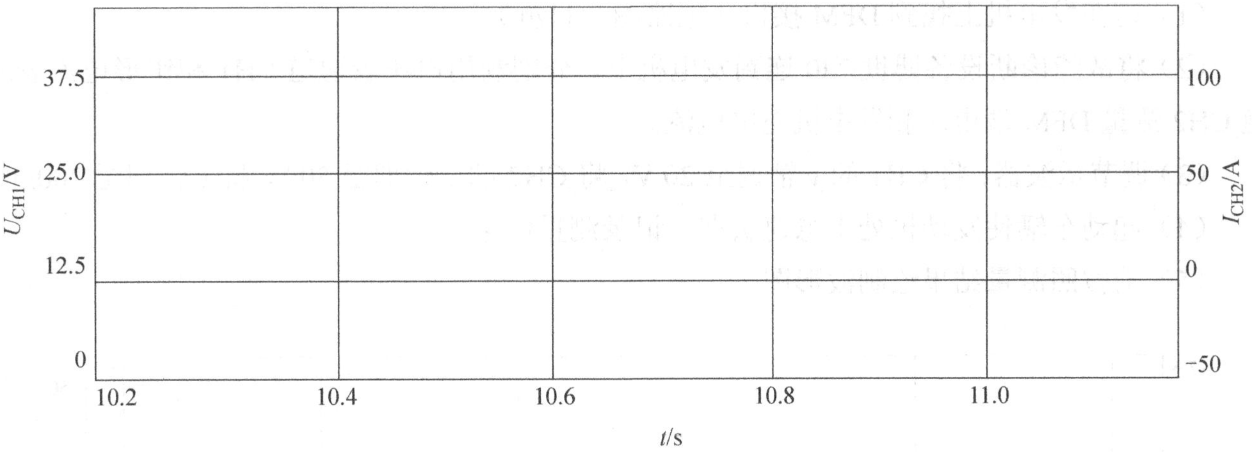

（4）简述起动负荷反馈功能。

5．行驶负荷反馈功能检测。

将故障诊断设备博世 740 连到车辆上。将通用示波器的电压表通道 CH1 接 DFM，将钳形电流表通道 CH2 接发电机 B+端。

（1）示波器调节：将 CH1 的 y 轴调至 20V，将 CH2 的 y 轴调至 200A，将 x 轴调至 1s。

（2）在发动机怠速运转时，打开近光灯并在蓄电池上短暂加载负载电阻，记录测量结果。

（3）请按照测量结果绘制波形图。

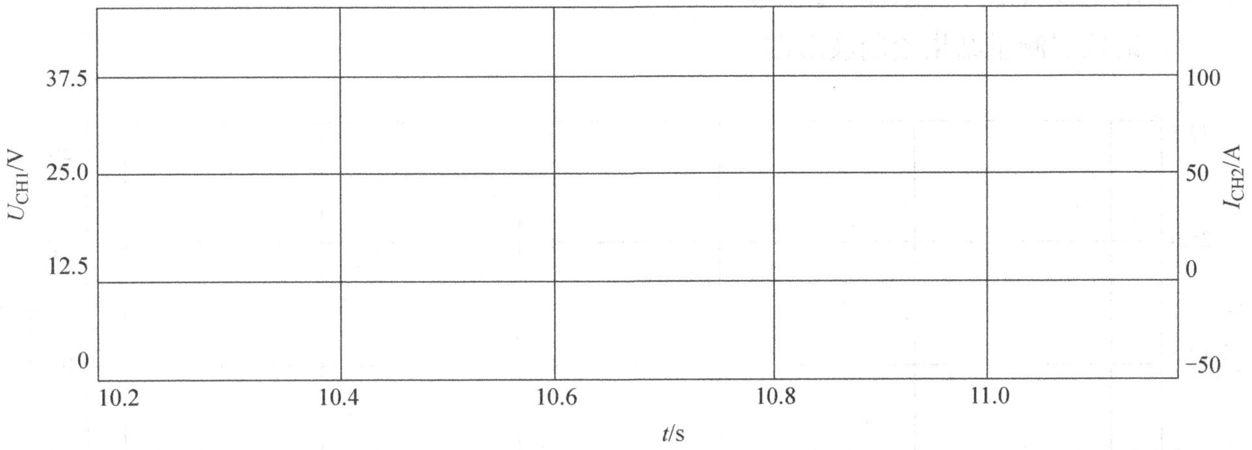

（4）简述行驶负荷反馈功能。

6．怠速空载下的发电机监控（DFM）信号检测。

（1）请在发电机上找到 DFM 接口（电路图，目测）。

（2）将故障诊断设备博世 740 连到发电机上。分别利用电压表通道 CH1 和钳形电流表通道 CH2 测量 DFM 端电压和发电机充电电流。

（3）调节示波器：将 CH1 的 y 轴调至 20 V，将 CH2 的 y 轴调至 50A，将 x 轴调至 200ms。

（4）起动车辆使发动机处于怠速状态，记录测量结果。

（5）请按照测量结果绘制波形图。

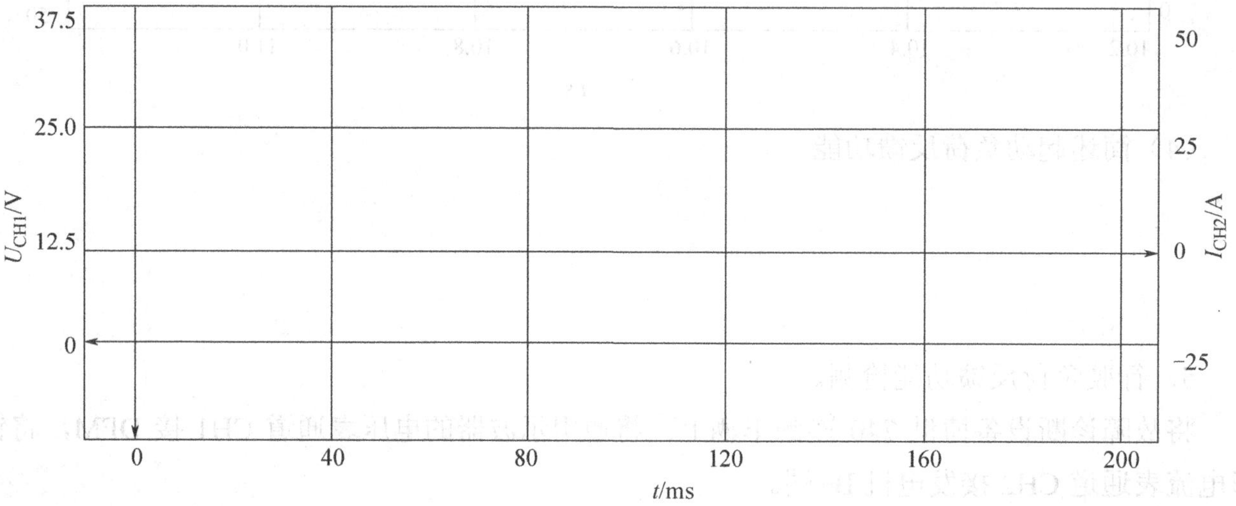

7．怠速有负荷下的发电机监控（DFM）信号检测。

（1）在发动机怠速状态，按照上一题中的要求连接故障诊断设备博世 740 和调节示波器，打开几个用电设备后，记录测量结果。

（2）请按照测量结果绘制波形图。

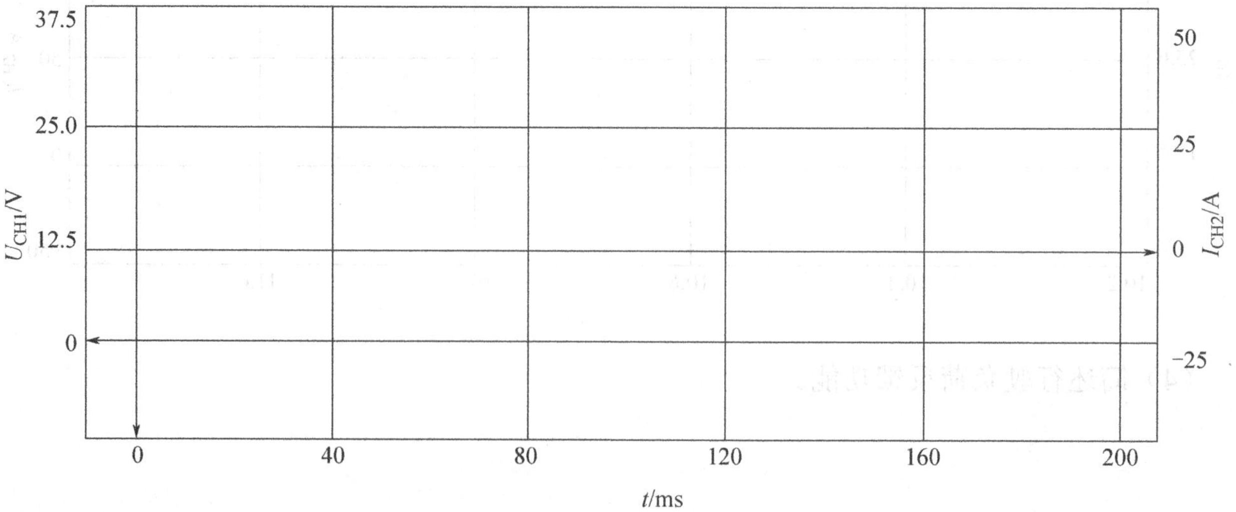

（3）DFM 信号的类型是什么？

（4）请根据电压调节器的功能描述，在上方 DFM 负荷波形图中填入 1（代表切断励磁电流）和 2（代表接通励磁电流）。

（5）附加使用其他用电设备时，DFM 信号如何变化？

4.4 理论测试

一、填空题（每空 1 分，共 20 分）

1. 交流发电机输出电压的大小取决于＿＿＿＿＿和＿＿＿＿＿＿，电压调节只能通过改变＿＿＿＿＿＿＿＿＿＿＿＿来实现。

2. 电压调节器通过控制＿＿＿＿＿和＿＿＿＿＿励磁电路的持续时间（接通持续时间 t_E，断开持续时间 t_A）来改变＿＿＿＿＿＿＿＿＿＿＿＿＿＿，以增强或削弱磁场强度，进而改变发电机的感应电压。

3. 晶体管电压调节器一般由稳压管、＿＿＿＿＿＿、＿＿＿＿＿＿、电阻及＿＿＿＿＿等元器件组成。集成电路电压调节器将电路中的若干元器件＿＿＿＿＿＿在同一基片上，制成一个＿＿＿＿＿的电子芯片。多功能电压调节器是一种＿＿＿＿＿＿＿＿＿集成电路电压调节器。

4. 集成电路电压调节器按照电源电压检测方式的不同分为＿＿＿＿＿＿和＿＿＿＿＿＿两种。

5. 多功能电压调节器使发电机不再装用＿＿＿＿＿＿＿＿，因为励磁电流不再由整流电路导出，而是直接从接线柱＿＿＿＿＿＿处输出。

6. 多功能电压调节器在负荷过高时，通过输出＿＿＿＿＿＿＿＿＿，提示控制单元提高＿＿＿＿＿＿＿＿或者关闭＿＿＿＿＿＿＿＿以降低用电量，从而避发生＿＿＿＿＿＿＿等问题。

二、单选题（每题 2 分，共 20 分）

1. 发电机的输出电压比蓄电池的电压高的原因是（　　）。

A. 电压调节器震荡不能准确保持电压

B. 考虑到线路上的高电阻

C. 电压调节器需要一部分电压

D. 否则蓄电池无法充电

2. 汽车的三相发电机（　　）进行电压调节。

A. 通过改变发电机转速　　B. 通过改变励磁电流强度

C. 通过改变励磁绕组的匝数　　D. 通过改变发动机转速

3. 电压调节器通过控制（　　）的持续时间来增强或削弱磁场强度，进而改变发电机的感应电压。

A. 增加和减少励磁电路　　B. 接通和断开充电电路

C. 接通和断开励磁电路　　D. 增加和减少充电电路

4. 晶体管电压调节器主要利用（　　）作用来调节磁场的强度，使输出电压保持不变。

A. 晶体管的开关　　B. 晶体管的放大

C. 二极管的单向导电性　　D. 二极管的稳压

5. 多功能电压调节的励磁电流由（　　）提供。

A. 整流电路中的励磁二极管　　B. DFM

C. B+　　D. D+

6. 集成电路电压调节器中的接线柱 D+的作用是（　　）。

A. 提供他励电流，控制充电指示灯

B. 提供自励电流，控制充电指示灯

C. 对外供电

D. 负荷反馈

7. 多功能电压调节器的功能有（　　）。

A. 调节输出电压　　B. 起动负荷反馈

C. 负荷检测　　D. 以上都是

8. 多功能电压调节器中的 L 端子的作用是（　　）。

A. 控制充电指示灯　　B. 起动负荷反馈

C. 行驶负荷反馈　　D. 以上都不是

9. 下图中的（　　）是发电机负荷高的信号。

A. 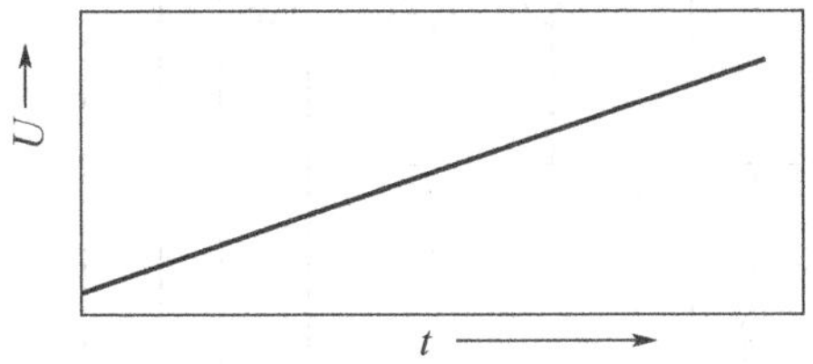

B. 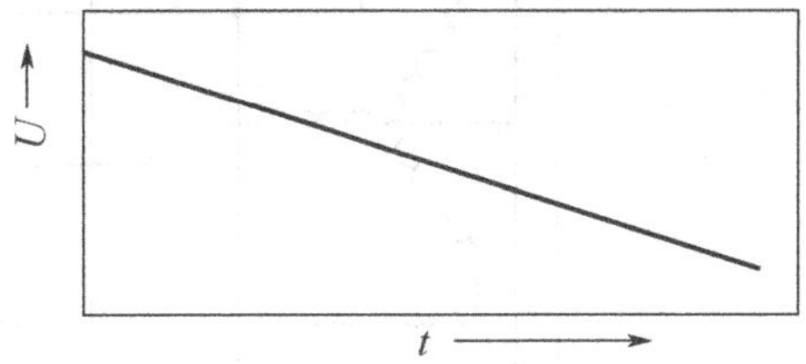

C. 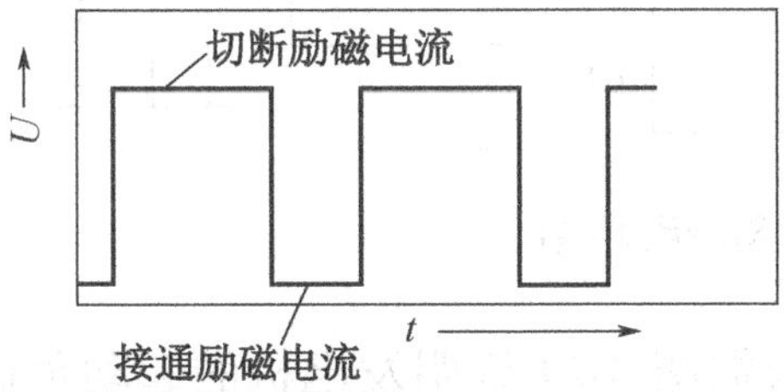

D. 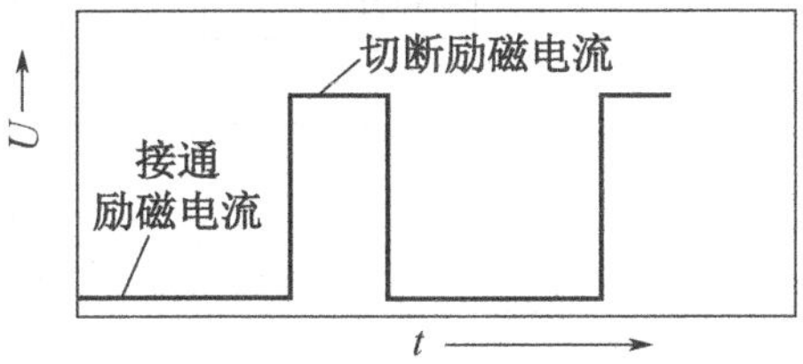

10. 当发电机的实际电压（　　）理论电压时，励磁电路断开。

A. 低于　　B. 高于　　C. 等于　　D. 以上都不是

三、判断题（每题 2 分，共 20 分）

1. 安装在发电机内部的电压调节器称为内搭铁型发电机。（　　）
2. 发电机空载时，转速越高，励磁电流越大。（　　）
3. 在晶体管电压调节器电路中，若充电指示灯断路，则发电机不能工作。（　　）
4. 集成电路电压调节器是在晶体管电压调节器的基础上发展起来的。（　　）
5. 集成电路电压调节中接线柱 B+的作用是提供他励电流，控制充电指示灯。（　　）
6. 发电机由曲轴驱动，因此在车辆起动、正常运转的过程中一直工作。（　　）
7. 当车辆的用电负荷过高时，可以提升怠速转速和关闭用电设备。（　　）
8. 带有多功能电压调节器的车辆，当用电设备的负荷变化较大时，励磁电流只是缓慢增大。（　　）
9. 发电机电路中的 DFM 与发动机控制单元相连，并为其提供发电机的负荷情况。（　　）
10. 当发电机的实际电压高于电压调节器的电压时，励磁电路接通。（　　）

四、简答题（每题 10 分，共 40 分）

1. 交流发电机输出电压的大小取决于哪些因素？

2．请依据图 4-23 所示的电路图描述电压调节过程。

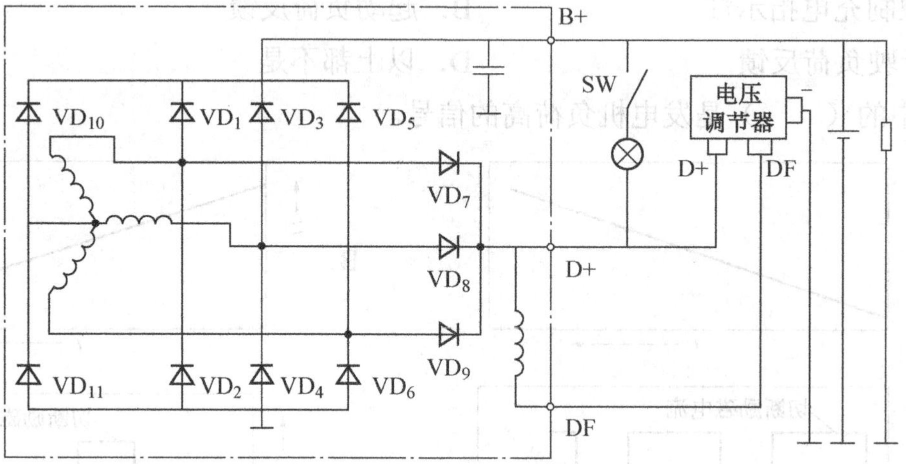

图 4-23　11 管整流电路图

3. 请根据图 4-24 说明发电机的起动负荷反馈功能。

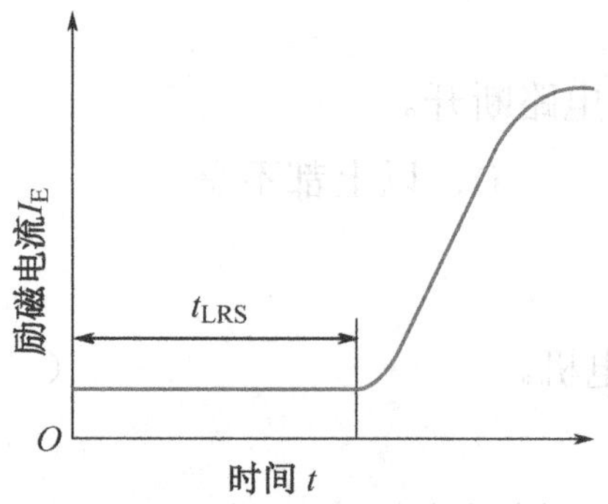

图 4-24　起动负荷反馈

4．请根据图 4-25 描述 DFM 信号的控制过程。

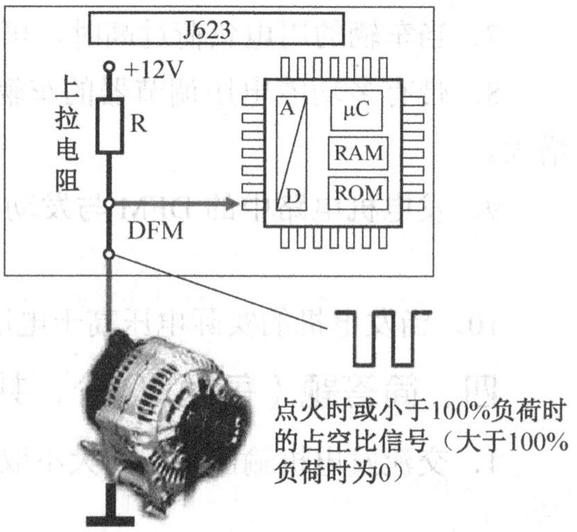

图 4-25　DFM 信号的控制

4.5 计划与决策

1．分组制订主题为“发电机电压调节器故障”的故障诊断与排除工作计划。

工作计划表

品牌		整车型号			生产日期	
发动机型号		发动机排量			行驶里程	
车辆识别码						
故障现象描述						
可能故障原因分析						
序　号	检查或检测内容	设备工具	注意事项	理论值	实测值	结果分析
1						
2						
3						
4						
5						
6						
小组成员及分工	组长： 卫生员：	记录员： 质检员：	安全员： 联络员：	展示员： 其他：		
计划审核（教师）	年　月　日　签字：					
检测中出现的问题		经验总结及改进措施				
结论和维修建议						
预估工时			成本预算			

2．学生小组通过合作按照任务决策的关键要素完成任务决策。

任务决策：

（1）与师傅决策明确计划可行性。

工作任务的时间控制和成本控制，工作步骤的正确性、规范性和合理性，工作过程的安全性和环保性，考虑厂商的经济效益和工作效率等，并记录决策结果与师傅的建议。

（2）与客户决策明确计划可行性。

请站在客户的角度，和客户沟通任务计划实施的可能性。（包括：有几种可供客户选择？某些项目做或不做？现在做还是以后做？考虑客户的成本控制、时间控制、安全性、环保性、美观性和便利性等，并记录决策结果与客户的意见。）

4.6 任务实施

1．学生按照本组制订的工作计划进行故障诊断与排除作业，并将具体过程及结果记录在工作计划表中。

2．查询工厂信息管理系统，进行备件和人员工资测算，并将其记录在工作计划表中的相应位置。

3．实施过程评价。

排除发电机电压调节故障评价表

序号	评价内容	评价标准	配分	得分
1	安全防护	座椅套、脚垫、转向盘罩、翼子板布、前栅子布、车轮挡块	10 分	
2	明确故障现象	打开点火开关，起动车辆，观察充电指示灯	5 分	
3	识别发电机	正确识别发电机	10 分	
4	故障诊断	1．在车上进行发电机外观的正确检查（传动带、电气插头安装情况）； 2．正确测量发电机的充电电压； 3．正确检测发电机的控制电路； 4．能够对检测数据进行正确分析并做出判断	40 分	
5	检查反馈	打开点火开关，起动车辆，检查充电指示灯是否正常、充电电压是否正常	5 分	
6	注意事项	出现危害人身或设备安全的操作，此项没分	5 分	
7	过程记录	对工作过程进行记录，记录内容应完整、翔实，漏一项扣 1 分，不完整的酌情扣分，扣完为止	5 分	
8	工作过程	工作态度积极； 文明操作，轻拿轻放，言行举止等合乎要求； 动作规范； 有野蛮操作的扣 5 分，有不文明语言的扣 5 分，扣完为止	5 分	
9	5S①	工具恢复，保持工作场地干净整洁，漏 1 项扣 1 分，扣完为止	5 分	
10	时间	超时 5min 以内的扣 5 分，超时 5～10min 的扣 10 分，超过 15min 须停止操作	10 分	
合　计			100 分	

① 5S 即整理、整顿、清扫、清洁、素养。

4.7 任务评估

1．小组合作完成任务检查，对工作计划、工作过程、工作结果进行评估，并记录优点、缺点及改进建议。

1．检查工单（检测结果、维修建议、维修措施、故障排除情况）。   2．必要的 5S（车辆、工位、场地）。   3．请根据实施诊断与修理工作的实际情况，完善并改进工作计划。

2．车辆维修结束后，进行功能检查并将已修复的车辆及相关物品交付给组长，作为修理人员需要交付哪些物品？请写出交付车辆过程中需要注意的事项。

4.8 任务反思

在“排除发电机电压调节故障”的学习过程中你有哪些收获，请归纳总结。

序号	项目	总结内容
1	单元知识点总结	
2	目标达成情况	
3	达成目标的原因	
4	未达成目标的原因	
5	工作过程反思	
6	在今后学习中要保持的	
7	在今后学习中要杜绝的	
8	在今后学习中要尝试的	

4.9 知识拓展

LIN 总线控制的多功能电压调节器

在许多高端车型的发电机控制电路中，多功能电压调节器是通过 LIN 总线对发电机进行控制的，如宝马车型中的 BSD 总线。

1．组成

如图 4-26 所示，奥迪 A6 车型的充电系统由蓄电池、蓄电池监控控制单元（J367）、数据总线诊断接口（J533）、发动机控制单元（J623）、组合仪表控制单元（J285）和发电机组成，它可根据车载电网负荷状态实时调整发电机的输出电压。

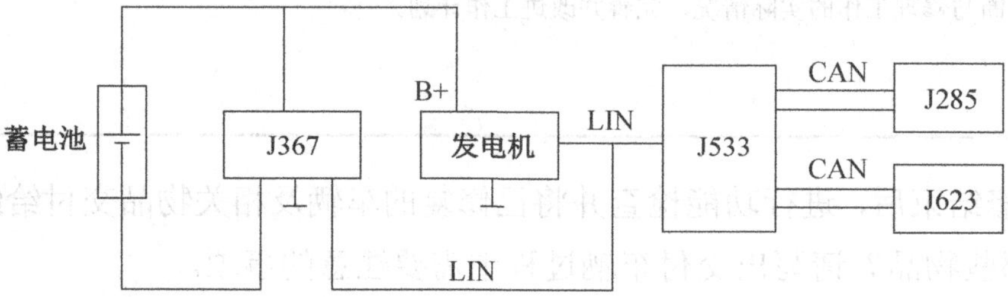

图 4-26 奥迪 A6 车型的充电系统

1）发电机

电压调节器通过 LIN 总线接收发动机控制单元的控制信息，通过控制励磁绕组的电流来调节输出电压，使蓄电池正常充电、电气系统正常运行。电压调节器与发电机控制装置集成为一体，一般是不可维修的。如果发电机出现故障，则须将它作为一个总成进行更换；如果发电机的励磁绕组控制电路出现故障，则发电机按照默认输出电压继续工作。当电压调节器检测到充电系统故障时，会及时通知发动机控制单元有故障存在。

2）LIN 总线

LIN 作为一种串行通信网络，主要用于执行器、传感器与控制单元之间的串行数据传输，其传输速率通常不超过 20kbit/s，并采用单线方式。LIN 总线的信号波形由隐性电平和显性电平组成，如图 4-27 所示。

（1）隐性电平。如果无信息发送到 LIN 总线上（总线空闲）或者发送到 LIN 总线上的是一个隐性电平，那么总线导线上的电压就是蓄电池电压，表示逻辑 1。

（2）显性电平。为了将显性位传到 LIN 总线上，发送控制单元内的收发报机总线导线应搭铁，显性电平的电压为搭铁电压，表示逻辑 0。

3）数据总线诊断接口

数据总线诊断接口是汽车不同总线系统的接口，可以实现不同总线系统控制单元之间的通信。例如，发电机通过 LIN 总线经 J533 与 J623 和 J285 进行通信。

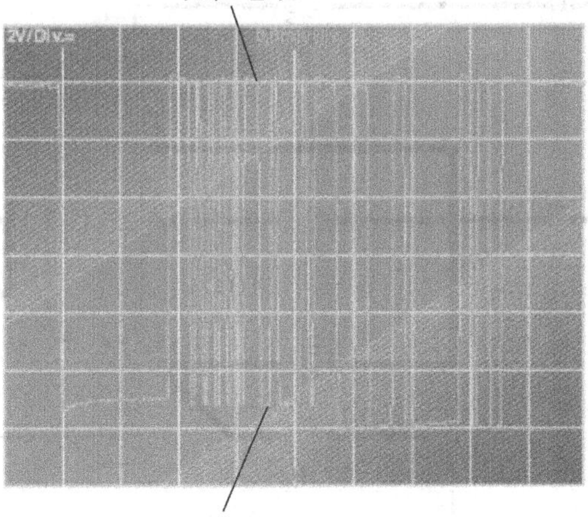

图 4-27　LIN 总线的信号波形

4）蓄电池监控控制单元

蓄电池监控控制单元负责监测蓄电池的电流、电压，估计蓄电池的温度及充电状态（SOC），并通过 LIN 总线经 J533 发送给 J623。

5）发动机控制单元

发动机控制单元负责对发电机的发电量进行控制。

6）组合仪表控制单元

组合仪表控制单元通过仪表监控装置对发电机进行监测。

2．控制过程

发电机上有 2 个接线端：B+和 T2/1，如图 4-28 所示。

接线端 B+在发动机起动瞬间向发电机的转子提供励磁磁场；发动机起动后，发电机通过该接线端向蓄电池充电。

接线端 T2/1 连接发电机的控制线，即 LIN 总线。

发动机控制单元采集蓄电池的状态信号及车辆的用电负荷信号后，与发动机内部的参数进行比较判断，形成控制信息，并通过 CAN 总线发送给 J533，再由 J533 通过 LIN 总线发送给发电机的电压调节器，用于控制发电机的输出电压。

当 LIN 总线出现故障时，发电机与发动机控制单元之间会失去通信，发电机以一个固定的电压发电。对于这种发电机故障，需要按照通信类故障进行检修。

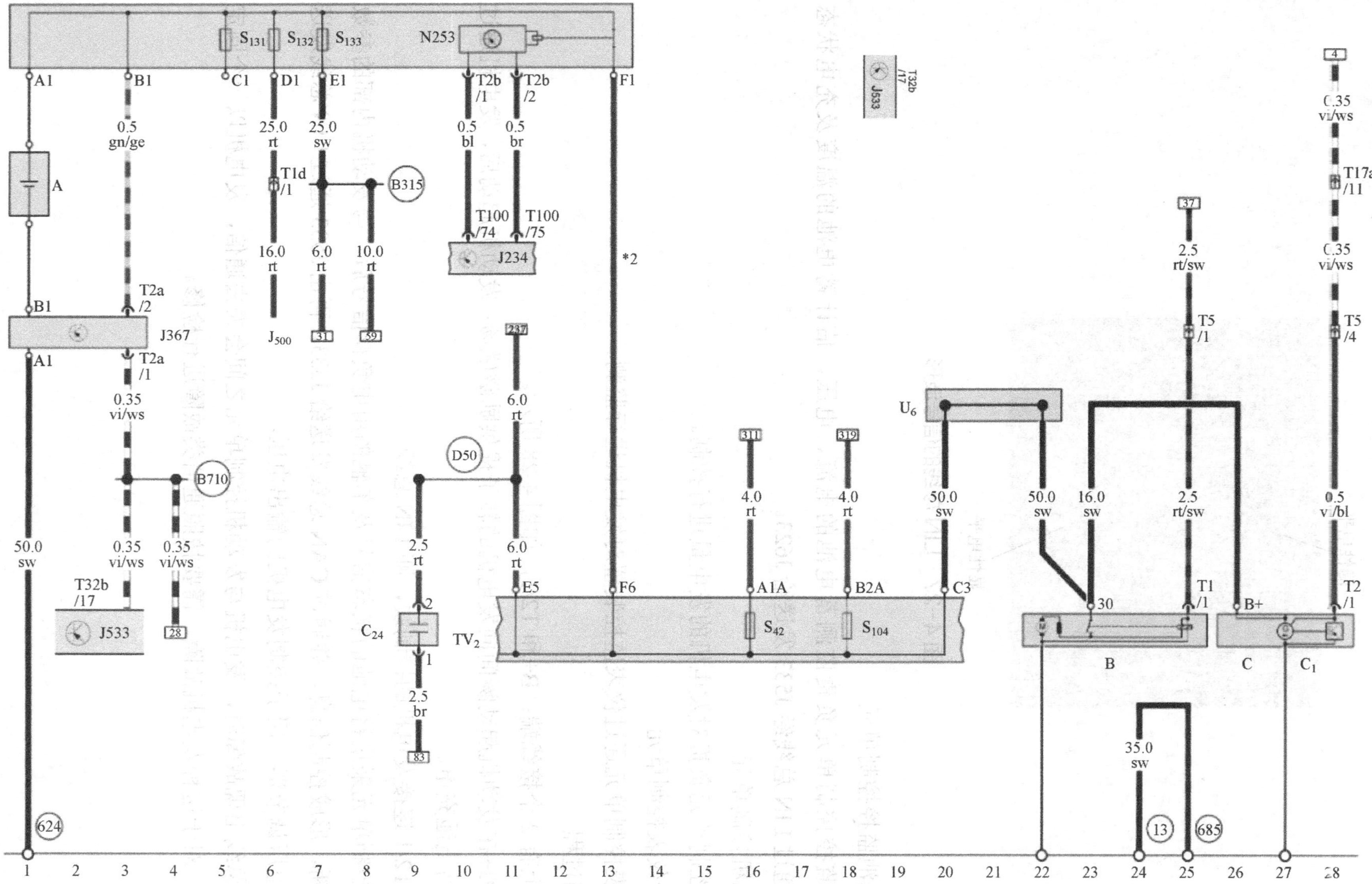

A—蓄电池；B—起动机；C—发电机；C_1—电压调节器；J367—蓄电池监控控制单元；J533—数据总线诊断接口

图 4-28　奥迪 A6 车型的发电机电路

5

学习单元五

排除起动机的功能性故障

5.1 学习目标

素质目标

1. 能够践行精益求精的工作理念；
2. 能够创造性地完成工作，具有创新思维；
3. 能够阅读专业文章并制作思维导图；
4. 能够做出决定并说明理由；
5. 能够营造良好的学习氛围并积极参与；
6. 能够主动解决关键问题；
7. 能够专注于任务，主动与他人进行合作；
8. 能够共同制作有创意且有说服力的海报，并清楚地解释海报的内容。

知识目标

1. 掌握起动系统的结构和工作原理；
2. 掌握电路图的识读方法；
3. 通过分析电路图，熟悉起动机的电气功能；
4. 熟悉起动机的特性参数；
5. 理解起动机控制系统的工作过程。

技能目标

1. 能够分析可能的故障原因并界定起动系统故障；
2. 能够规划起动系统的故障诊断流程；
3. 能够选择合适的检测仪，对起动系统进行故障诊断（万用表、诊断测试仪）；
4. 提供维修建议，并借助维修站系统选择新件、替换件或翻新件；
5. 计算维修成本；
6. 分析并记录检测结果。

5.2 情境引入

一辆 2016 年上市的大众朗行轿车，搭载 1.4T 发动机，已行驶 6×10^5km。该车在起动过程中，起动机只能空转，无法驱动发动机运转。

5.2.1 接受任务

1．请两名同学分别扮演前台接待员和客户，完成接待任务。其他同学负责观察并记录优点及需要改进的地方。

指　标	优　点	需要改进的地方
注重使用文明用语		
着装合体，适合工作要求		
发型规范		
围绕“情境引入”中的任务能专业清楚地表达，条理分明，让对方听懂		
认真倾听，对问题有合理的、应有的反应		
有效利用客户陈述的信息并记录		
主动寻找伙伴帮助完成对话		
与伙伴有积极合作意识		
理解客户需求，为客户着想		
具备扎实丰富的专业知识		

2．围绕实习车，填写任务工单，明确故障现象。

车主姓名		日　期	
车　　型		车牌号	
发动机号		VIN	
联系电话			
通信地址			
故障现象描述：			
检查维修建议：			
故障结论：（更换或维修的零件记录）			
取车付款： 现金　　　　银行卡		维修人： 收款人：	

5.2.2 任务分析

5.2.2.1 认识起动系统

汽车发动机由静止状态转为运转状态的过程称为起动，它在进入正常工作循环之前，必须借助外力带动曲柄连杆机构运动，完成可燃混合气的压缩，才能开始点火燃烧或自燃。产生外力使发动机从静止状态进入工作状态的装置或系统就是发动机的起动系统。内燃机无法自行起动，需要动能以满足从燃烧循环到压缩与气体交换循环所需的转矩，主要克服发动机机件的惯性力（涉及活塞、气门、曲轴、机油泵、散热器泵、发电机等）、摩擦力（静止状态下发动机润滑不足，冷起动时机油黏度高）及压缩阻力。起动系统的作用就是为起动发动机提供所需的外力，其示意图如图 5-1 所示。

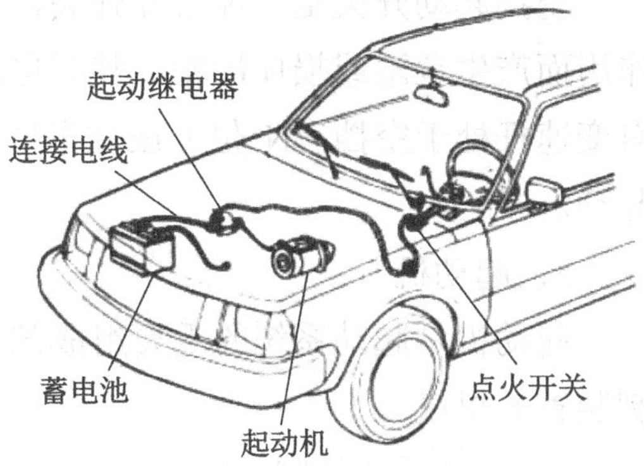

图 5-1 起动系统示意图

发动机由静止状态过渡到自行运转的最低转速，汽油发动机为 60～100r/min。发动机常采用人力、电力、辅助汽油机等起动方式。其中，电力起动方式具有操作简便、起动迅速、可重复起动及可远距离控制的特点，因而广泛用于现代汽车。

5.2.2.2 起动系统的组成

汽车的起动系统在广义上主要由蓄电池、点火开关、起动继电器、起动机和相互连接的线束（起动系统控制电路）组成，如图 5-2 所示；它在狭义上由发动机及其控制电路组成。

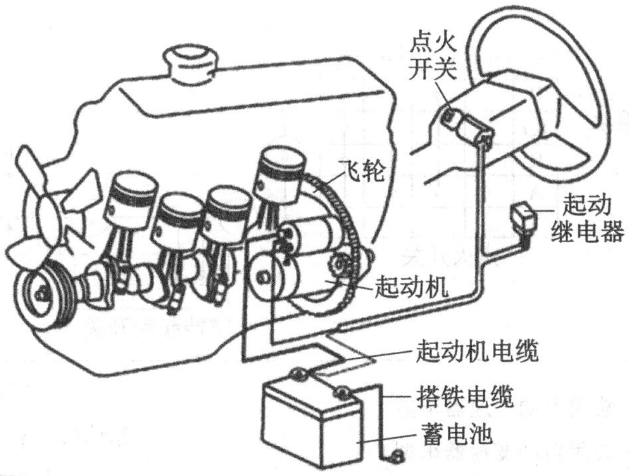

图 5-2 起动系统的组成

1．蓄电池

蓄电池为起动机提供起动发动机所需的大电流。

2．点火开关

点火开关用于接通起动系统控制电路并控制全车的用电设备工作。

3．起动继电器

起动机的工作电流很大，一般为50～300A，不便于直接控制，因而使用点火开关以较小的电流（3～55A），通过起动继电器中的线圈产生的磁力来控制触点的开闭，进而控制主电路的通断。

4．空挡起动开关

空挡起动开关是一种常开开关，可防止变速器不在空挡或发动机运转时，起动系统突然作用而产生危险或损坏齿轮。装有自动变速器的汽车，都要安装空挡起动开关。该种汽车只有变速杆处于空挡（N 位）或驻车位（P 位）时，起动系统控制电路才能接通，发动机才能起动。

5．起动机

起动机是起动系统的重要组成部分，它由串励式直流电动机、传动机构及电磁开关（控制装置）组成。

6．起动系统控制电路

汽车的起动系统控制电路如图 5-3 所示。为保护全车电路，在蓄电池与点火开关之间装有熔丝。当电路发生严重短路故障时，电流会超过熔丝规定电流，使熔丝烧断，以保护电路。当点火开关位于“ST”（起动挡）位置时，至点火系统点火线圈的电流可由“IG”经“R”插头供应，并流经外电阻。因起动机起动时需要消耗大量电能，导致蓄电池电压降低 1～2V，可使起动发动机时点火线圈的电压与正常运转时的相同，进而产生强烈电火花，使发动机容易起动。

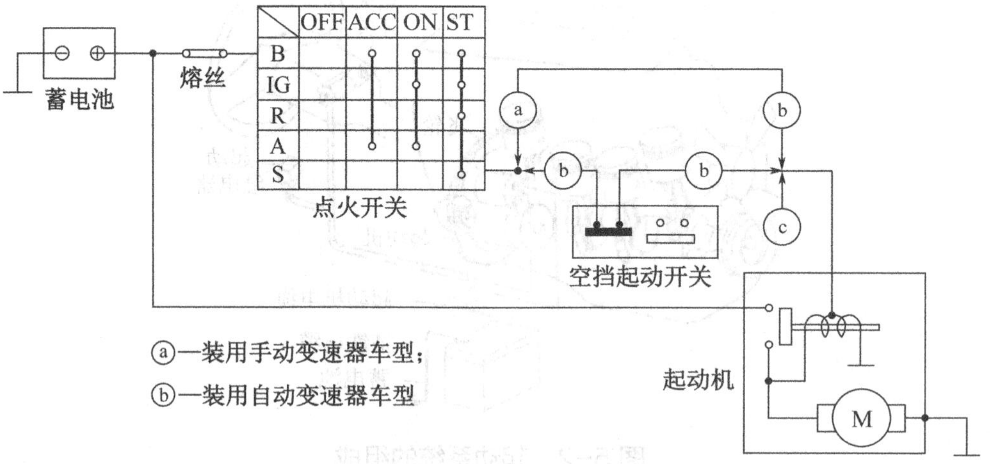

图 5-3　汽车的起动系统控制电路

5.2.2.3　起动系统的故障原因

汽车起动系统的故障主要有起动机不转、起动机运转无力、起动机空转及起动机不能停止等。

1．起动机不转

（1）故障特征。将点火开关转至起动挡，起动机不运转，无任何起动迹象。

（2）故障原因。

① 蓄电池无电或严重亏电；

② 蓄电池电源线连接不良；

③ 点火开关起动挡接触不良；

④ 点火开关火线（正极电源线）至起动机线路有断路；

⑤ 相关熔丝烧断；

⑥ 起动继电器损坏或有故障；

⑦ 电磁开关损坏或有故障；

⑧ 起动机电枢（转子）、电刷有故障。

2．起动机运转无力

（1）故障特征。将点火开关转至起动挡，驱动齿轮发出“咔哒”声并向外移出，但是起动机不运转或转动无力。

（2）故障原因。

① 蓄电池亏电；

② 起动机内部电路（电枢绕组）短路；

③ 起动机电磁开关内部触点烧蚀或接触不良；

④ 电刷接触不良；

⑤ 起动机电源线路接触不良。

3．起动机空转

（1）故障特征。将点火开关转至起动挡，起动机只能空转，无法驱动发动机运转。

（2）故障原因。

① 起动机空转时，有较轻的摩擦声，其原因是起动机驱动齿轮不能与飞轮轮齿啮合；

② 起动机空转时，速度较快但无碰齿声，其原因是单向离合器打滑或电磁开关铁心（开关盘）行程过短；

③ 起动机空转时，有明显的轮齿碰撞声，其原因是飞轮轮齿或起动机驱动齿轮严重磨损。

4．起动机不能停止

（1）故障特征。将点火开关转至起动挡，起动机工作驱动发动机运转，但不能停止。

（2）故障原因。

① 点火开关不能复位；

② 电磁开关触点熔焊；

③ 铁心卡死，不能复位。

5.3 知识与技能

5.3.1 认识起动机

5.3.1.1 起动机的作用

起动机（见图 5-4）是起动系统的主要组成部分，一般由直流电动机、传动机构及操纵机构（控制装置）组成。它的作用是将蓄电池的电能转化为机械能，驱动发动机飞轮旋转，实现发动机的起动。

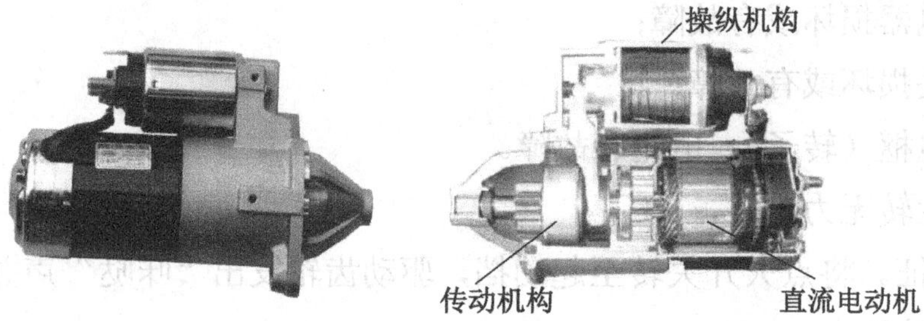

图 5-4 起动机

起动机利用起动机小齿轮（驱动齿轮）与发动机飞轮齿圈相啮合，以摇转发动机的方式使其起动。发动机起动后，起动机小齿轮与发动机飞轮齿圈须立即分离，以免损坏起动机。

5.3.1.2 起动机的分类

汽车用起动机种类繁多、形式各异，根据起动机的组成，主要有以下 3 种分类方法。

1．按控制装置分类

（1）机械控制起动机。该类起动机主要由脚踏板或手拉杠杆联动机构控制主电路开关来接通或切断主电路，也称为机械式起动机。机械控制方式虽然结构简单、工作可靠，但要求起动机、蓄电池靠近驾驶室，会受到安装布局的限制，并且操作不便，现已很少使用。

（2）电磁控制起动机。该类起动机通过按钮或点火开关控制起动继电器，再由起动继电器控制主开关来接通或切断主电路。由于电磁控制方式可实现远距离控制，并且工作方便、操作省力，现已被广泛使用。

2．按传动机构啮入方式分类

（1）惯性啮合式起动机。该类起动机运转时，其驱动齿轮可借助惯性力自动啮入飞轮齿圈。虽然它的结构简单，但是传递的转矩不大，可靠性也差，现已很少使用。

（2）强制啮合式起动机。该类起动机借助人力或电磁力拉动杠杆，强制拨动驱动齿轮啮入飞轮齿圈。由于其结构简单、工作可靠、操作方便，现已被广泛使用。

（3）电枢移动式起动机。该类起动机借助电磁力使电枢轴移动，将驱动齿轮啮入飞轮齿圈，主要用于大功率柴油发动机。

（4）减速式起动机。该类起动机采用高速、小型、低转矩的电动机，在减速机构中有减速装置，可以增大输出转矩。它的质量小、体积小，但结构工艺复杂，质量和体积比普通起动机可减小 30%～35%。

（5）齿轮移动式起动机。该类起动机依靠电磁开关推动电枢轴孔内的啮合杆，使驱动齿轮啮入飞轮齿圈，如奔驰 2026 型越野汽车配用的博世 KB 型起动机。

3．按电动机的磁场产生方式分类

（1）励磁式起动机。该类起动机通过向励磁绕组通电产生磁场。它根据所用电动机的类型进行分类，即按照电枢与励磁绕组连接方式的不同可分为串励式、并励式、复励式 3 种，如图 5-5 所示。目前，汽车的起动机（如桑塔纳轿车用 QD1225 型起动机、东风 EQ2120 型汽车用 QD2623 型起动机，普遍都采用串励式直流电动机，“串励”是指电枢绕组与励磁绕组串联连接。

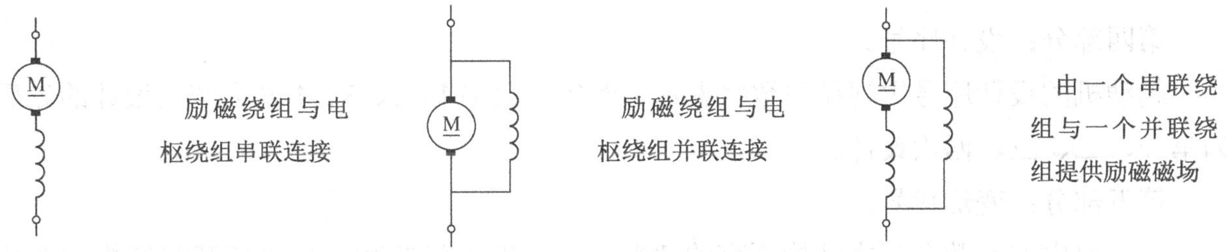

（a）串励式　　（b）并励式　　（c）复励式

图 5-5　励磁式起动机

（2）永磁式起动机。该类起动机以永久磁铁作为磁极产生磁场，不需要磁场绕组，因此结构简单、体积小、质量小。永磁式起动机是近年来出现的一种新型起动机，主要用于新能源汽车。

5.3.1.3　起动机的型号

起动机是汽车的主要部件之一，不同汽车的起动机的型号众多，可以根据起动机的型号识别其信息。根据 QC/T 73—1993《汽车电气设备产品型号编制方法》，国产起动机的型号由 5 部分组成，如图 5-6 所示。

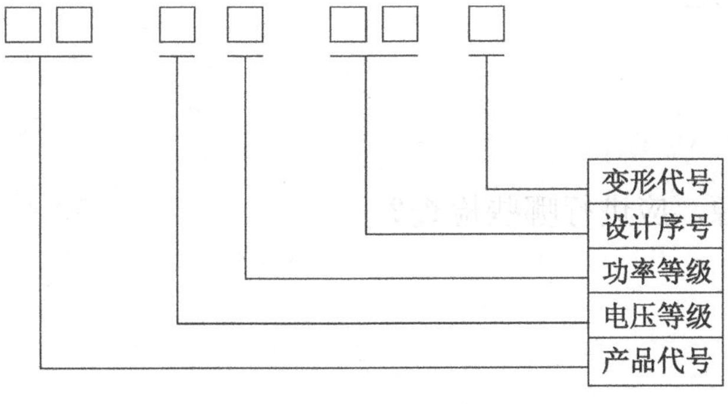

图 5-6　国产起动机的型号

第一部分：产品代号。

起动机的产品代号用第一个字的汉语拼音的大写字母表示。例如：

QD——起动机；QDJ——减速起动机；QDY——永磁起动机。

第二部分：电压等级。

起动机的电压等级用阿拉伯数字表示。例如：

L——电压等级为 12V；2——电压等级为 24V；3——电压等级为 6V。

第三部分：功率等级。

起动机的功率等级用阿拉伯数字表示，见表 5-1。

表 5-1　起动机的功率等级

代　号	1	2	3	4	5	6	7	8	9
功率等级/kW	～1	>1～2	>2～3	>3～4	>4～5	>5～6	>6～7	>7～8	>8

第四部分：设计序号。

起动机的设计序号用阿拉伯数字表示。例如，数字 1、2、3、4 表示产品设计的先后顺序为第一、二、三、四次设计。

第五部分：变形代号。

在主要电气参数和基本结构不变的情况下，一般电气参数的变化和某些结构的改变称为变形，用汉语拼音的大写字母表示。

例如，起动机型号 QDY124 表示额定电压为 12V、功率为 1～2kW 的第四次设计的永磁起动机。

5.3.1.4　工作页

1. 一辆 2016 年上市的大众朗行 1.4T 轿车，在起动过程中起动机只能空转，无法驱动发动机运转。

（1）请写出由此可能产生的后果。

（2）可能存在哪些故障？

（3）为查找故障根源，应进行哪些检查？

2．请描述起动机的作用。

3．起动机按照控制装置分为哪几种？

4．请写出下列起动机型号代表的含义。

（1）QDY123　　　　（2）QD27E

5.3.2 起动机的结构及工作原理和特性

5.3.2.1 起动机的结构

起动机一般由串励式直流电动机、传动机构和控制装置 3 部分组成，主要包括电枢、磁极、电刷、机壳、拨叉、单向离合器和电磁开关组件等，如图 5-7 所示。

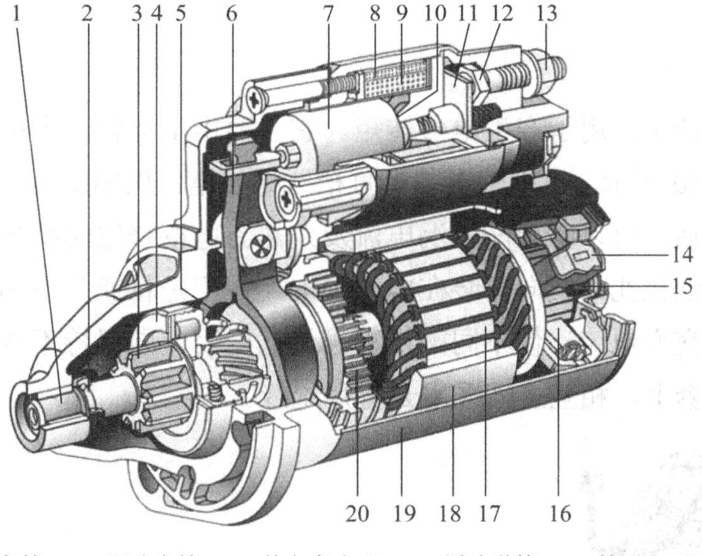

1—驱动轴；2—限位套筒；3—驱动齿轮；4—单向离合器；5—缓冲弹簧；6—拨叉；7—电磁开关活动铁心；8—保持线圈；9—吸引线圈；10—回位弹簧；11—接触盘；12—主触点；13—电气接口；14—电刷支架；15—换向器；16—电刷；17—电枢；18—磁极；19—机壳；20—行星减速齿轮

图 5-7 起动机的结构

1．串励式直流电动机

直流电动机是将电能转化为机械能的装置，用于产生发动机起动时所需的电磁转矩。目前主要采用串励式直流电动机，它由磁极、电枢、电刷、机壳和换向器等组成，部分组件如图 5-8 所示。

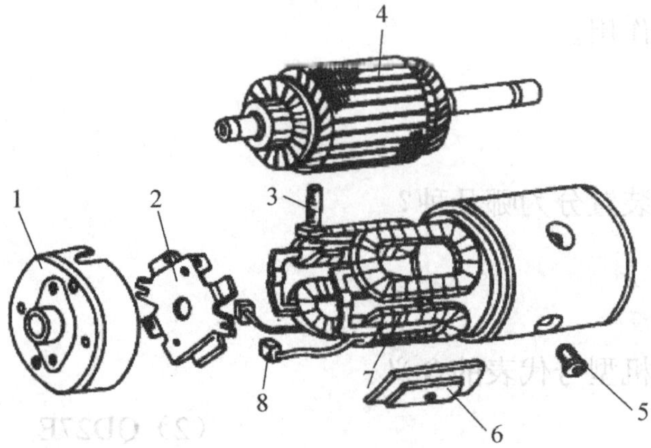

1—端盖；2—电刷支架；3—接线柱；4—电枢；5—磁极固定螺钉；6—磁极铁心；7—励磁绕组；8—电刷

图 5-8 串励式直流电动机的部分组件

1）磁极

磁极采用软钢制成，通常为 4 个，由固定在机壳上的磁极铁心和励磁绕组组成，作用是产生电枢转动时所需的磁场。它与机壳精密配合，用螺钉固定在机壳上。4 个励磁绕组的连接方法主要有两种：一种是 4 个励磁绕组全部串联；另一种是 4 个励磁绕组两两串联后再并联（两串两并），如图 5-9 所示。励磁绕组的一端接在机壳的绝缘接线柱上，另一端与两个绝缘电刷相连。

2）电枢

电枢是电动机的转子，用于产生电磁转矩。它主要由电枢轴、电枢铁心、电枢绕组和换向器等组成，如图 5-10 所示。电枢轴上制有直槽或螺旋槽，供驱动齿轮移动用。电枢铁心的硅钢片表面涂有绝缘油，可以防止产生涡电流及发热。电枢绕组缠绕在电枢铁心上，每一槽中只有两条，用绝缘纸包扎。换向器装在电枢轴上，作用是将通入电刷的直流电流转换为电枢绕组中导体所需的交变电流，使不同磁极下导体的受力方向保持不变。它由许多换向片组成，换向片嵌装在轴套上，相互之间采用云母片绝缘。

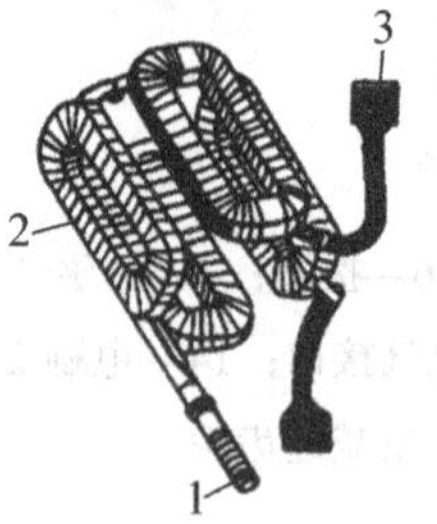

1—接线柱；2—励磁绕组；3—电刷

图 5-9 磁极

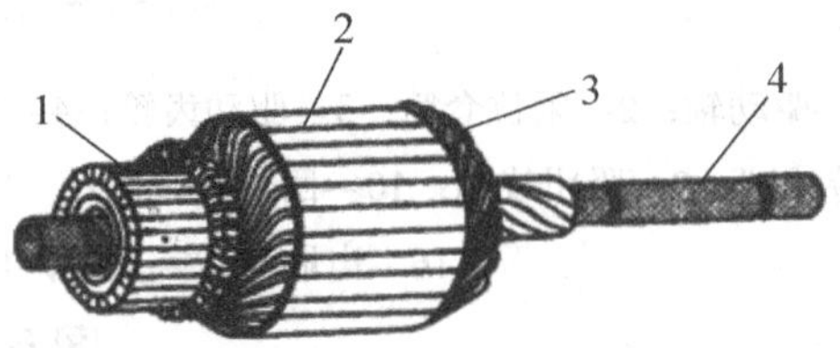

1—换向器；2—电枢铁心；3—电枢绕组；4—电枢轴

图 5-10 电枢

3）电刷

电刷和换向器配合使用以连接励磁绕组和电枢绕组的电路，并使电枢轴上的电磁转矩保持固定方向。电刷装在端盖上的电刷支架中，电刷弹簧使电刷与换向片之间具有适当的压力以保持配合，如图 5-11 所示。以四磁极电动机为例，其中两个电刷与机壳绝缘，电流通过这两个电刷进入电枢绕组；另外两个作为搭铁电刷，使通过电枢绕组的电流搭铁。

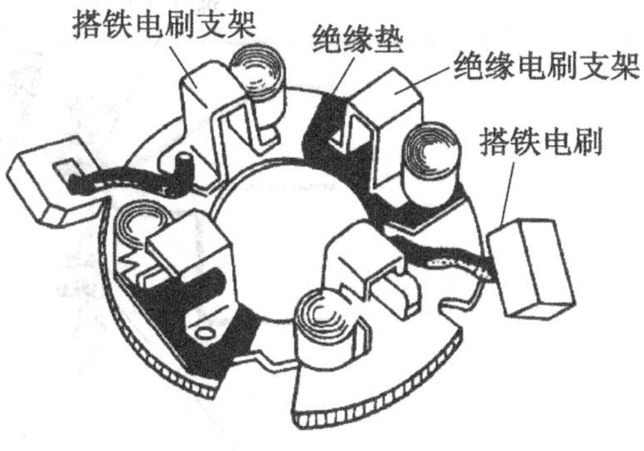

图 5-11 电刷及电刷支架

4）机壳

机壳是电动机的磁极和电枢的安装机体，其中一端有 4 个检查窗口，以便进行电刷和换向器的维护。此外，起动机的电磁开关也安装在机壳上，其上有一绝缘接线端，用于连接电动机电流的引入线。

2．传动机构

起动机的传动机构一般由驱动齿轮、拨叉和单向离合器等组成，如图 5-12 所示。

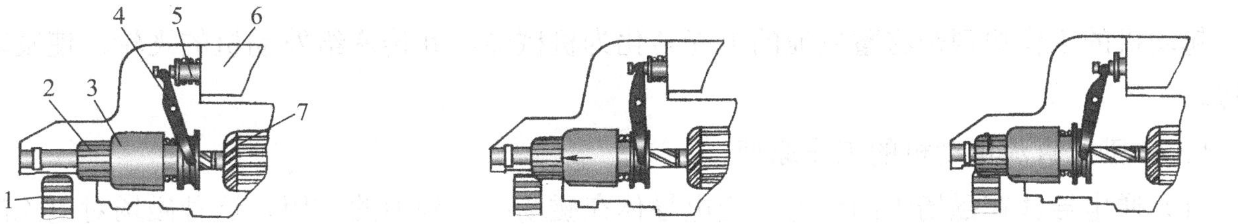

（a）起动机静止状态　（b）驱动齿轮与飞轮齿圈正在啮合　（c）完全啮合

1—飞轮；2—驱动齿轮；3—单向离合器；4—拨叉；5—活动铁心；6—电磁开关；7—电枢

图 5-12 传动机构的工作示意图

传动机构的作用：将直流电动机产生的转矩传递给飞轮齿圈，再通过飞轮齿圈将转矩传递给发动机的曲轴，使发动机起动；起动后，飞轮齿圈与驱动齿轮自动打滑脱离。拨叉的一端与电磁开关中的移动衔铁相连，另一端与单向离合器相连，中间用连接片固定。移动衔铁向左移动，带动拨叉绕中间连接点转动，使得拨叉的另一端将单向离合器连同驱动齿轮向外推出。单向离合器的作用是在起动发动机时，将电动机的转矩传递给发动机曲轴以起动发动机，并在发动机起动后自动打滑，防止电枢轴被发动机拖动超速旋转，保护起动机电枢不被损坏。单向离合器主要有 3 种形式：滚柱式、摩擦片式和弹簧式，其中滚柱式单向离合器具有结构简单、体积小、质量小、工作可靠等优点，因而在汽车上得到广泛应用。

3．控制装置

控制装置又称为起动机开关，用于控制驱动齿轮与飞轮齿圈的啮合与分离，以及电动机电路的接通与切断。控制装置有机械式和电磁式两种，目前多采用电磁式。电磁式控制装置（电磁开关）的结构如图 5-13 所示。

电磁开关由吸引线圈、保持线圈、静铁心、活动铁心、回位弹簧、主触点和接触盘组成。吸引线圈与保持线圈的匝数和绕向均相同。由于起动机电磁开关的主触点会通过极大的电流，故而动、静触点一般都为铜制。

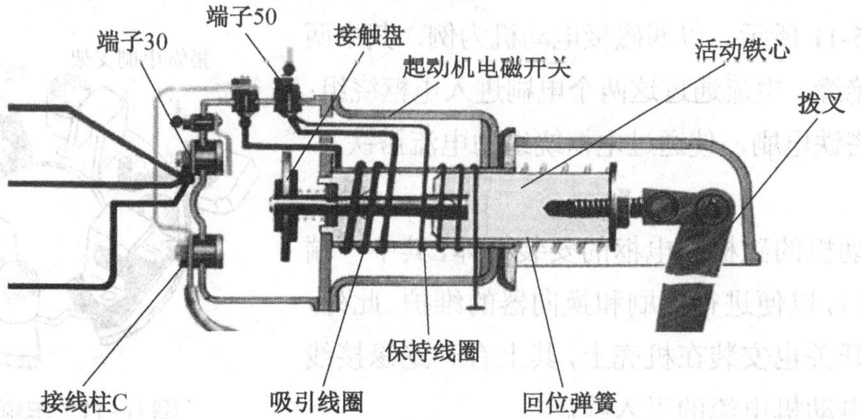

图 5-13 电磁开关的结构

5.3.2.2 起动机的工作原理

起动机的工作原理是将蓄电池的电能转化为机械能，并传递给发动机的飞轮，使发动机运转。

1. 串励式直流电动机的工作原理

（1）通电导体在磁场中的受力。通电导体在磁场中受到力的作用，这种磁场对电流的作用力就是安培力。电流强度为 I、长度为 L 的直导线，在磁感应强度为 B 的磁场中受到的安培力大小为 $F=ILB\sin\langle I,B\rangle$，其中 $\langle I,B\rangle$ 为电流方向与磁场方向的夹角。安培力的方向由左手定则判定：伸开左手，使拇指与其余四根手指相垂直，并都与手掌位于同一平面内，让磁力线从掌心进入，使四指手指指向电流的方向，此时拇指所指的方向就是通电导体在磁场中所受安培力的方向（导体受力方向）。

当电流方向与磁场方向相同或相反，即 $\langle I,B\rangle$ 为 0° 或 180° 时，电流不受磁场力的作用。当电流方向与磁场方向相垂直时，电流所受的安培力最大，为 $F=BIL$。磁场对电流的作用力如图 5-14 所示，在导体的一侧，通电导体磁场的磁力线方向与磁极磁场的磁力线方向相反，合力磁场被削弱；在导体的另一侧，两个磁场的磁力线方向相同，合力磁场变得更加密集。相同方向的磁力线相互排斥，由此可在通电导体上产生一个力。通电导体的受力大小取决于电流强度、磁感应强度和有效的导体长度。

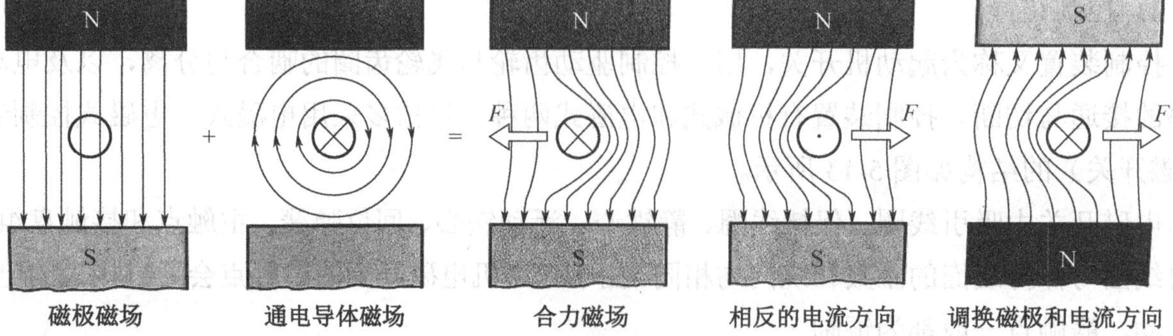

图 5-14 磁场对电流的作用力

（2）通电线圈在磁场中的运动。通电线圈放置在磁场中会受到电磁力的作用，线圈平面与磁力线平行，其受力分析如图 5-15 所示。

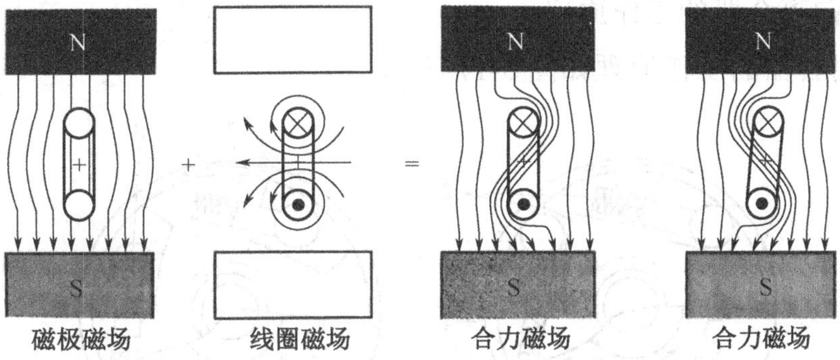

图 5-15　通电线圈在磁场中的受力分析

线圈中的电流会形成一个磁场（线圈磁场），它与磁铁的磁极磁场共同产生一个合力磁场。线圈的两个通电导体根据电流方向产生相应的偏移，从而产生一个旋转运动，直到线圈平面与磁力线垂直，转矩为 0。

串励式直流电动机的基本工作原理：通电线圈在磁场中受到电磁力的作用，电磁力的方向遵循左手定则。通电线圈在磁场中只旋转至其磁场与磁极磁场的方向一致为止，不能产生连续旋转的转矩。为使通电线圈能连续旋转，需要在其上安装一个电流换向器，当快到终点位置时切换通电线圈中的电流方向，实现持续旋转。

如图 5-16 所示，在磁场中放置一线圈 *abcd*，其两端分别与两换向片 A、B 相连，两电刷分别与两换向片接触。在该线圈旋转过程中，线圈电流方向为蓄电池正极→绝缘电刷→换向片 A→线圈 *abcd*→换向片 B→负电刷→蓄电池负极，线圈中的电流方向为 *a*→*b*→*c*→*d*，线圈受逆时针方向转矩作用开始转动；当线圈转过半周后，线圈中的电流方向变为 *d*→*c*→*b*→*a*，线圈受转矩作用仍按逆时针方向转动。当电源连续对电动机供电时，可保证电动机线圈一直按同一方向转动。

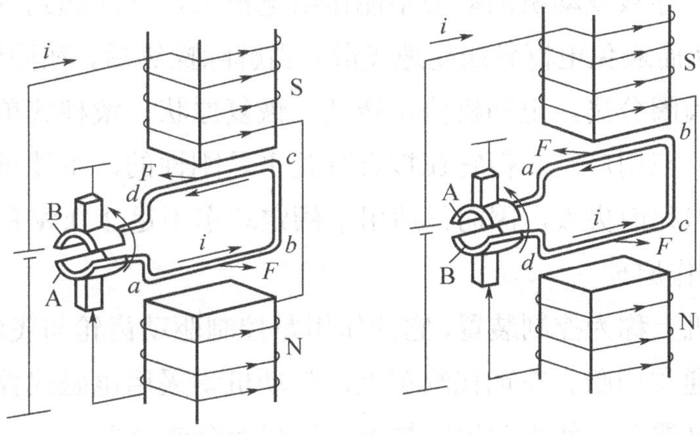

图 5-16　串励式直流电动机的工作原理

由于一个线圈产生的转矩过小，转速又不稳定，为了增大电磁转矩和提高电动机运转的平顺性能，实际的电动机的电枢会采用多匝线圈，线圈匝数增多，换向片也随之增多。

2．滚柱式单向离合器的工作原理

滚柱式单向离合器的工作原理如图 5-17 所示。

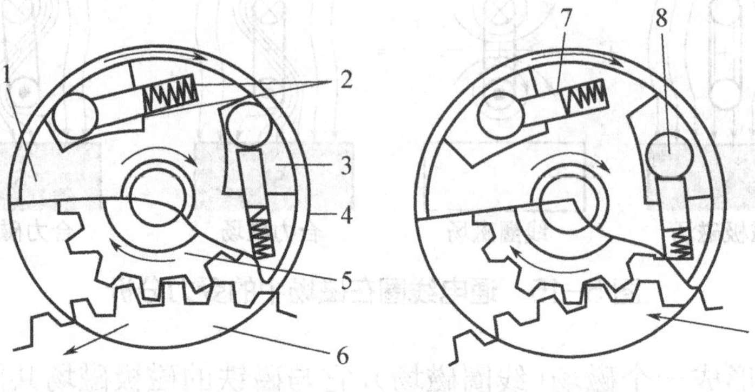

（a）发动机起动时　　（b）发动机起动后

1—十字块；2—滚柱及弹簧；3—楔形槽；4—外壳；5—驱动齿轮；6—飞轮；7—活柱；8—滚柱

图 5-17　滚柱式单向离合器的工作原理

发动机起动时，驾驶人操纵控制装置使拨叉下端后移，将驱动齿轮推出与飞轮齿圈相啮合。为防止两齿轮抵住，将齿轮齿端制成斜角，若两齿轮抵住，拨叉下端会通过滑环压缩滑环后侧的缓冲弹簧（啮合弹簧），拨叉仍能继续转动，拨叉上端前移使电动机开关先接通，待电动机通电稍转动，齿与齿槽对正后，缓冲弹簧伸长推动驱动齿轮使二者啮合。驱动齿轮与飞轮齿圈刚刚啮合而未转动时，电动机电路接通，电枢轴经传动导管带动外座圈旋转，在驱动齿轮尾部摩擦力和弹簧压力的作用下，滚柱移向楔形槽较窄的一端，将外座圈和驱动齿轮尾部卡紧成为一体，驱动齿轮即随电枢轴一起转动并带动飞轮旋转，使发动机起动。

发动机起动后，由于飞轮齿圈带动驱动齿轮高速旋转且比电枢轴的转速高，驱动齿轮尾部的摩擦力带动滚柱克服弹簧张力，使滚柱移向楔形槽较宽的一端，滚柱在驱动齿轮尾部与外座圈发生相对滑动，导致发动机的动力不能传给电枢轴，从而起到分离作用，电枢轴只能按自己的转速空转，从而避免电枢导线超速飞散。当解除操纵后，在回位弹簧张力的作用下，驱动齿轮前移与飞轮齿圈分离，电动机停止转动，恢复原状。滚柱式单向离合器具有构造简单、工作可靠等优点，应用广泛。但它在接合时几乎是刚性的，不能承受过大的冲击力，传递大转矩时会因滚柱卡死而失效，因而只适用于额定功率不足 2.2kW 的小型起动机。

3．电磁开关的工作原理

电磁开关在起动机上称为控制装置，它的作用是控制驱动齿轮与飞轮齿圈的啮合与分离，以及电动机电路的接通与切断。在现代汽车上，起动机均采用电磁式控制装置，该装置利用电磁开关的电磁力操纵拨叉，使驱动齿轮与飞轮齿圈啮合或分离。

起动机电磁开关的工作过程如图 5-18 所示，具体工作原理如下：

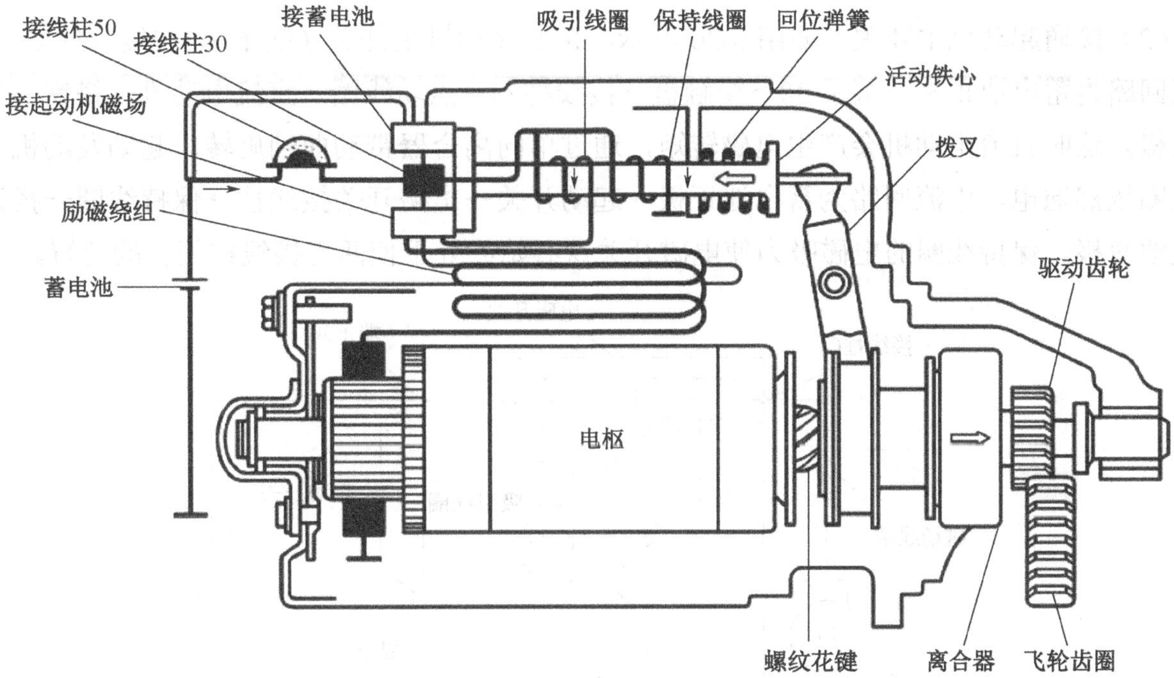

图 5-18　起动机电磁开关的工作过程

（1）接通起动开关。如图 5-19 所示，起动发动机时，当点火开关转至起动挡时，电路电流由蓄电池正极经点火开关起动端子（端子 30）到起动机电磁开关接线柱（端子 50）。电流分两路：一路经较细的保持线圈（并联线圈）至外壳搭铁产生吸力；另一路经较粗的吸引线圈（串联线圈）后，经电磁线圈的接线柱 C 及起动机的磁场线圈（励磁绕组）与电枢线圈搭铁。起动机电路中串联了吸引线圈，电动机缓慢旋转，吸引线圈与保持线圈的电流方向相同，磁场方向也相同，活动铁心在两个线圈磁场力的共同作用下克服回位弹簧的作用力向左移动，通过拨叉使驱动齿轮与飞轮齿圈相啮合。当驱动齿轮与飞轮齿圈相啮合后，接触盘将接线柱 C、端子 30 内侧触头接通，起动机的主电路被接通。

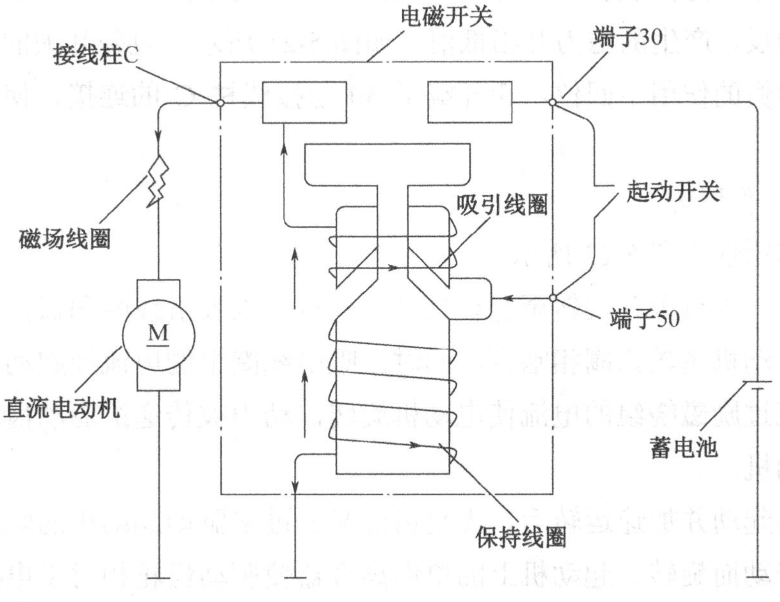

图 5-19　起动开关接通时的工作原理

（2）接通起动机主开关。如图 5-20 所示，接通起动机主开关（端子 30 与接线柱 C）时，电流回路为蓄电池正极→端子 30→接触盘→接线柱 C→磁场线圈→直流电动机→搭铁→蓄电池负极。这时直流电动机会产生电磁转矩，通过单向离合器带动曲轴旋转，起动发动机。保持线圈依然通电，电流回路为蓄电池正极→起动开关→电磁开关接线柱→保持线圈一搭铁→蓄电池负极。保持线圈的电磁吸力使电磁开关铁心始终处于使两主接线柱闭合的位置。

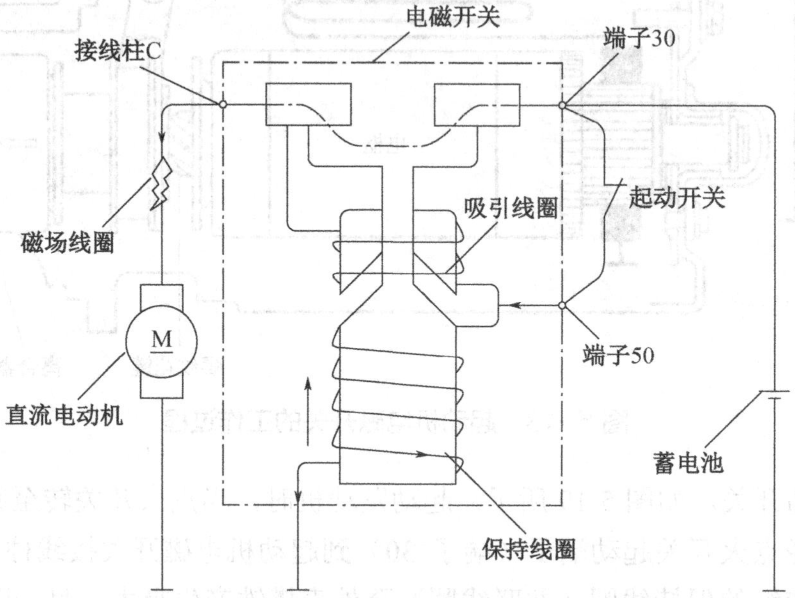

图 5-20　起动机主开关接通时的工作原理

（3）点火开关复位到“ON”位置。发动机起动后，松开点火开关，点火开关自动由“ST”位置回到“ON”位置，此时流经电磁开关接线柱的电流被切断。因为端子 30 和接线柱 C 仍闭合，所以电流改由端子 30 经接线柱 C 流入吸引线圈，通过保持线圈后搭铁。此时吸引线圈的电流方向与原来的方向相反，而保持线圈的电流方向不变，因此吸引线圈与保持线圈两线圈的电流方向相反，产生的磁力互相抵消，如图 5-21 所示。电磁开关的磁力消失后，铁心及接触盘在回位弹簧的作用下回位，断开端子 30 与接线柱 C 的连接，使直流电动机断电，停止运转。

4．起动机的工作原理

起动机的工作原理如图 5-22 所示。

起动发动机时：当点火开关转至起动挡时，电流流入吸引线圈和保持线圈，驱动齿轮被向外推出，并与发动机飞轮齿圈相啮合。同时，吸引线圈中的电流经起动机的励磁绕组和电枢绕组后搭铁，流过励磁绕组的电流使电动机旋转，动力被传递给驱动齿轮、飞轮齿圈和曲轴，用于拖转发动机。

待发动机成功起动并加速运转后，飞轮齿圈又反过来驱动起动机的驱动齿轮转动，预防起动机被发动机带动而旋转。起动机上的单向离合器使驱动齿轮相对于电枢轴空转，可防止电枢因高速转动而损坏。

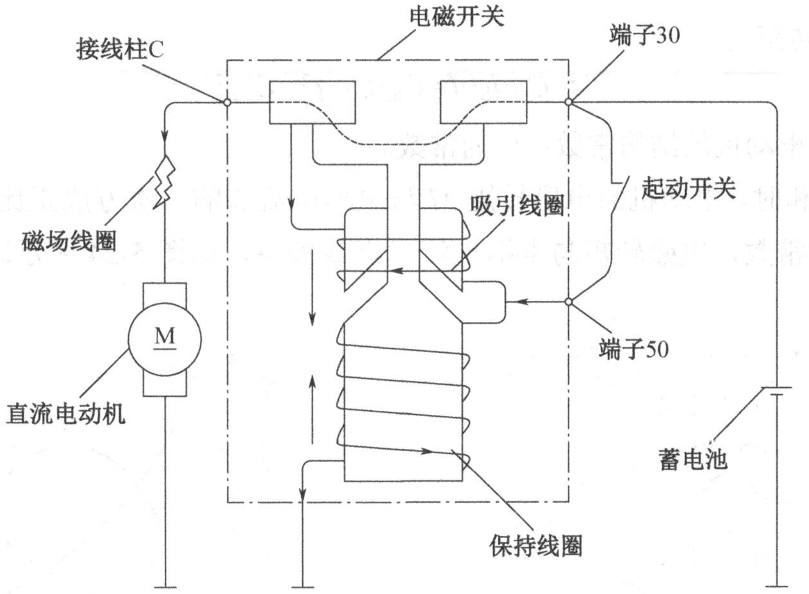

图 5-21　点火开关复位到“ON”时的工作原理

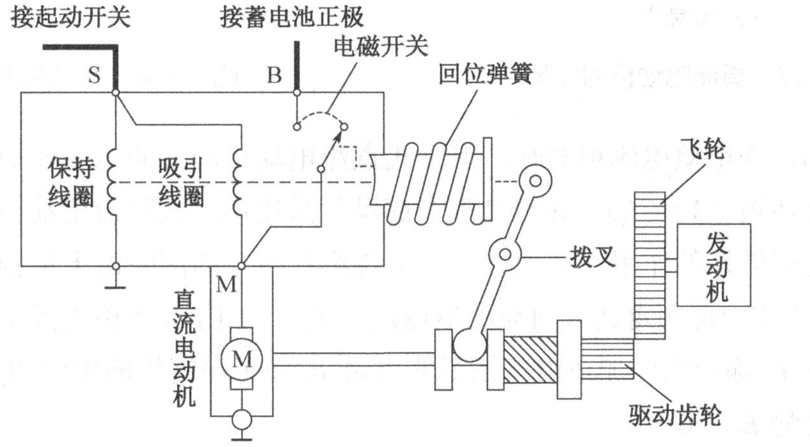

图 5-22　起动机的工作原理

发动机起动后：当点火开关从起动挡转至点火挡时，流入吸引线圈的电流方向改变，驱动齿轮返回初始位置，脱离与飞轮齿圈的啮合。当电流停止流入励磁绕组时，起动机停止运转。

5.3.2.3　起动机的工作特性

1．串励式直流电动机的工作特性

直流电动机按照励磁绕组与电枢绕组的连接方式可分为串励式、并励式和复励式 3 种，如图 5-23 所示。汽车起动机所用的电动机为串励式直流电动机，其工作特性包括转矩特性、转速特性和功率特性。

1）转矩特性

如图 5-23（a）所示，励磁绕组与电枢绕组为串联连接，因此励磁电流 I_j 与电枢电流 I_s 相等。在磁路未饱和时，磁通量 Φ 与励磁电流 I_j 呈正比，即 $\Phi=C_1I_j=C_1I_s$(C_1 为常数)，故电

动机产生的电磁转矩为

$$M=C_m \cdot I_S \cdot \Phi=C_m \cdot C_1 \cdot I_S^2=C \cdot I_S^2$$

式中，C_m为电动机的结构常数；C为常数。

在磁路未饱和时，电动机的电磁转矩M与电枢电流I_s的二次方成正比；在磁路饱和时，磁极磁通量Φ为常数，电磁转矩与电枢电流呈直线关系，如图 5-24 所示。

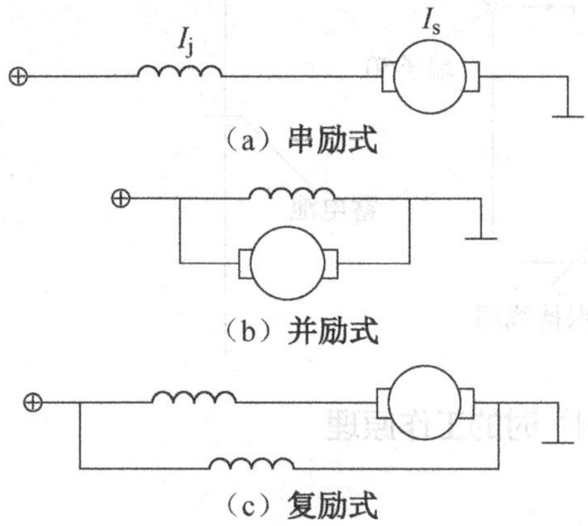

图 5-23　直流电动机的分类

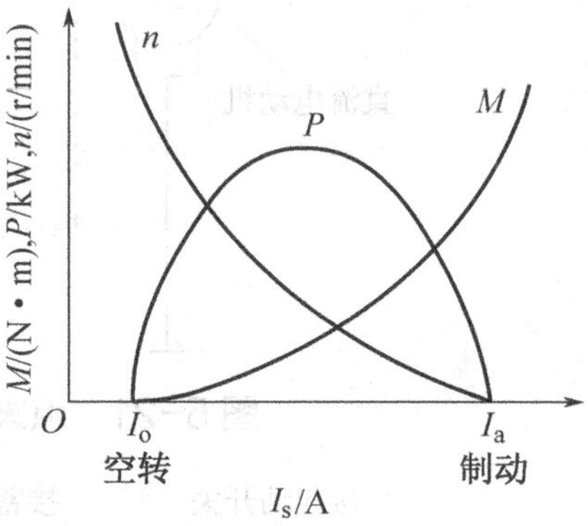

图 5-24　起动机的特性曲线

由上式可知，当电枢电流相同时，串励式直流电动机产生的电磁转矩大于并励式直流电动机产生的电磁转矩（$M=CI_s$），这也是汽车起动机采用串励式直流电动机的原因之一。

当电枢在电磁转矩的作用下转动时，电枢绕组在转动的同时由于切割磁力线而产生感应电动势，根据右手定则可判定其方向与电枢电流I_s的方向相反，故称为反电动势E_f，$E_f=C_m\Phi n$。这样，外加电压U除一部分加在电枢绕组的电阻R_s和励磁绕组的电阻R_j上外，剩余部分则用来平衡反电动势E_f，即

$$U=E_f+I_sR_s+I_sR_j$$

$$I_s=U-E_f/R_s+R_j=U-C_m\Phi n/R_s+R_j$$

在起动瞬间，由于发动机的阻力矩很大，起动机处于完全制动的状态，$n=0$，故有$E_f=0$，而电枢电流I_s将达到最大值I_a（制动电流），产生最大转矩（制动转矩），使起动机易于起动，这就是汽车上采用串励式直流电动机的另一个主要原因。

2）转速特性

由电动机的电压平衡方程式可知，起动机的转速为

$$n=\frac{U-I_s(R_s+R_j)}{C_m\Phi}$$

由上式可知，串励式直流电动机在轻载时的I_s小，转速高；重载时的I_s大，转速低，如图 5-24 所示的n曲线。

串励式直流电动机在重载时转速低而转矩大的特性，可以保证起动安全可靠；但是在轻载和空载时转速高，容易造成电枢绕组飞散。因此，串励式直流电动机不可在轻载或空载时

运行。

3）功率特性

起动机的输出功率 P 可以通过测量电枢轴上的输出转矩和电枢的转速来确定，即

$$P=\frac{Mn}{9550}$$

式中，M 为起动机的输出转矩（N·m）；n 为起动机的转速（r/min）。

由上式可知，在完全制动（n=0）和空载（M=0）两种情况下，起动机的输出功率都等于0。例如图 5-24 所示的 P 曲线，在 I_s 接近全制动电流的一半时，起动机的输出功率最大。因为起动机的工作时间很短，所以允许在最大输出功率状态下工作。通常将起动机的最大输出功率称为起动机的额定功率。

2．影响起动机功率的因素

（1）接触电阻。主要指蓄电池的极柱与起动电缆、起动电缆与搭铁、接触盘与主接线柱内侧触头、起动机电刷与换向片等接触不良，导致起动主电路的电阻增大，起动电流下降，起动机的输出功率也下降。此外，起动机的电缆不要随意更换，最好使用与车型配套的电缆，否则可能使电阻增大，导致起动机的输出功率下降。

（2）蓄电池的容量。蓄电池的容量减小，内阻增大，导致起动电流下降，起动机的输出功率也下降。因此，在使用蓄电池时，应经常保持蓄电池充满电。

（3）温度。温度降低会引起蓄电池的内阻增大、容量下降，导致起动机的输出功率下降。

5.3.2.4 工作页

Ⅰ．起动机的结构

1．请在表中填写下图所示零部件的名称。

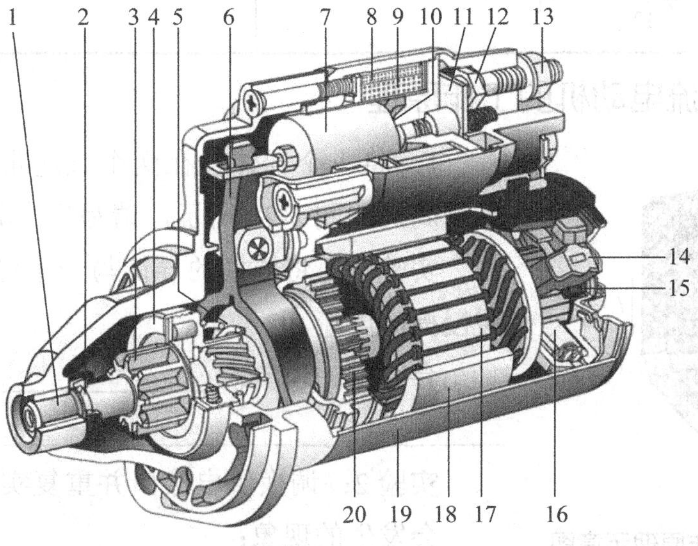

序　　号	名　　称	序　　号	名　　称
1		11	
2		12	
3		13	
4		14	
5		15	
6		16	
7		17	
8		18	
9		19	
10		20	

2．根据各部分的结构示意图填写下表。

结构示意图	名　　称	作　　用
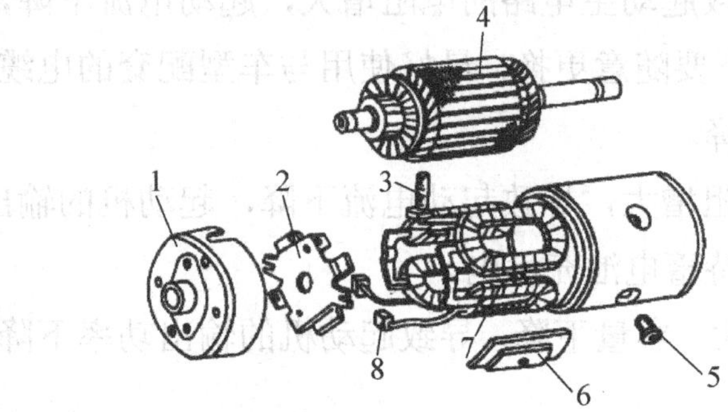		
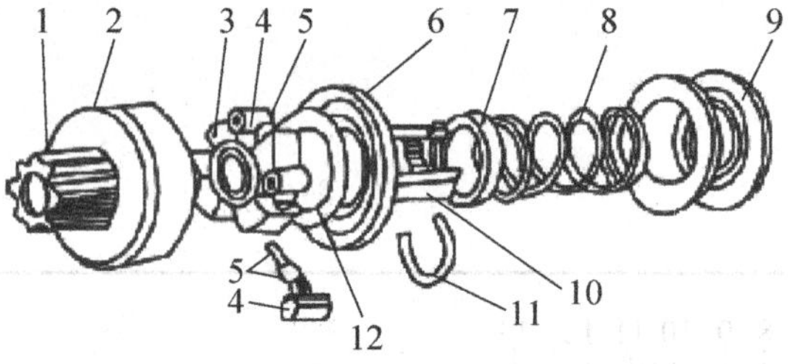		

Ⅱ．串励式直流电动机的工作原理

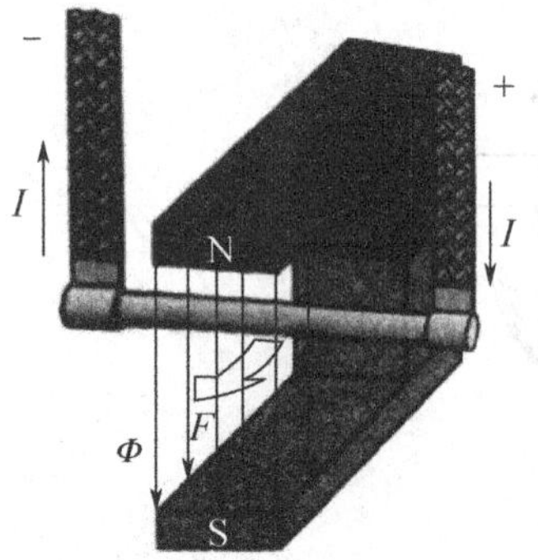

图 5-25　电动机的工作原理示意图

1．将一个导体挂在两个金属带上后，放在磁铁的两极之间，如图 5-25 所示，请写出实验现象。

实验 1：将摇摆的导体与一个可调的直流电源相连，缓慢提高电流。

会发生的现象：____。

实验 2：调换供电接口并重复实验。

会发生的现象：________________________。

实验 3：调换磁铁的极性并重复实验。

会发生的现象：____。

结论：____。

2．根据图 5-26 所示的通电导体在磁场中的受力情况，画出磁极磁场和导体磁场的磁力线及相互影响。

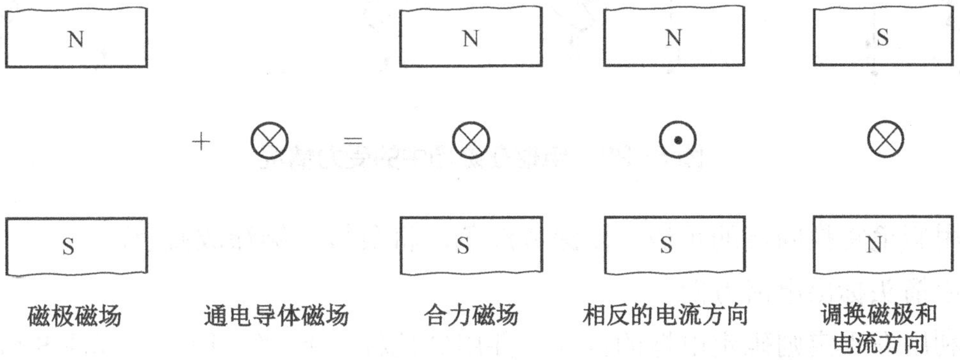

图 5-26 通电导体在磁场中的受力情况

在导体的一侧，导体磁场的磁力线方向与磁极磁场的磁力线方向____________，合力磁场被____________；在导体的另一侧，两个磁场的磁力线方向____________，合力磁场变得____________。相同方向的磁力线相互____________，由此可在通电导体上产生一个____________。通电导体上的力取决于____________________。

3．根据图 5-27 所示的通电线圈在磁场中的受力情况，画出磁极磁场和线圈磁场的磁力线及相互影响。

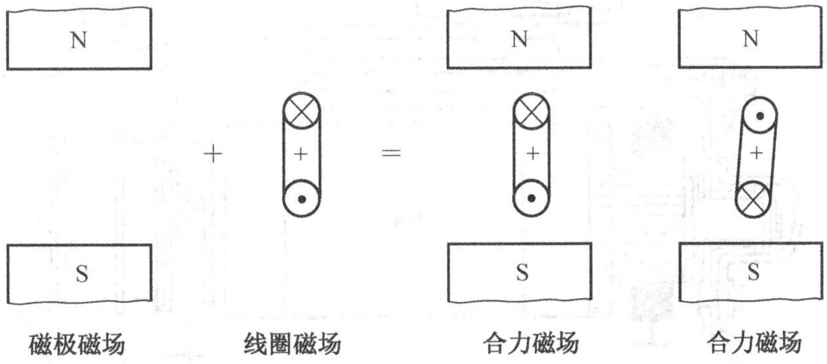

图 5-27 通电线圈在磁场中的受力情况

通电线圈在两个导体中的电流形成一个__________，它与磁铁的磁极磁场共同产生一个______________。线圈的两个通电导体根据电流方向产生相应的偏移，从而产生一个__________。

出现的问题：通电线圈在磁场中只旋转至其磁场与磁极磁场的方向一致为止，________。

补救措施：在线圈上安装一个__________，在接近终点位置时__________通电线圈中的电流方向，实现持续旋转。

4．根据图 5-28 所示的电枢在磁场中的受力情况，回答下列问题。

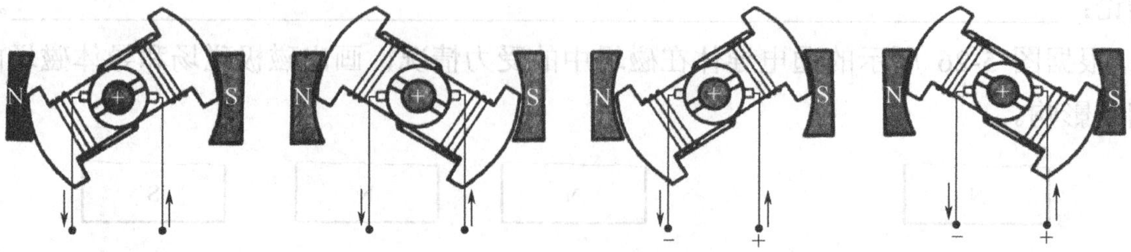

图 5-28　电枢在磁场中的受力情况

（1）请用彩笔将换向器的正极一侧涂成红色，将负极一侧涂成蓝色。

（2）请用箭头标出电流方向。

（3）请利用右手定则确定电枢的极性，并用红色标注 N 极，用绿色标注 S 极。

Ⅲ．电磁开关的工作原理

根据图 5-29 所示的起动机电磁开关的工作原理，请用关键词描述以下 3 种状态的电流流向。

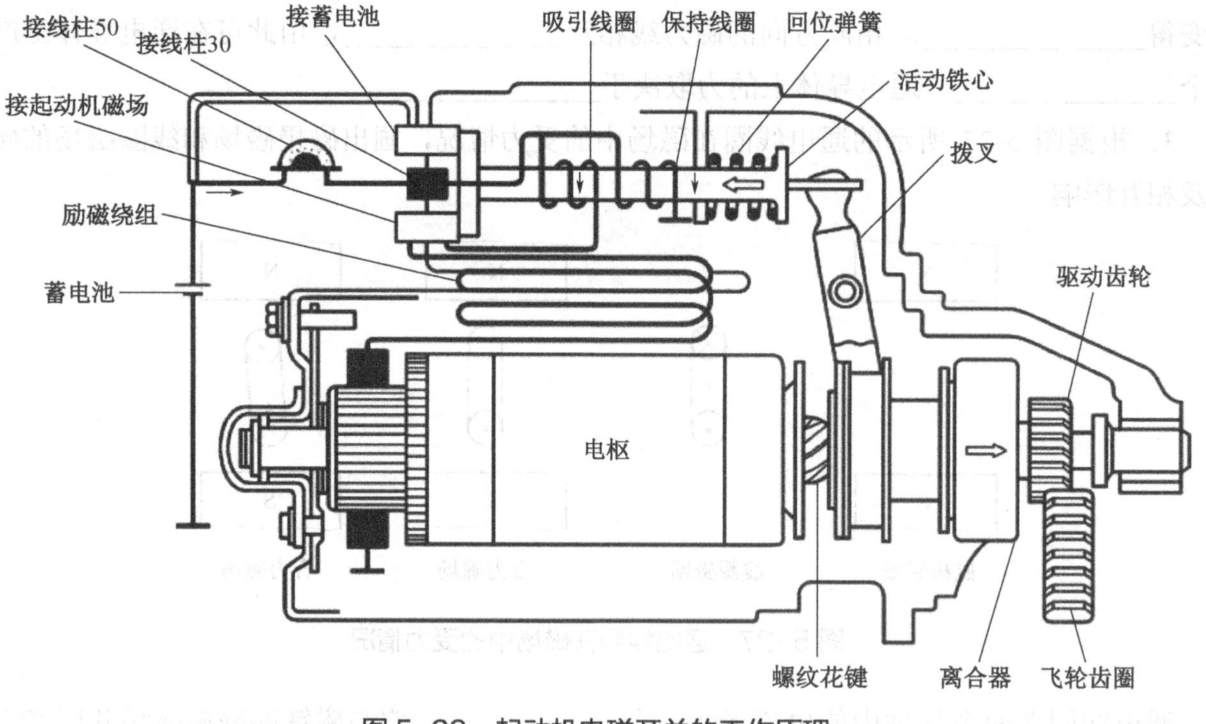

图 5-29　起动机电磁开关的工作原理

（1）接通起动开关：

（2）接通起动机主开关：

（3）点火开关复位到“ON”位置：

Ⅳ．起动机的工作原理

结合图 5-30 所示的起动机工作原理填写下表（在相应关键词处画√），并叙述起动机的工作过程。

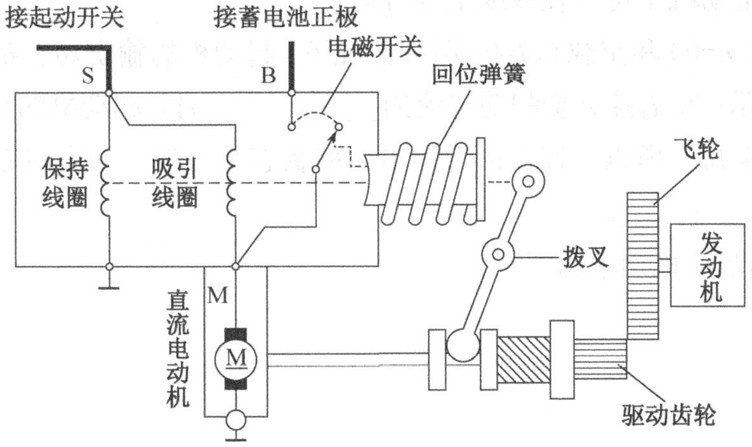

图 5-30 起动机的工作原理

	起动发动机时	发动机完成起动并加速运转后	发动机起动后
吸引线圈	有电（无电）	有电（无电）	有电（无电）
保持线圈	有电（无电）	有电（无电）	有电（无电）
接触盘动作	左移（右移）	左移（右移）	左移（右移）
电动机	工作（不工作）	工作（不工作）	工作（不工作）
驱动齿轮	转动（左移）（右移）	转动（左移）（右移）	转动（左移）（右移）

Ⅴ．起动机的工作特性

根据图 5-31 所示的起动机特性曲线，回答下列问题。

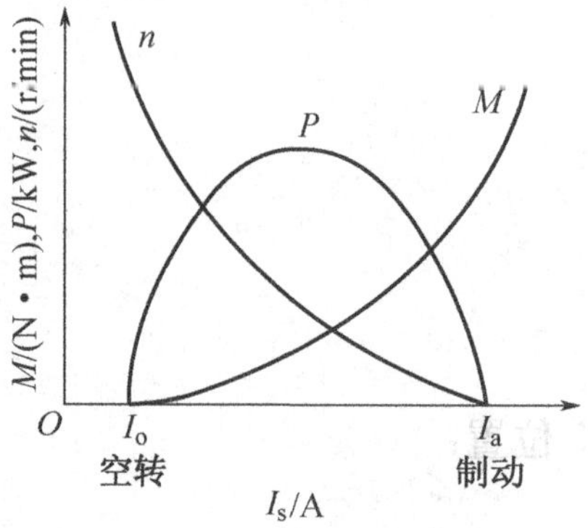

图 5-31　起动机的特性曲线

1．在起动瞬间，由于发动机的阻力矩很大，起动机处于＿＿＿＿＿＿的状态，电枢电流 I_s 达到最大值 I_a（＿＿＿＿＿＿），产生＿＿＿＿＿＿（制动转矩），使起动机易于起动。

2. 串励式直流电动机在轻载时的 I_s 小，转速＿＿＿＿＿＿；重载时的 I_s 大，转速＿＿＿＿＿＿，如图中的 n 曲线所示。串励式直流电动机在重载时转速＿＿＿＿＿＿而转矩＿＿＿＿＿＿的特性，可以保证起动安全可靠；但是在轻载和空载时转速＿＿＿＿＿＿，容易造成电枢绕组飞散。因此，串励式直流电动机不可在轻载或空载时运行。

3. 在完全制动（n=0）和空载（M=0）两种情况下，起动机的输出功率都等于＿＿＿＿＿＿。如图中的 P 曲线所示，在 I_s 接近全制动电流的＿＿＿＿＿＿时，起动机的输出功率最大。因为起动机的工作时间很短，所以允许在最大输出功率状态下工作。通常将起动机的最大输出功率称为起动机的＿＿＿＿＿＿。

4．请简述影响起动机功率的因素。

5.3.3　起动机电路

5.3.3.1　起动机主体电路

起动机主体电路可以分为两部分：电动机电路和电动机控制电路，如图 5-32 所示。

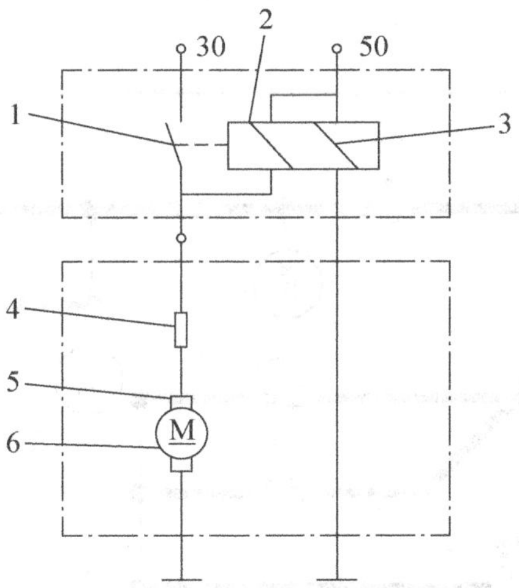

1—电磁开关中的触点；2—吸引线圈；3—保持线圈；4—串联绕组；5—电刷；6—电动机

图 5-32 起动机主体电路

以大众系列车型为例，普遍采用预啮合式起动机，其工作过程分为以下 3 部分：

（1）预啮合过程。将点火开关转至起动挡，其电流流向为点火开关的端子 50→电磁开关的端子 50→吸引线圈及保持线圈→串联绕组→电刷→电动机→起动机搭铁。在此过程中，电磁开关中的触点在吸引线圈和保持线圈的磁力作用下开始向右移动，电流流经电动机后，电动机慢速运转，驱动齿轮会旋转一个角度，并与飞轮齿圈平稳地啮合在一起。

（2）起动过程。点火开关仍置于 ST 挡，其电流流向为蓄电池的正极→起动机端子 30→电磁开关中的触点→串联绕组→电刷→电动机→起动机搭铁。在此过程中，电磁开关中的触点在保持线圈的磁力作用下完全闭合，电流流经电动机后，电动机快速运转，使发动机起动。

（3）停止过程。将点火开关转至 ON 挡，没有电流经过点火开关的端子 50 和电磁开关的端子 50，保持线圈不通电，电磁开关中的触点完全断开，电动机因没有电流流过而停转。

5.3.3.2 起动控制电路

起动控制电路是除起动机本身电路以外的起动系统电路，会因车型的不同而不同，大体上可以分为无起动继电器的起动控制电路、带起动继电器的起动控制电路和带空挡起动开关/离合器开关的起动控制电路。

1．无起动继电器的起动控制电路

以大众 PQ 平台无起动继电器车型为例，无起动继电器的起动控制电路如图 5-33 所示。

（1）手动挡车型的起动机电路。

① 电动机电路：A 的正极→B 的 30 接线→电动机→搭铁点①→A 的负极。

② 电动机控制电路：D 的 T7a/3 针脚→B 的 T1a/1 针脚→B 的电磁开关→搭铁点①→A 的负极。

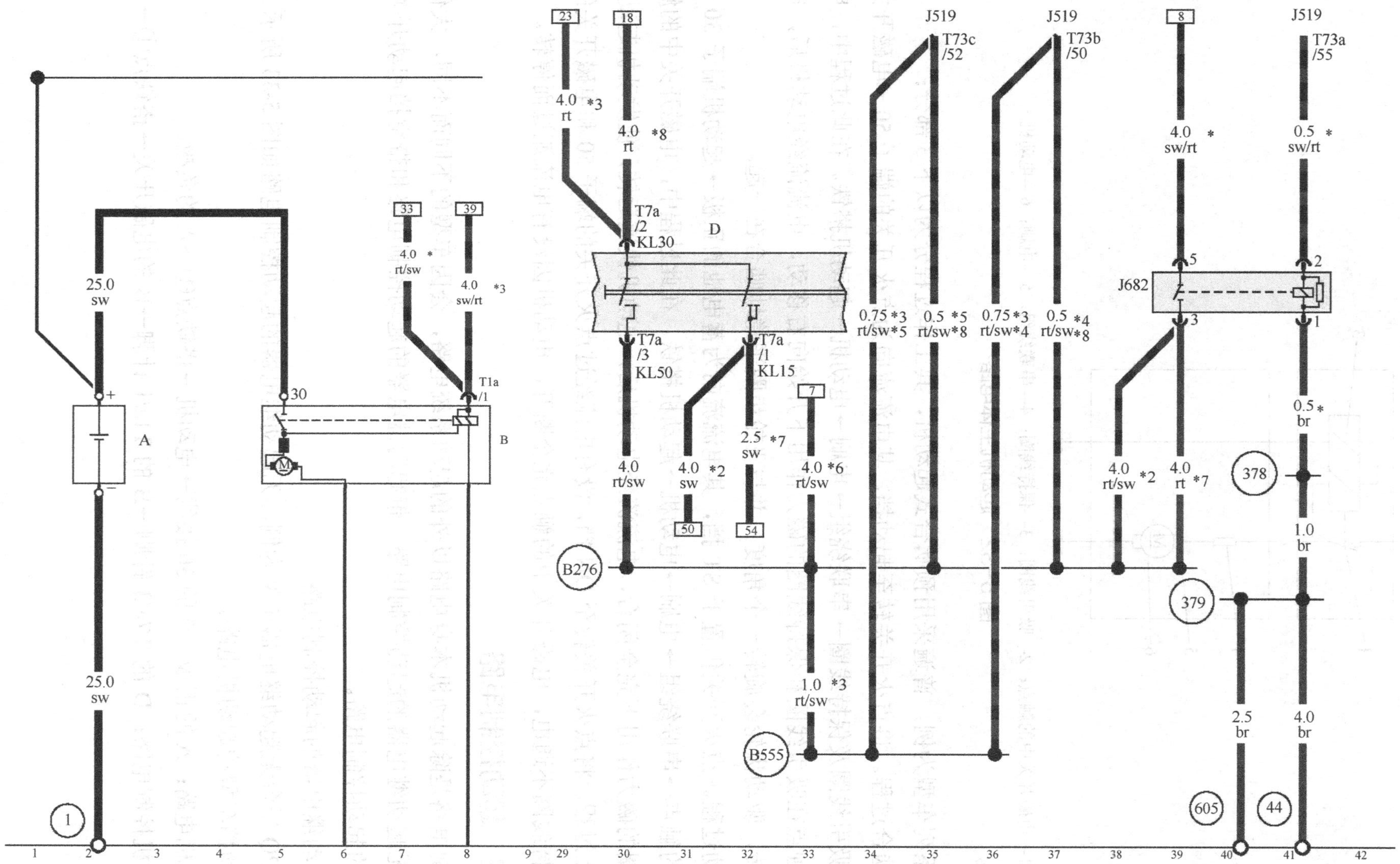

A—蓄电池；B—起动机；D—点火开关；J519—车载电网控制单元；J682—供电继电器；*—用于带自动变速器的汽车；*2—自 2014 年 7 月起；*3—自 2016 年 7 月起；*4—用于带车载电网控制单元BCM 的汽车；*5—用于带车载电网控制单元BFM 的汽车；*6—用于带手动变速器的汽车；*7—截至 2014 年 7 月；*8—截至 2016 年 7 月

图 5-33　无起动继电器的起动控制电路（大众 PQ 平台）

（2）自动挡车型的起动机电路。

① 电动机电路：A 的正极→B 的 30 接线→电动机→搭铁点①→A 的负极。

② 电动机控制电路：A 的正极→连接线 a→SA3→J682 的 3 号针脚→J682 的 5 号针脚→B 的 T1a/1 针脚→B 的电磁开关→搭铁点①→A 的负极。

J682 线圈的控制电路：J519 的 T73a/55 针脚→J682 的 2 号针脚→J682 的 1 号针脚→搭铁点㊹→搭铁点①→A 的负极。

2．带起动继电器的起动控制电路

安装起动继电器的目的是减小通过点火开关的电流，防止点火开关烧坏。以大众 MQB 平台带复合起动继电器车型为例，带起动继电器的起动控制电路如图 5-34 所示。

这里重点介绍同车型中未装备无钥匙进入系统的系列的起动控制电路。

① 电动机电路：A 的正极→B 的 30 接线→电动机→搭铁点①→A 的负极。

② 电动机控制电路：A 的正极→J329 的 3 号针脚→J329 的 5 号针脚→J682 的 3 号针脚→J682 的 5 号针脚→B 的 T1/b 针脚→B 的电磁开关→搭铁点①→A 的负极。

J329 线圈的控制电路：J519 的 T52b/12 针脚→J329 的 1 号针脚→J329 的 2 号针脚→搭铁点㊹→搭铁点①→A 的负极。

J682 线圈的控制电路：J519 的 T52b/29 针脚→J682 的 1 号针脚→J682 的 2 号针脚→搭铁点366→搭铁点①→A 的负极。

3．带空挡起动开关/离合器起动开关的起动控制电路

在装用自动变速器的汽车上需要安装空档起动开关（又称为起动安全开关）。它是一种常开开关，也是防止变速器不在空挡或发动机运转中，起动系统突然产生作用而发生危险或损坏齿轮的安全装置。空挡起动开关串接在起动继电器的控制电路中，使起动电路必须在空挡（N 位）或驻车挡（P 位）时才能工作。有些配备手动变速器的汽车装用离合器起动开关，用于起动安全保护。只有踩下离合器踏板，接通离合器起动开关，才能使起动机起动，以防止变速器不在空挡时起动发动机。离合器起动开关串接在起动继电器的控制电路中，只有当离合器起动开关接通时，起动继电器的线圈通电，触点闭合，才能使起动电路接通。以卡罗拉车型为例，带空挡起动开关或离合器起动开关的起动控制电路如图 5-35 所示。

（1）起动机控制电路。起动机主电路是否接通，取决于起动机控制电路。只有控制电路接通，主电路才能接通。起动机控制电路：蓄电池的正极→FL MAIN 熔丝→AM2 熔丝→点火开关（AM2—ST2）→ST 继电器开关→起动机的电磁开关→保持线圈→搭铁。

（2）起动机控制电路中的控制电路。起动机控制电路是否接通，取决于 ST 继电器的线圈是否通电。

自动变速器车型的控制电路：蓄电池的正极→FL MAIN 熔丝→AM1 熔丝→点火开关（AM1—ST1）→驻车挡/空挡位置开关（4—5）→ST 继电器的线圈→搭铁。

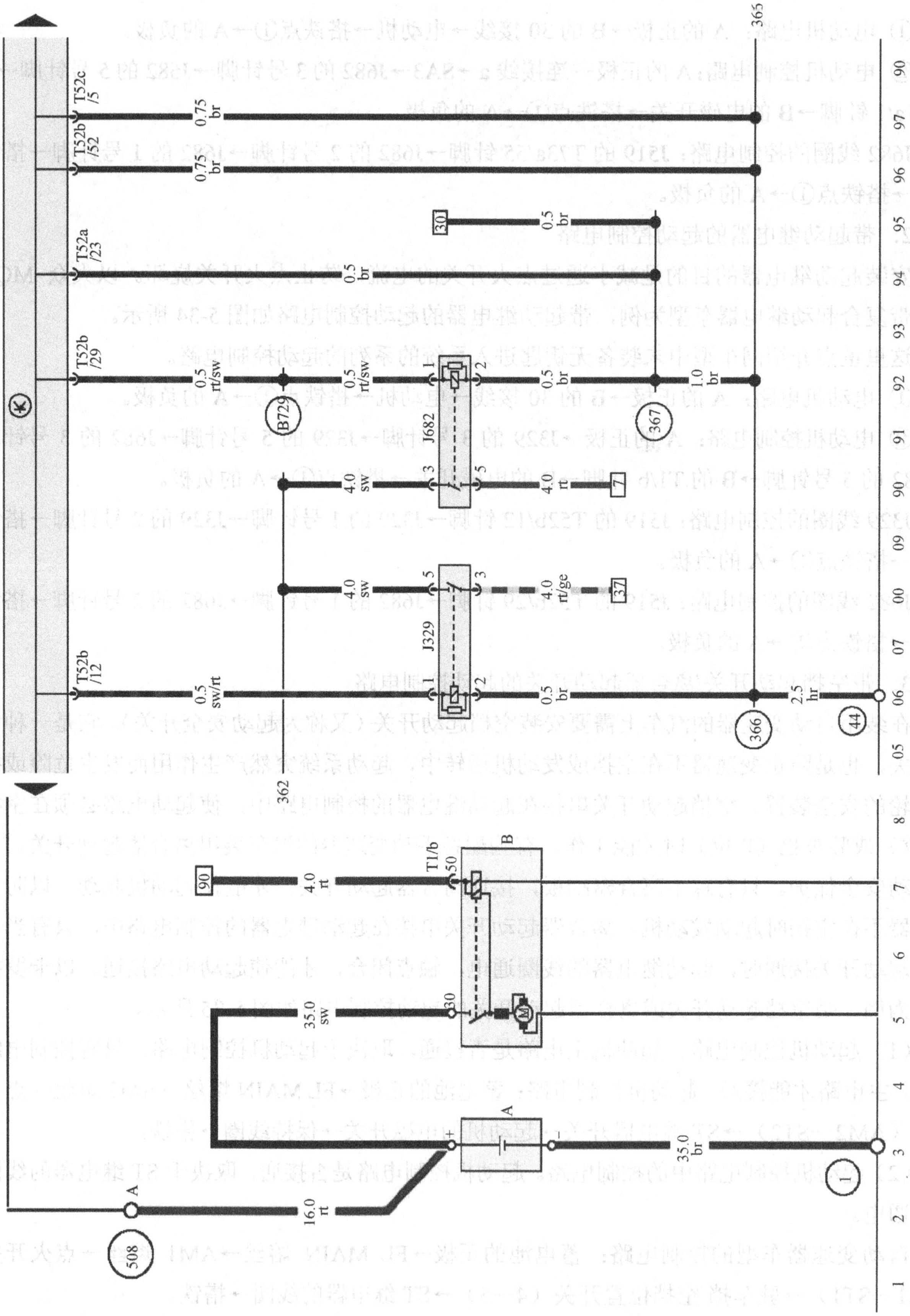

A—蓄电池；B—起动机；J329—起动继电器；J519—车载电网控制单元；J682—供电继电器

图 5-34　带起动继电器的起动控制电路（大众 MQB 平台）

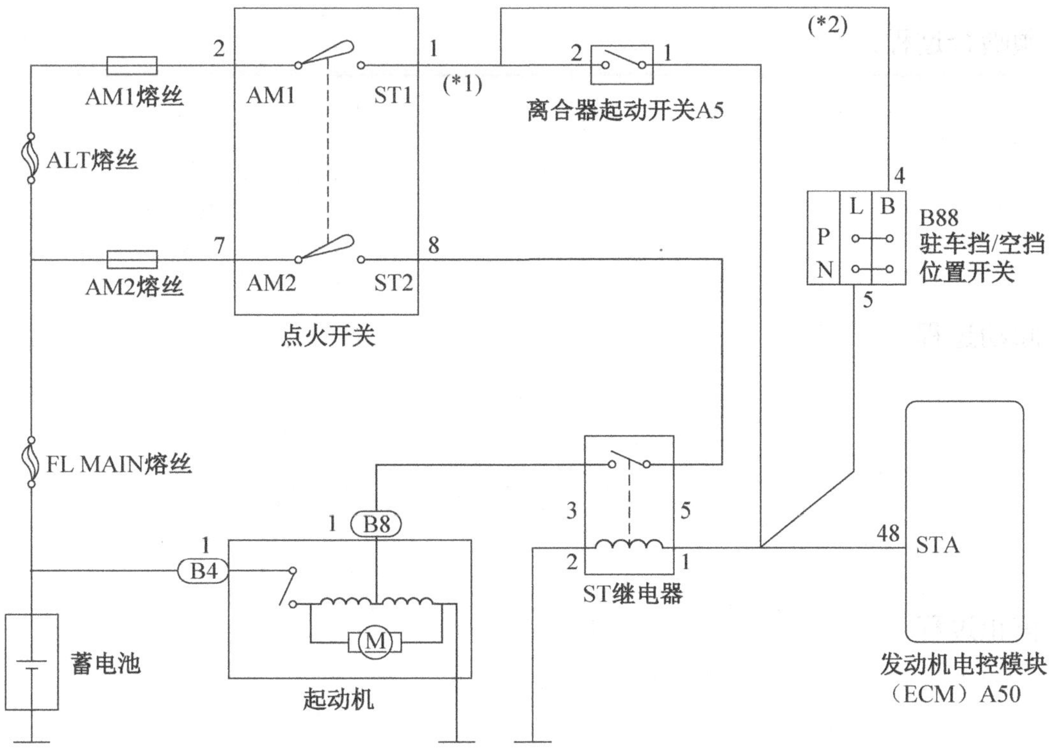

(*1)—手动变速器车型；(*2)—自动变速器车型

图 5-35　带空挡起动开关/离合器起动开关的起动控制电路（卡罗拉）

手动变速器车型的控制电路：蓄电池的正极→FL MAIN 熔丝→AM1 熔丝→点火开关（AM1—ST1）→离合器起动开关 A5→ST 继电器的线圈→搭铁。

（3）起动机主电路。起动机主电路是真正让电动机运转的电路，其电流流向为蓄电池的正极→起动机主接线柱→起动机开关触点→电动机的电枢绕组→搭铁。

5.3.3.3 工作页

1. 根据图 5-36 所示的起动机主体电路，在下表中填写各零部件的名称，并用关键词描述预啮合式起动机的工作过程。

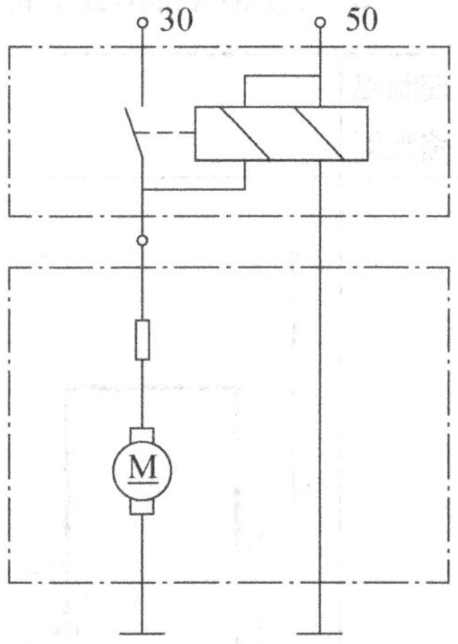

图 5-36　起动机主体电路

序　号	名　称
1	
2	
3	
4	
5	
6	

（1）预啮合过程：

（2）起动过程：

（3）停止过程：

2. 用彩笔标出电流流向，并对各个回路进行分析，完成下表。

控制电路类型	电路图	关键词描述	电路中可能存在的故障
无起动继电器	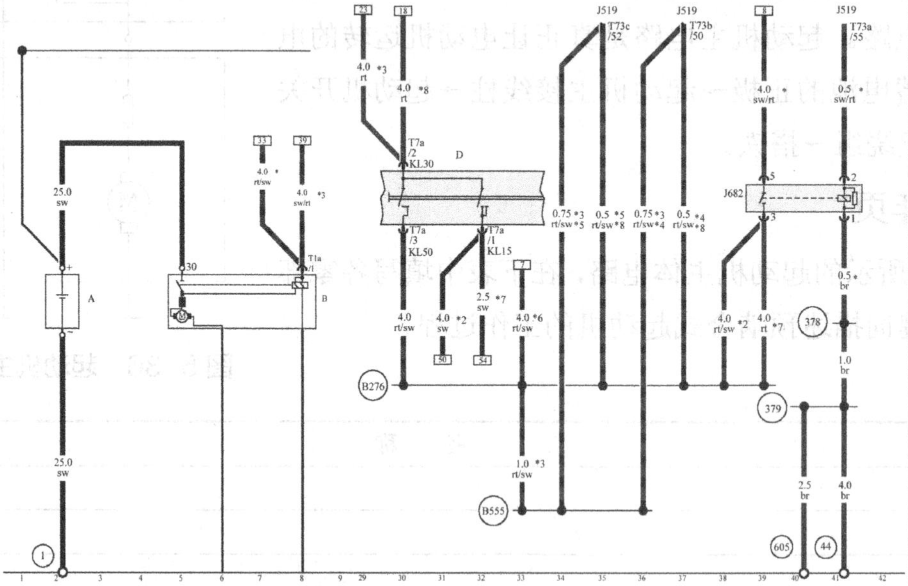 A—蓄电池；B—起动机；D—点火开关；J519—车载电网控制单元；J682—供电继电器； *—用于带自动变速器的汽车；*2—自 2014 年 7 月起；*3—自 2016 年 7 月起； *4—用于带车载电网控制单元 BCM 的汽车；*5—用于带车载电网控制单元 BFM 的汽车； *6—用于带手动变速器的汽车；*7—截至 2014 年 7 月；*8—截至 2016 年 7 月		

续表

控制电路类型	电 路 图	关键词描述	电路中可能存在的故障
带起动继电器	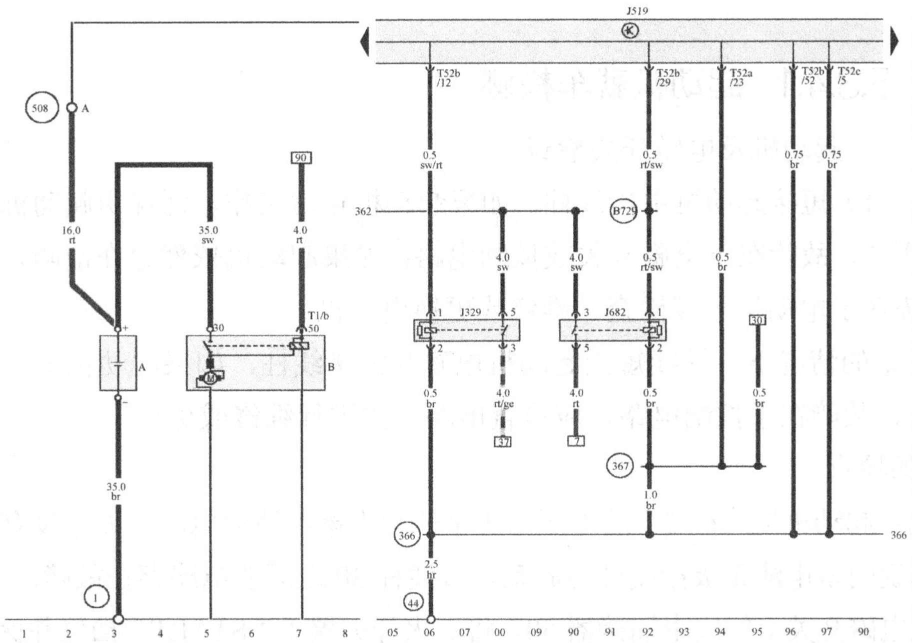 A—蓄电池；B—起动机；J329—起动继电器；J519—车载电网控制单元；J682—供电继电器		
带空挡起动开关/离合器起动开关	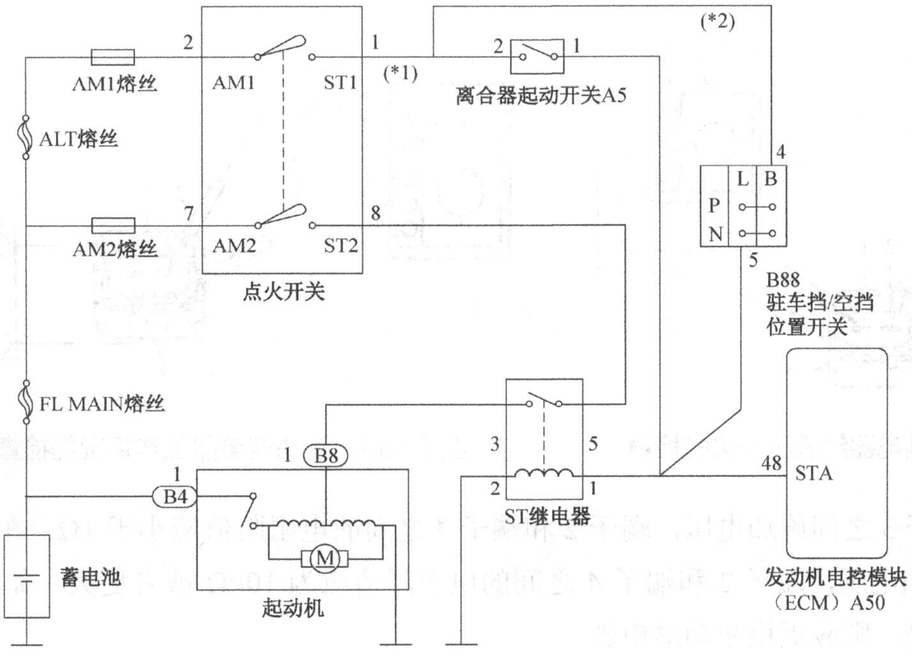 （*1）—手动变速器车型；（*2）—自动变速器车型		

5.3.4 起动机故障诊断

当出现起动机无法驱动发动机运转的故障现象时，应首先判断是起动电路的故障还是起动机的故障，然后进行诊断。当发生起动机运转无力等故障时，应首先判断故障发生在外电路还是起动机内部。

起动电路检测

5.3.4.1 起动机就车检测

1．起动机及电磁开关检查

（1）短接起动机主接线柱，如果起动机正常工作，则说明起动机的电动机正常，故障在于电磁开关或控制电路；如果起动机依然存在故障，则说明故障在于电动机，应检查、维修或更换电动机。

（2）在电动机正常的情况下，继续短接起动机电磁开关接线柱，如果起动机工作正常，则说明电磁开关正常，故障在于控制电路，应检查电路，并进行维修或更换。

2．起动机电路的检查

（1）用万用表测量起动机接线柱 30 的电压，正常值应为蓄电池的电压。如果没有电压或电压不符合规定，则说明蓄电池正极接线柱与起动机接线柱 30 之间的电路存在故障。

（2）断开起动机电磁开关上的线束插接器 50，将点火开关置于“START”挡位并保持，用万用表测量该线束插接器插座的电压，应为蓄电池的电压，否则说明起动机控制电路存在故障。

3．起动继电器的检查

拆下起动继电器，用万用表对起动继电器进行检查。检查方法如图 5-37、图 5-38 所示。

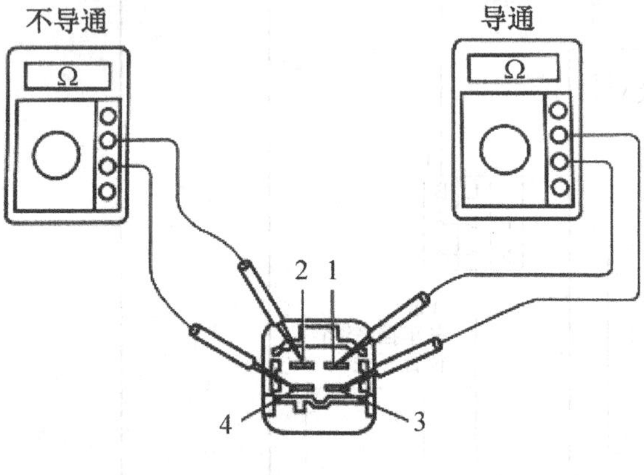

图 5-37　起动继电器线圈和开关的检查

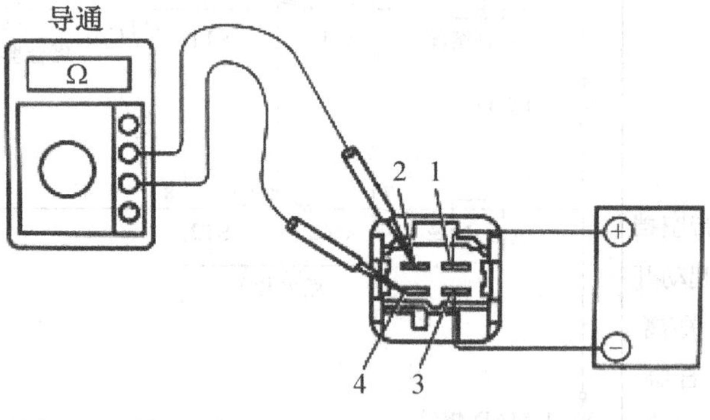

图 5-38　起动继电器工作情况的检查

在端子 1 和端子 3 之间施加电压，端子 2 和端子 4 之间的电阻阻值应小于 1Ω；在端子 1 和端子 3 之间不施加电压，端子 2 和端子 4 之间的电阻阻值应为 10kΩ 或者更大。如果检查结果与规定值不相符，则应更换起动继电器。

4．点火开关的检查

拆下点火开关，其端子如图 5-39 所示。用万用表对点火开关进行检测，并将测量结果与标准值进行比较，如果测量结果与规定值不相符，则应更换点火开关。

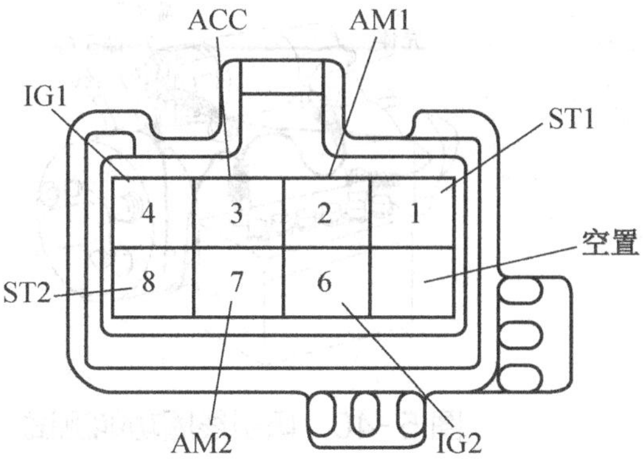

图 5-39 点火开关的端子示意图

5.3.4.2 起动机的拆卸

起动机拆装

一般汽车的起动机是非常耐用的，只有在车辆行驶很长时间后，内部电刷由于频繁起动被大量磨损，或是啮合器由于磨损过多而出现打滑，导致起动效果不好的情况下，才需要更换。

从汽车上拆卸起动机的操作流程如下：

（1）断开蓄电池负极，保持点火开关处于“OFF”位置。

（2）拆下散热器上空气导流板的 6 个卡子，取出空气导流板。在用十字螺钉旋具撬开螺栓卡扣时，应注意方向和角度，以便于操作。

（3）举升车辆至适合操作的高度。举升机应按规范要求操作。

（4）拆下端子盖。

（5）用套筒扳手拧松 30 号主供电端子上的螺母后，手动拆下螺母，并移出主供电导线。螺栓所处的位置隐蔽且空间有限，应注意拆卸的方向。

（6）用手断开吸引线圈的插接器。按下解开插接器的锁扣，适当用力向外拔。

（7）用套筒扳手拧松起动机上部的紧固螺栓。由于螺栓所处的空间有限，操作时要注意方向，同时要注意发动机其他线夹的位置，以免产生影响。

（8）用套筒扳手拧松起动机左下侧的螺栓。

（9）向发动机前方拆下起动机总成。由于起动机所处的位置较隐蔽且空间有限，取出时，应适当调整起动机在安装空间中的位置，避免发生碰撞，防止损伤起动机。

安装起动机时，应按与拆卸流程相反的顺序进行。

5.3.4.3 起动机的检测

1．吸引线圈功能测试

将起动机固定在工作台上，如图 5-40 所示，拆下起动机端子 C 上的导电铜片，用电缆将起动机的端子 C 和电磁开关的壳体分别与蓄电池的负极相连，用电缆将起动机的端子 50 与蓄电池的正极相连，驱动齿轮应向外移出。如果驱动齿轮不动，则说明电磁开关故障，应进行修理或更换。

2．保持线圈功能测试

如图 5-41 所示，在吸引线圈功能测试的基础上，当驱动齿轮处于伸出位置时，拆下端子 C 上的电缆，驱动齿轮应停留在伸出位置。如果驱动齿轮复位，则说明保持线圈断路，应进行检修或更换电磁开关。

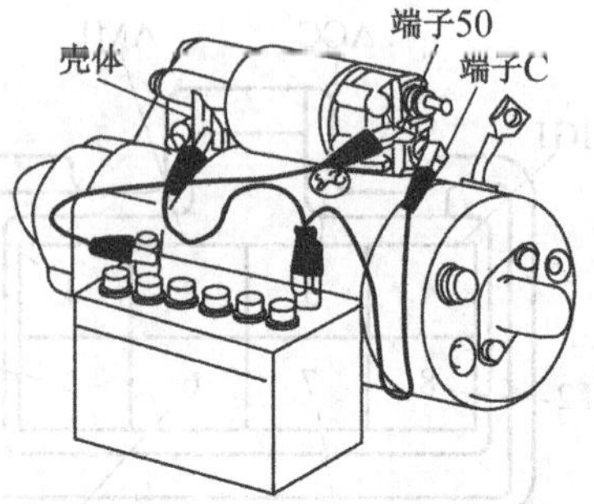

图 5-40　吸引线圈功能测试

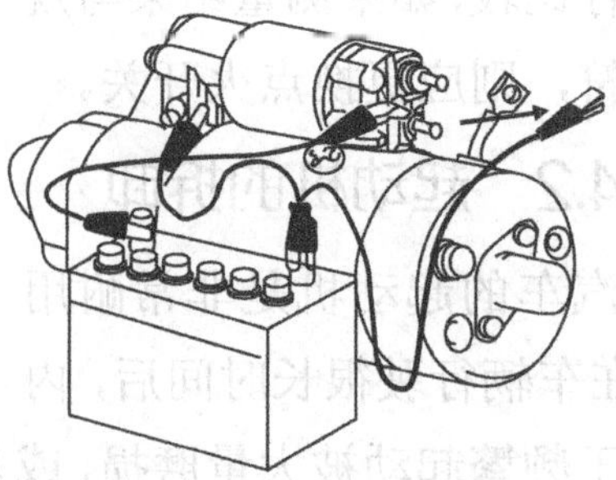
图 5-41　保持线圈功能测试

3．驱动齿轮间隙检测

先按照图 5-42 所示的方法连接蓄电池和电磁开关，再按照图 5-43 所示的方法测量驱动齿轮间隙。测量时，先将驱动齿轮推向电枢方向，待间隙消除后，测量驱动齿轮端和止动套圈的距离，并与标准值进行比较。

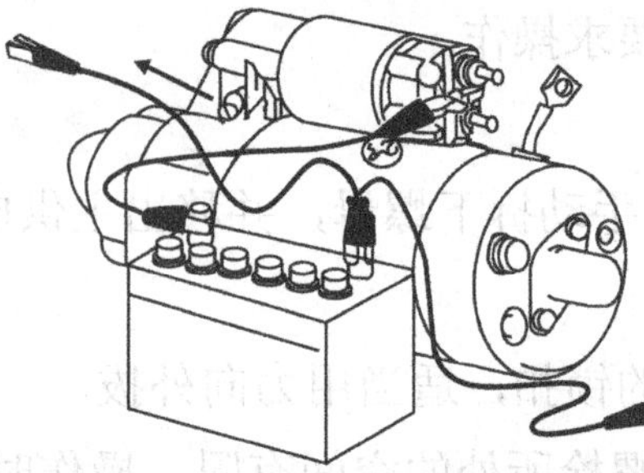
图 5-42　驱动齿轮间隙检查的连线

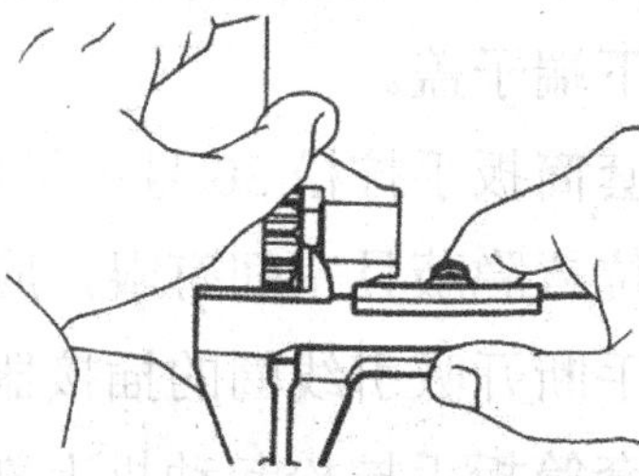
图 5-43　驱动齿轮间隙的测量

5.3.4.4　工作页

1．简述起动机就车检测的内容。

2．简述从汽车上拆卸起动机的操作流程。

3．根据起动机的检测内容，完成下表。

检 测 项 目	电 路 连 接	测 试 结 果	可能的故障原因
吸引线圈功能测试			

续表

检测项目	电路连接	测试结果	可能的故障原因
保持线圈功能测试			
驱动齿轮间隙检测			

4. 车辆修复后，在交给服务顾问前，针对修复的车辆还需要进行哪些检查？

5.4 理论测试

一、填空题（每空1分，共22分）

1. 由通电导体在磁场中的受力情况可知，在导体的一侧，导体磁场的磁力线方向与磁极磁场的磁力线方向__________，合力磁场被__________；在导体的另一侧，两个磁场的磁力线方向__________，合力磁场变得__________。相同方向的磁力线相互__________，由此可在通电导体上产生一个力。

2. 内燃机无法自行起动，需要动能以克服发动机机件的____________、____________及__________。发动机的起动是指借助__________，发动机由__________状态过渡到__________的过程。汽油发动机起动需要的最低转速为__________。

3. 汽车起动机一般由______________、______________和______________组成。

4. 串励式直流电动机主要由__________、__________、__________、电刷架装置及机壳等组成。

5. 起动系统的常见故障有________________、________________、________________和________________。

二、选择题（每题2分，共28分）

1. 我国目前应用最多的起动机是（　　）。

A. 惯性啮合式起动机　　B. 移动电枢式起动机

C. 强制啮合式起动机　　D. 齿轮移动式起动机

2. 为了获得足够的转矩，通过电枢绕组的电流都很大，一般汽油发动机的起动电流为（　　）。

A. 20～60A　B. 100～200A　C. 200～600A　D. 2000～6000A

3．起动机磁极的数量一般是（　　）。

A．2个　B．4个　C．8个　D．12个

4．起动机在起动瞬间，（　　）。

A．转速最大　B．转矩最大　C．反电动势最大　D．功率最大

5．起动机在汽车起动过程中是（　　）。

A．先接通起动电源，再让起动机的驱动齿轮与发动机的飞轮齿圈正确啮合

B．先让起动机的驱动齿轮与发动机的飞轮齿圈正确啮合，再接通起动电源

C．在接通起动电源的同时，让起动机的驱动齿轮与发动机的飞轮齿圈正确啮合

D．以上都不对

6．起动机工作时，在电磁开关接通主电路后，维持活动铁心在吸合位置的电磁线圈是（　　）。

A．吸引线圈　B．保持线圈　C．电枢绕组　D．励磁绕组

7．起动机的励磁绕组安装在（　　）上。

A．转子　B．定子　C．电枢　D．磁极

8．串励式直流电动机中的“串励”是指（　　）串联连接。

A．吸引线圈和保持线圈　B．励磁绕组和电枢绕组

C．吸引线圈和电枢绕组　D．保持线圈和电枢绕组

9．起动机安装起动继电器的目的不是（　　）。

A．保护点火开关　B．减少起动电路压降

C．方便布线　D．提高电路可靠性

10．起动机空转的原因是（　　）。

A．单向离合器打滑　B．端子30接触不良

C．端子50接触不良　D．起动机内部短路

11．在起动过程中，主触点闭合时，电磁开关中被短路的线圈是（　　）。

A．吸引线圈　B．保持线圈　C．电枢绕组　D．励磁绕组

12．起动系统中动力的单向传递是由（　　）实现的。

A．起动电动机　B．电磁开关　C．单向离合器　D．起动机齿轮

13．起动机内部可以避免在起动过程中损坏直流电动机的部件是（　　）。

A．换向器及电刷　B．电磁开关　C．单向离合器　D．起动机齿轮

14．一辆自动挡汽车在点火开关转至ST位置时起动机不运转，甲认为空挡安全开关失效会引起该故障；乙认为起动电动机的线圈断路或起动继电器损坏会引起该故障。经分析，以下（　　）选项是正确的。

A．只有甲正确　B．两人均正确　C．只有乙正确　D．两人均不正确

三、判断题（每题2分，共40分）

1．起动机一般由串励式直流电动机、传动机构和控制装置组成。（　　）

2．需要起动发动机检查电路时，应注意车下是否有别人并提前打好招呼，变速器需要置于空挡，同时拉紧驻车制动手柄，之后可以起动发动机。（　　）

3．起动机离合器的作用是在起动发动机时，将起动机的转矩传递给驱动齿轮，再由驱动齿轮将转矩传递给飞轮，而当发动机正常工作后，切断驱动齿轮与起动机的连接。（　　）

4．频繁的起动和停车，对零件的磨损没有影响。（　　）

5．起动继电器的作用是保护起动机的电磁开关。（　　）

6．当起动发动机时，可连续操作点火开关，直至起动为止。（　　）

7．在起动系统中，起动继电器的作用是通过小电流控制大电流，保护起动机。（　　）

8．在普通起动机中，吸引线圈、励磁绕组及电枢绕组是串联连接的。（　　）

9．当接通起动开关后，发动机不能起动，但起动机能运转，并能听到齿轮啮合的声音，说明起动机的单向离合器打滑。（　　）

10．在起动过程中发现起动机运转无力且消耗电流偏小，可能的故障原因是起动电路中的接触电阻过大。（　　）

11．汽车起动机在全制动状态下输出的转矩最大，但输出的功率为0。（　　）

12．起动机电磁开关的端子50直接与蓄电池相连。（　　）

13．起动机的转速越高，流过电动机的电流越大。（　　）

14．起动机的吸引线圈只在铁心移动过程中起作用。（　　）

15．诊断起动机运转无力的故障时，应首先检测蓄电池是否亏电，然后排除电路接触不良问题，最后检测起动机内部是否存在故障。（　　）

16．串励式直流电动机在重载时转速低而转矩大的特性，可以保证起动安全、可靠。（　　）

17．换向器的作用是使直流电动机维持定向旋转。（　　）

18．串励式直流电动机中的“串励”是指4个励磁绕组串联连接。（　　）

19．汽车发动机必须空载起动，即不带负载起动。（　　）

20．发动机起动后，如果起动机不能停转，应迅速断开电源总开关或拆下蓄电池的负极接线。（　　）

四、简答题（每题5分，共10分）

1．请写出下列起动机型号的含义。

（1）QDY124　　　　　　（2）QD1225

2．在图5-44中用彩笔标出起动开关闭合时的起动机电路，并用关键词描述电流流向。

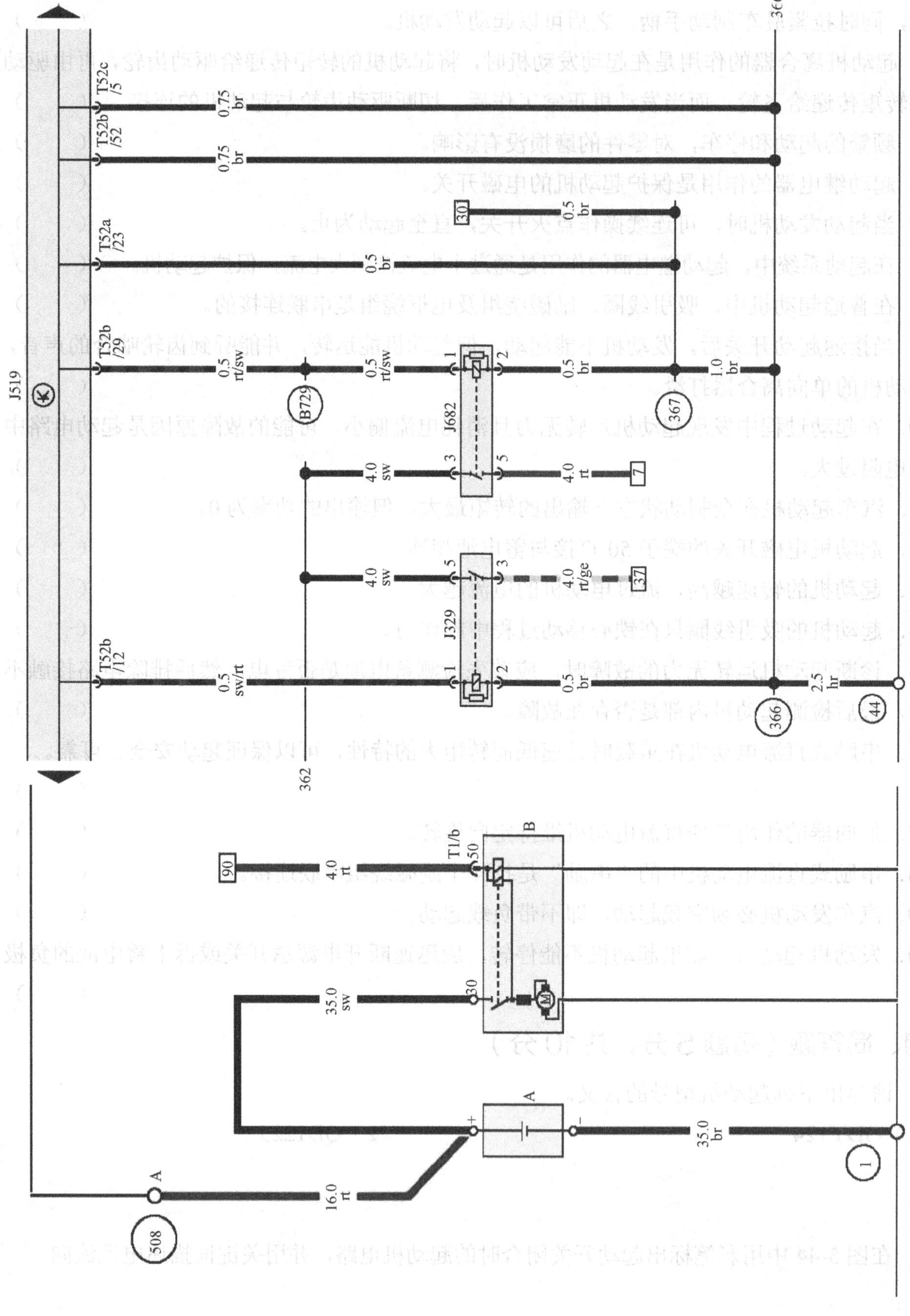

A—蓄电池；B—起动机；J519—车载电网控制单元；J682—供电继电器；J329—起动继电器

图5-44　带起动继电器的起动控制电路（大众MQB平台）

5.5 计划与决策

1. 分组制订主题为“起动机在起动过程中无法驱动发动机”的故障诊断与排除工作计划。

工作计划表

<table>
<tr><td>品牌</td><td colspan="2"></td><td>整车型号</td><td colspan="2"></td><td>生产日期</td><td></td></tr>
<tr><td>发动机型号</td><td colspan="2"></td><td>发动机排量</td><td colspan="2"></td><td>行驶里程</td><td></td></tr>
<tr><td>车辆识别码</td><td colspan="7"></td></tr>
<tr><td>故障现象描述</td><td colspan="7"></td></tr>
<tr><td>可能故障原因分析</td><td colspan="7"></td></tr>
<tr><td>序　号</td><td colspan="2">检查或检测内容</td><td>设备工具</td><td>注意事项</td><td>理论值</td><td>实测值</td><td>结果分析</td></tr>
<tr><td>1</td><td colspan="2"></td><td></td><td></td><td></td><td></td><td></td></tr>
<tr><td>2</td><td colspan="2"></td><td></td><td></td><td></td><td></td><td></td></tr>
<tr><td>3</td><td colspan="2"></td><td></td><td></td><td></td><td></td><td></td></tr>
<tr><td>4</td><td colspan="2"></td><td></td><td></td><td></td><td></td><td></td></tr>
<tr><td>5</td><td colspan="2"></td><td></td><td></td><td></td><td></td><td></td></tr>
<tr><td>6</td><td colspan="2"></td><td></td><td></td><td></td><td></td><td></td></tr>
<tr><td>小组成员及分工</td><td colspan="7">组长：　记录员：　安全员：　展示员：
卫生员：　质检员：　联络员：　其他：</td></tr>
<tr><td>计划审核（教师）</td><td colspan="7">年　月　日　签字：</td></tr>
<tr><td>检测中出现的问题</td><td colspan="2"></td><td>经验总结及改进措施</td><td colspan="4"></td></tr>
<tr><td>结论和维修建议</td><td colspan="7"></td></tr>
<tr><td>预估工时</td><td colspan="3"></td><td>成本预算</td><td colspan="3"></td></tr>
</table>

2. 学生小组通过合作按照任务决策的关键要素完成任务决策。

任务决策：

（1）与师傅决策明确计划可行性。

工作任务的时间控制和成本控制，工作步骤的正确性、规范性和合理性，工作过程的安全性和环保性，考虑厂商的经济效益和工作效率等，并记录决策结果与师傅的建议。

（2）与客户决策明确计划可行性。

请站在客户的角度，和客户沟通任务计划实施的可能性。（包括：有几种可能供客户选择？某些项目做或不做？现在做还是以后做？考虑客户的成本控制、时间控制、安全性、环保性、美观性和便利性等，并记录决策结果与客户的意见。）

5.6 任务实施

1．学生按照本组制订的工作计划进行故障诊断与排除作业，并将具体过程及结果记录在工作计划表中。

2．查询工厂信息管理系统，进行备件和人员工资测算，并将其记录在工作计划表中的相应位置。

3．实施过程评价。

排除起动机故障评价表

序号	评价内容	评价标准	配分	得分
1	安全防护	座椅套、脚垫、转向盘罩、翼子板布、前栅子布、车轮挡块	10 分	
2	明确故障现象	接通点火开关，起动机只能空转，不能驱动发动机运转	5 分	
3	识别起动机	正确识别起动机	10 分	
4	故障诊断	1. 正确在车上进行起动机外观检查（线路、电气插头安装情况）； 2. 正确进行起动机通电测试； 3. 正确使用工具拆卸起动机； 4. 正确使用工具检测起动机	40 分	
5	检查反馈	打开点火开关，起动车辆，检查起动机是否正常运转，发动机是否正常运转	5 分	
6	注意事项	出现危害人身或设备安全的操作，此项没分	5 分	
7	过程记录	对工作过程进行记录，记录内容应完整、翔实，漏 1 项扣 1 分，不完整的酌情扣分，扣完为止	5 分	
8	工作过程	工作态度积极； 文明操作，轻拿轻放，言行举止等合乎要求； 动作规范； 有野蛮操作的扣 5 分，有不文明语言的扣 5 分，扣完为止	5 分	
9	5S[①]	工具恢复，保持工作场地干净整洁，漏 1 项扣 1 分，扣完为止	5 分	
10	时间	超时 5min 以内的扣 5 分，超时 5～10min 的扣 10 分，超过 15min 须停止操作	10 分	
合计			100 分	

① 5S 即整理、整顿、清扫、清洁、素养。

5.7 任务评估

1．小组合作完成任务检查，对工作计划、工作过程、工作结果进行评估，并记录优点、缺点及改进建议。

1．检查工单（检测结果、维修建议、维修措施、故障排除情况）。 2．必要的 5S（车辆、工位、场地）。 3．请根据实施诊断与修理工作的实际情况，完善并改进工作计划。

2．车辆维修结束后，进行功能检查并将已修复的车辆及相关物品交付给组长，作为修理人员需要交付哪些物品？请写出交付车辆过程中需要注意的事项。

5.8 任务反思

在“排除起动机的功能性故障”的学习过程中你有哪些收获，请归纳总结。

序　号	项　目	总结内容
1	单元知识点总结	
2	目标达成情况	
3	达成目标的原因	
4	未达成目标的原因	
5	工作过程反思	
6	在今后学习中要保持的	
7	在今后学习中要杜绝的	
8	在今后学习中要尝试的	

5.9 知识拓展

永磁起动机

永磁起动机的组成与普通强制啮合式起动机大致相同，区别在于磁极不是铁心缠绕线圈的结构，而是直接以永磁体代替，不需要给磁极通电。永磁齿轮减速式起动机用 4 个或 6 个永久磁铁磁场组件取代励磁绕组，蓄电池的电流直接输入电枢绕组。因为永久磁铁易碎，所以在搬运时要轻拿轻放，避免落地和震动。永磁起动机具有结构简单、体积小、质量小的优点，其结构如图 5-45 所示。

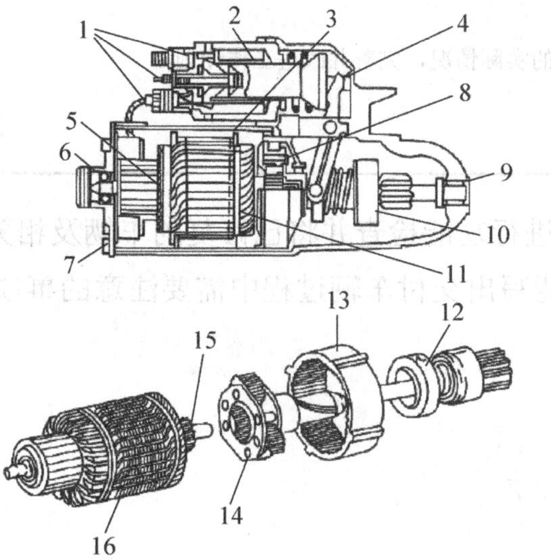

1—接线柱；2—活动铁心；3—永磁体；4—拨叉；5—换向器；6，9—轴承；7—电刷；8—行星齿轮减速器总成；10—单向离合器；11—电枢绕组；12—驱动盘；13—固定内齿圈；14—行星轮支架；15—太阳轮；16—电枢铁心

图 5-45 永磁起动机的结构

永磁起动机与普通强制式啮合起动机的主要区别如下：

（1）用永磁体取代励磁绕组。

（2）并励性能取代串励性能。

（3）增设用于提高转矩的减速行星变速器。

（4）电枢转速更高（至少为 4000r/min）。

（5）电枢电流高。

（6）质量更小（减小至 40%）。

（7）效率更高。

（8）壳体比较敏感，不能用于安装固定。

学习单元六

排除自动起动/停止系统故障

6.1 学习目标

素质目标

1. 具有较高的节能减排的环保意识;
2. 能够阅读技术信息，并进行检索提炼，建构逻辑关系;
3. 能够以口头和书面形式准确无误地传达信息;
4. 能够提出各种不同的解决建议并进行比较;
5. 能够主动参与团队活动，工作态度积极、认真。

知识目标

1. 了解自动起动/停止系统的功能和类型;
2. 理解自动起动/停止系统的工作过程;
3. 掌握自动起动/停止系统的结构和组成部件;
4. 掌握自动起动/停止系统的相关控制单元;
5. 通过分析电路图，理解自动起动/停止系统的电气功能。

技能目标

1. 能够分析可能的故障原因，并界定充电系统故障;
2. 能够规划配备自动起动/停止系统的车辆的系统故障诊断流程;
3. 能够选择合适的检测仪对自动起动/停止系统进行检测;
4. 能够记录并分析检测结果;
5. 提供维修建议，并借助维修站系统选择新件、替换件或翻新件;
6. 计算维修成本。

6.2 情境引入

一辆 2016 年上市的大众迈腾轿车，搭载 1.8T 发动机，已行驶 6×10^5km。该车配备的自动起动/停止系统失效。

6.2.1 接受任务

1．请两名同学分别扮演前台接待员和客户，完成接待任务。其他同学负责观察并记录优点及需要改进的地方。

指　标	优　点	需要改进的地方
注重使用文明用语		
着装合体，适合工作要求		
发型规范		
围绕“情境引入”中的任务能专业清楚地表达，条理分明，让对方听懂		
认真倾听，对问题有合理的、应有的反应		
有效利用客户陈述的信息并记录		
主动寻找伙伴帮助完成对话		
与伙伴有积极合作意识		
理解客户需求，为客户着想		
具备扎实丰富的专业知识		

2．围绕实习车，填写任务工单，明确故障现象。

车主姓名		日　期	
车　　型		车牌号	
发动机号		VIN	
联系电话			
通信地址			
故障现象描述：			
检查维修建议：			
故障结论：（更换或维修的零件记录）			
取车付款： 现金　　　　银行卡		维修人： 收款人：	

6.2.2 任务分析

随着汽车工业的发展，汽车的节能和环保问题越来越受到重视，不断上涨的能源价格和更加严格的排放法规，促使人们不断去探索降低车辆能耗和废气排放量的新方法，起动/停止系统（Start-Stop）应运而生。该系统旨在降低燃油消耗，有助于减少废气排放，也是近年来一直推广的项目之一。汽车自动起动/停止系统的作用：在车辆行驶过程中，当遇到临时停车或车辆完全静止时，使发动机自动停止运转；当车辆恢复行驶时，使发动机自动起动。汽车自动起动/停止系统的组成如图 6-1 所示。

1—带起停功能的发动机管理单元；2—12V DC/DC 转换器；3—电子蓄电池传感器；4—起动/停止系统专用起动电动机；5—空挡传感器；6—轮速传感器；7—曲轴传感器；8—带制动能量回收系统的高效率发电机

图 6-1 汽车自动起动/停止系统的组成

汽车自动起动/停止系统的常见故障通常可以分为 3 类：①车辆无法起动；②自动起动/停止系统一直不工作；③自动起动/停止系统突然不工作。

6.2.2.1 车辆无法起动

1．故障特征

（1）发动机不能起动。

（2）请求起动时，起动机无法激活。

（3）无法解锁车辆。

2．故障原因

（1）蓄电池电量不足。

（2）车辆部件配置不正确。

（3）标定软件配置错误。

（4）相关硬件发生故障，如发动机控制单元、稳压电源、蓄电池监控单元及起动机等。

（5）电路故障。

6.2.2.2 自动起动/停止系统一直不工作

1．故障特征

汽车一直无法启用自动起动/停止系统。

2．故障原因

（1）行驶环境不允许启用自动起动/停止系统。

（2）蓄电池电量不足。

（3）车辆部件配置不正确。

（4）标定软件配置错误。

（5）相关硬件发生故障，如发动机控制单元、稳压电源、蓄电池监控单元及起动机等。

（6）电路故障。

6.2.2.3 自动起动/停止系统突然不工作

1．故障特征

汽车突然无法启用自动起动/停止系统，先前并无异常。

2．故障原因

（1）行驶环境不允许启用自动起动/停止系统。

（2）蓄电池电量不足。

（3）标定软件配置错误。

（4）相关硬件发生故障，如发动机控制单元、稳压电源、蓄电池监控单元及起动机等。

（5）电路故障。

6.2.2.4 自动起动/停止系统常见故障的排除方法

（1）分析软件版本/硬件版本。采集故障发生时车辆的 CAN 信息，对哪些系统已授权，对哪些系统没有授权，可以根据采集的信息帧进行分析和判断。

（2）分析故障日志。读取故障日志，如果有影响自动起动/停止系统工作的故障码，需要分析其原因；如果故障码与自动起动/停止系统无关，可以直接清除故障日志。

（3）分析蓄电池数据：电量、电压及温度等。

（4）检查车辆。

6.3 知识与技能

6.3.1 认识自动起动/停止系统

汽车自动起动/停止系统（以下简称起停系统）适用于交通拥堵或者等待交通信号灯的情

况。车辆在行车期间停止或将挡位切换至空挡，该系统会自动关闭发动机；直至再次踩下离合器踏板时，发动机将在自动停止（等待模式）下重新起动（自动起动），驾驶人只需挂入前进挡位，即可继续行驶。对于装有自动变速器的车辆，发动机会在踩下制动踏板时停止，而在放开制动踏板时重新起动。在自动停止期间，汽车中所有常见的系统，如照明、收音机等会正常工作，但是某些设备的性能可能会临时下降，如空调控制系统的风扇转速或者声音系统的音量。

6.3.1.1 起停系统的功能

当车辆处于停止状态（非驻车状态）时，起停系统使发动机暂停工作（非传统的怠速保持），但不会切断发动机内的机油供应，以使发动机内部保持润滑；在松开制动踏板后，起停系统使发动机再次起动。由于机油一直循环流动，即使是频繁的停车和起步，也不会对发动机内部造成磨损。

当车辆因路口或者交通信号灯停车时，起停系统会自动关闭发动机，直到车辆再次起步时，不需要操作点火钥匙就能起动发动机，从而达到节能减排的目的。相关试验证明，配备起停系统的车辆在综合路况（高速公路、普通公路、城市公路）条件下可以减少 5%左右的燃油消耗量，而在拥堵路段则可减少 15%（最高）的燃油消耗量，汽油发动机还可以降低 5～8.6g/km 的 CO_2 排放量。以大众车型为例，车辆起步后，一旦其行驶速度超过 3km/h 且保持 4s 左右，起停系统就会自动开启。

此外，起停系统还可以延长发动机的使用寿命。空转会对发动机造成不小的磨损，如果在长时间需要空转的情况下能够关闭发动机，会对发动机使用寿命的延长有利。

6.3.1.2 起停系统的分类

起停技术最初只用于混合动力汽车，之后才扩展到传统内燃机车辆。目前，起停系统主要有 3 种形式：分离式起动机/发电机起停系统、集成起动机/发动机起停系统及 SSIS 智能起停系统。

1．分离式起动机/发电机起停系统

分离式起动机/发电机起停系统是一种常见的起停系统。该系统的起动机和发电机是独立设计的，发动机起动所需的功率由起动机提供，发电机负责为起动机提供电能。

博世公司是分离式起动机/发电机起停系统的主流供应商。该系统包括增强型起动机、增强型蓄电池（一般采用 AGM 蓄电池）、可控发电机（图中未标出）、集成起停系统协调程序的发动机控制单元及相关传感器等，如图 6-2 所示。其中，增强型起动机能快速起动发动机，可以降低起动时的油耗。

分离式起动机/发电机起停系统的零件少、安装方便，可用于不同的起动驱动方式（带驱动、直齿驱动和电力驱动），并且系统的部件与传统部件尺寸一致，因而可以直接装入各种车辆。

目前，全球已量产的装有分离式起动机/发电机起停系统的车型非常多，如宝马的 1 系、

3 系、5 系及 X3，大众的帕萨特、高尔夫，奔驰的 A 级、B 级、C 级、E 级（部分），奥迪 A6、A8，以及雷诺 Megane 和欧宝 Corsa 等。

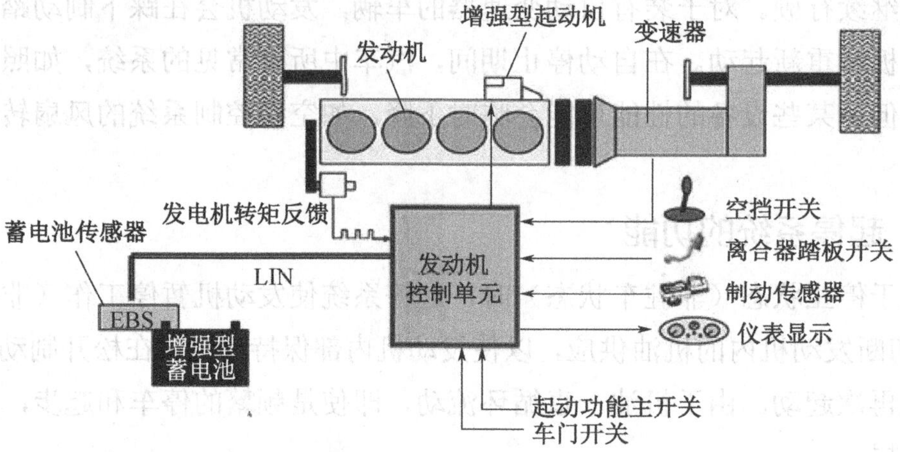

图 6-2　分离式起动机/发电机起停系统的组成

我国的一些汽车制造商从 2009 年开始与博世公司合作匹配使用分离式起动机/发电机起停系统，如长城、吉利、上海汽车、奇瑞等自主品牌均相继推出匹配车型。

2. 集成起动机/发电机起停系统

集成起动机/发电机是一个通过永磁体的转子和单齿定子来激励的同步电机，能将驱动单元集成到混合动力传动系统中。

法雷奥集团研发的微混合系统 i-Start（i-Start/Stop System）首先应用于标致雪铁龙集团（PSA）的 e-HDi 车型上，如图 6-3 所示，之后被推向市场。i-Start 的控制电路被集成在发电机内部，具有停车后立即无声重新起动发动机的能力。因此，在因交通信号灯或交通拥堵而停车时，只需挂挡或松开制动踏板，汽车就会迅速起动。该技术可使汽车节省燃料、减少污染。例如在交通拥堵时，其可减少 15%的 CO_2 排放量。

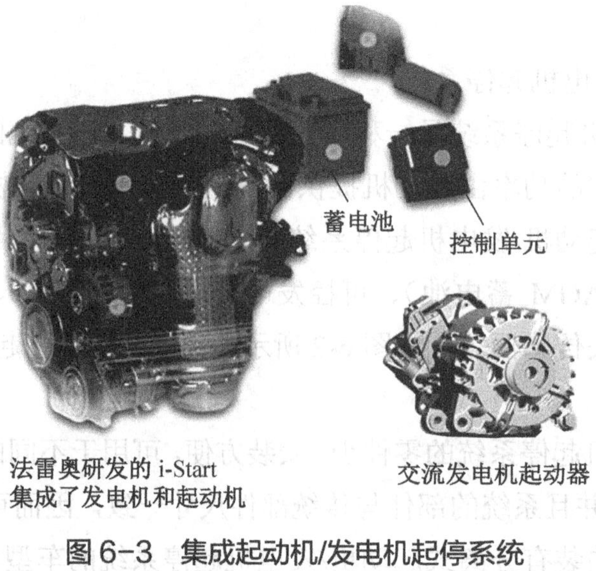

图 6-3　集成起动机/发电机起停系统

法雷奥集团为10个汽车制造商的50款车型配备i-Start。PSA集团、奔驰公司都是i-Start的主要用户。

3. SISS智能起停系统

上述两种起停系统都是借助起动机来起动发动机的，马自达的SISS智能起停系统则是直接向气缸内喷射燃油，借助燃油燃烧产生的膨胀力来起动发动机，传统起动机只起辅助作用，如图6-4所示。

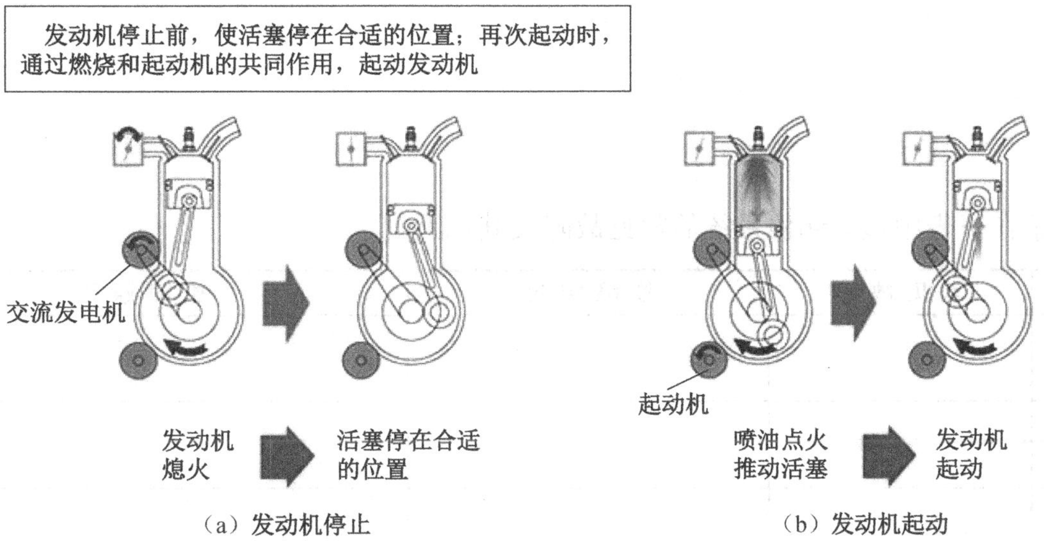

图6-4 马自达的SISS智能起停系统

通过SISS智能起停系统重起发动机的时间为0.35s（自动变速器车型，内部测试数据），约为传统起动机重起系统用时的一半。该系统控制智能、效率高，不用起动机就能实现自动起停功能，已用于日本市场销售的马自达2、马自达3和马自达6等车型。

6.3.1.3 工作页

1. 汽车为什么要配备起停系统？

2. 请叙述起停系统的功能。

3．自动起动/停止系统有哪些形式？

4．请比较不同类型起停系统的特点。

5．请在下表中填写起停系统的常见故障及其原因。

序　号	常见故障	故障特征	故障原因
1			
2			
3			

6．当车辆因路口或者交通信号灯停车时，起停系统会自动________，直到汽车再次起步时，不需要操作点火钥匙就能________，从而达到节能减排的目的。相关试验证明，配备起停系统的车辆在综合路况（高速公路、普通公路、城市公路）条件下可以减少______左右的燃油消耗量，而在拥堵路段中最高可以减少________的燃油消耗量，汽油发动机还可以降低________的 CO_2 排放量。以大众车型为例，车辆起步后，一旦其行驶速度超过________且保持________左右，起停系统就会自动开启。

6.3.2　自动起动/停止系统的组成及工作原理

6.3.2.1　自动起动/停止系统的组成

1．起停系统按键

起停系统按键（见图 6-5）的安装位置因车而异，大众车型通常安装在变速杆的控制台上。在行车过程中，驾驶人可以通过控制该按键开启或关闭自动起动/停止系统。手动打开点火开关，该系统也会自动开启。一旦满足工作条件，该系统就会自动工作。起停系统按键出现故障时，发动机控制单元会关闭自动起动/停止系统，并在故障存储器内会记录相关故障信息。

2．玻璃纤维隔板蓄电池

具有起停功能的汽车一般使用玻璃纤维隔板蓄电池（见图 6-6），而非普通的铅酸蓄电池。玻璃纤维隔板蓄电池作为起动用的蓄电池具有更高的循环稳定性。

图 6-5　起停系统按键

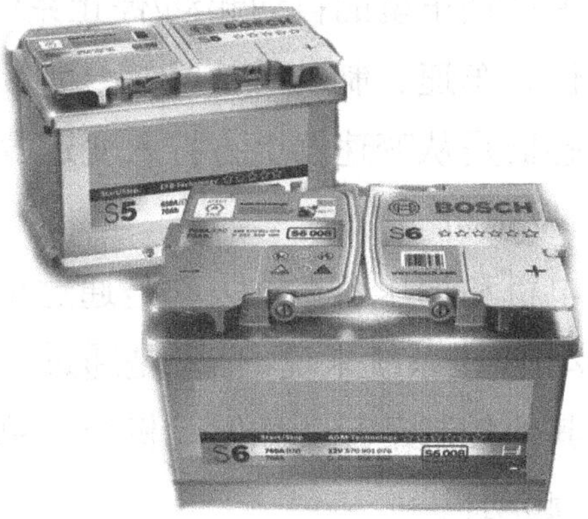

图 6-6　玻璃纤维隔板蓄电池

玻璃纤维隔板蓄电池与胶体蓄电池是蓄电池开发领域中的新型代表。该种蓄电池与普通铅酸蓄电池的不同之处在于电解液是完全吸附在玻璃纤维上的，并由玻璃纤维隔板将铅极板隔开。

玻璃纤维隔板蓄电池具有以下优点：（1）冷起动性能好；（2）深度放电性能好；（3）工作性能强；（4）即使壳体破裂，也不会发生电解液泄漏；（5）基本不会出现影响性能的酸化层（与传统蓄电池相比）；（6）免维护。

充电和跨接起动的注意事项：先将充电电缆的一端接在正极接线柱上，再将另一端接到车身搭铁处。这样可以保证蓄电池传感器不会被旁路。如果直接在负极接线柱上给蓄电池充电，就会绕过蓄电池传感器，无法在充电过程中获得蓄电池数据，导致数据总线诊断接口内存储的关于蓄电池状态的数值与已充电的蓄电池数值不一致。

3．蓄电池传感器

蓄电池是否有足够的电能来重新起动发动机，对于自动走动/停止系统来说是非常重要的。蓄电池传感器主要用于控制自动起停功能，它通过检测汽车蓄电池的电压、电流及工作温度，转化为输电信号传输给发动机控制单元，发动机控制单元随即作出判断，启用自动起停功能，以减少能源消耗和尾气排放。因此，大众车型采用新型线束来连接玻璃纤维隔板蓄电池，新型线束中设置了一个集成在蓄电池监控控制单元（J367）内的新型蓄电池传感器，如图 6-7 所示。

图 6-7　新型蓄电池传感器

蓄电池监控控制单元直接安装在搭铁的负极接线柱上，通过 LIN 总线与数据总线诊断接口相连。

如果蓄电池传感器损坏，则无法获取蓄电池状态的正确信息。数据总线诊断接口的故障存储器内会记录相关故障信息，自动起动/停止系统将被关闭。

4．手动变速器空挡位置传感器

在手动挡车型的自动起动/停止系统中，空挡位置传感器用于检测当前挡位状态，该系统根据挡位、车速、制动等信号综合判断驾驶人的驾驶意图，控制发动机起动或者停止。空挡位置传感器是从变速器上方拧入变速器壳体的，它以非接触方式识别选挡轴的位置。

5．发电机

发电机和调压器在过去都是通过单独的导线与发动机和车载电网控制单元相连的。对于自动起动/停止系统来说，信息是通过 LIN 总线传至数据总线诊断接口的，由此可以通过 CAN 总线为其他控制单元（如发动机控制单元）提供信息。

6．起动机

自动起动/停止系统对起动机（见图 6-8）提出了较高的要求，即循环稳定性强、齿圈强度大。这里所说的循环，是指起动机的工作，与发动机是否起动无关。循环稳定性强，意味着起动机的使用寿命长、磨损少。

7．稳压器

稳压器是一种 DC/DC 变换器，如图 6-9 所示。DC/DC 是指直流到直流的转换。稳压器的任务就是在特定情况下（如自动起动/停止系统工作时），将车载电网（接线端 30）的电压稳定在 12V 左右。由于自动起动/停止系统在工作时需要很大的起动电流，会导致车上其他用电设备的电压波动变大，因而需要使用稳压器来稳定电压。

图 6-8　自动起动/停止系统的起动机

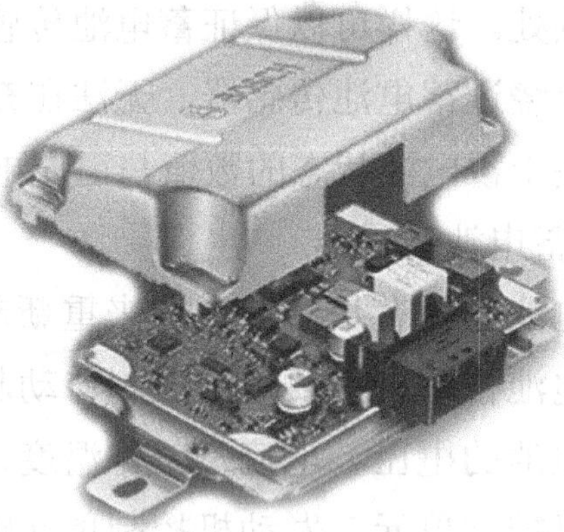

图 6-9　稳压器

稳压器通常装在左前车轮罩壳上，其功率为 180W。它通过 LIN 总线与车载电网（接线端 50R，R 代表反馈）相连。如果没有稳压器，受影响的控制单元就会重置设备并记录类似“车载电压，信号过小”的故障信息。使用稳压器后，就可以避免出现上述情况。

如果稳压器损坏，起动机工作会导致收音机、导航、组合仪表及电话等设备的电压不足并被重置。当自动起动/停止系统处于工作状态时，如果每次起动发动机，上述设备就出现重置，则说明稳压器损坏，在诊断接口或者车载电网控制单元的故障存储器内不会出现直接的故障记录。

6.3.2.2 稳压器的工作过程

稳压器的核心部件是一个电子蓄能元件，它可以将电能存储一定的时间。此外，还需要一个内部开关（晶体管），用于控制电子蓄能元件内的电能。在点火开关断开的情况下，稳压器的电路连接如图 6-10 所示。

（1）稳压器充电。接通点火开关，接线端 15 通电，电子蓄能元件开始充电，使稳压器达到 180W 的最大功率，用于抵消电压降，如图 6-11 所示。断开用于控制电子蓄能元件的内部开关，稳压器就会处于备用状态。

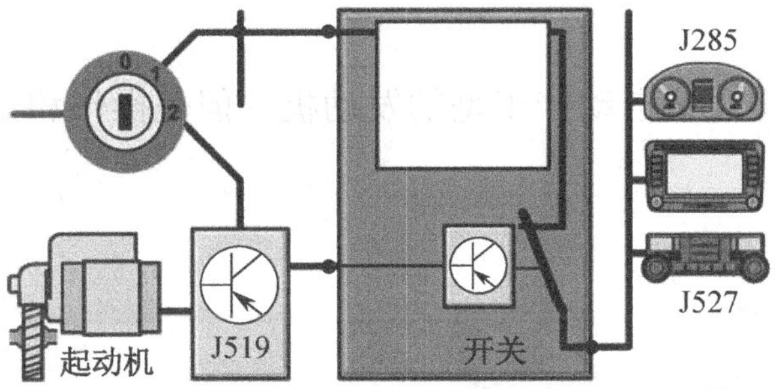

图 6-10 稳压器的电路连接（断开点火开关）

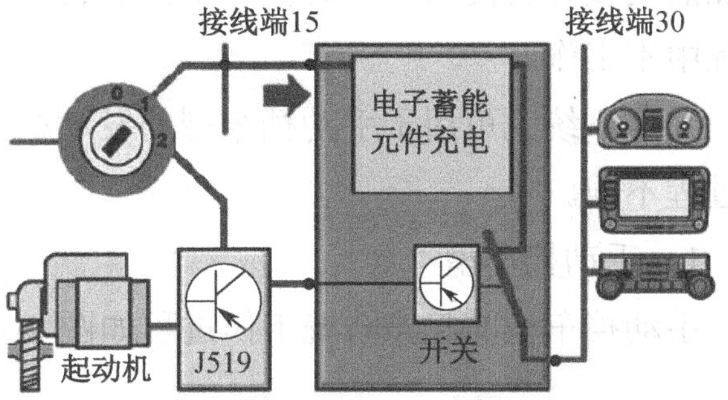

图 6-11 稳压器的充电电路（接通点火开关）

（2）稳压器放电。起动机工作（接线端 50 通电），使发动机起动，稳压器通过接线端 50R 接收一个开启信号，该开启信号会将内部开关闭合，使稳压器放电，如图 6-12 所示。存储的电能就会从蓄能器中输出，用来补偿电压波动。之后，开关断开，电子蓄能元件开始重新充电。

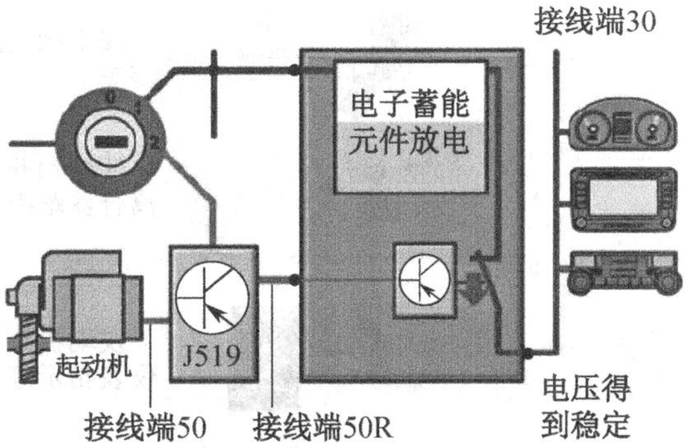

图 6-12 稳压器的放电电路（发动机起动）

为了实现自动起动/停止系统的功能，玻璃纤维隔板蓄电池、发电机、起动机、手动变速器（挡位识别）、稳压器等部件都应进行匹配。

6.3.2.3 自动起动/停止系统的工作原理

自动起动/停止系统（以下简称起停系统）的工作原理：当车辆因拥堵或者路口停止行进时，驾驶人踩下制动踏板，停车摘挡。此时，起停系统自动检测发动机空转且没有挂挡，防锁定系统的车轮转速传感器显示为零，以及电子蓄电池传感器显示有足够的能量进行下一次起动。在满足这 3 个条件后，发动机自动停止运转。

当交通信号灯指示通行后，驾驶人踩下离合器踏板，即可起动“起动停止器”，使发动机快速起动；驾驶人挂挡后，踩下加速踏板，车辆快速起步。这种节能的驾驶方式并没有改变人们的驾驶习惯，不会带来使用方面的问题，只有显著的节能减排效果。此外，在高效的蓄电池技术和相应的发动机管理程序的支持下，起停系统在较低的温度下也能正常工作，只需短暂的预热过程即可激活。

起停系统的功能由发动机管理系统执行，并集成在发动机控制单元的软件中。对于发动机管理系统来说，评估蓄电池的充电状态并以此判断是否可以使发动机再次起动是很重要的，这个过程称为起动电压估测。它表明，对于涉及再次起动的所有发动机特性和数值都要进行评估，蓄电池状态和发动机特性曲线一直都处于监控分析中。

发动机管理系统根据起动电压估测的具体情况，判定起停系统是否可以开启，或者是否需要关闭某些用电设备，以避免用电需求过大。目前涉及的用电设备有座椅加热装置、后视镜加热装置、转向盘加热装置和电热装置，它们在发动机起动前会被关闭，并在发动机起动过程中不工作。

起停系统既可用于手动挡车型的发动机，也可用于自动挡车型的发动机，但是操作和工作过程不同。

1．手动挡车型

手动挡车型的起停系统工作过程如图 6-13 所示。

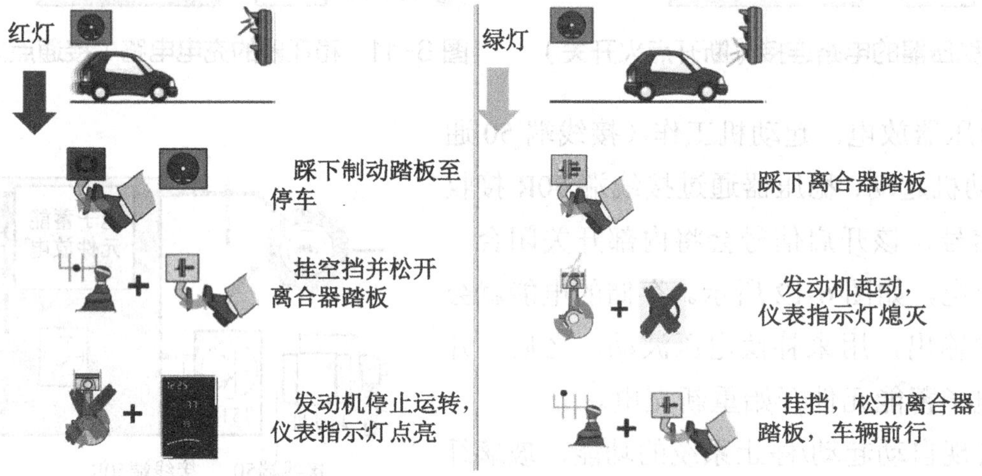

（a）停车　　（b）起步

图 6-13　手动挡车型的起停系统工作过程

当因交通信号灯停车时，驾驶人通过制动系统使车辆完全停止，并将挡位换入空挡，完全松开离合器踏板，控制系统自动使发动机停止运转。当交通信号灯示意通行时，驾驶人踩下离合器踏板，发动机重新起动，挂入前进挡位后，车辆起步。

2．自动挡车型

自动挡车型的起停系统工作过程如图 6-14 所示。

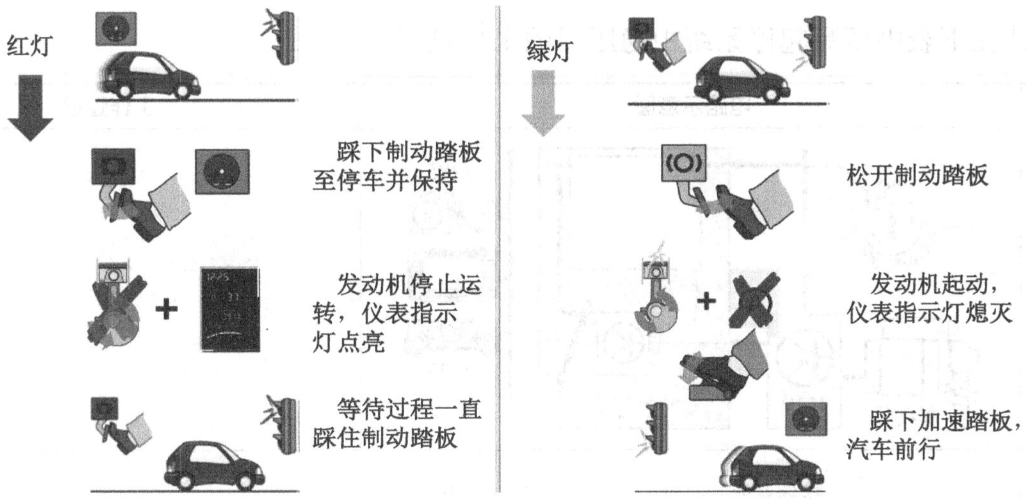

（a）停车　　（b）起步

图 6-14　自动挡车型的起停系统工作过程

相较于手动挡车型，自动挡车型的操作更为简单，驾驶人只需施加完全制动使车辆停止，发动机会自动停止运转。在松开制动踏板后，驾驶人踩下加速踏板，发动机自动起动，车辆起步。

起停系统集成在发动机控制单元的软件内，需要与车辆的许多部件和子系统进行数据交换，以便控制发动机的起动和停止。起停系统控制单元除了处理加速踏板信号和制动踏板信号，还需要处理大量的其他信息。

6.3.2.4　工作页

1．汽车自动起动/停止系统（以下简称起停系统）的主要部件有哪些？

2．汽车起停系统的主要部件有什么特点？

3．请在下表中填写起停系统中稳压器的工作过程。

<table>
<tr><th>序号</th><th>电路示意图</th><th>工作过程</th></tr>
<tr><td>1</td><td>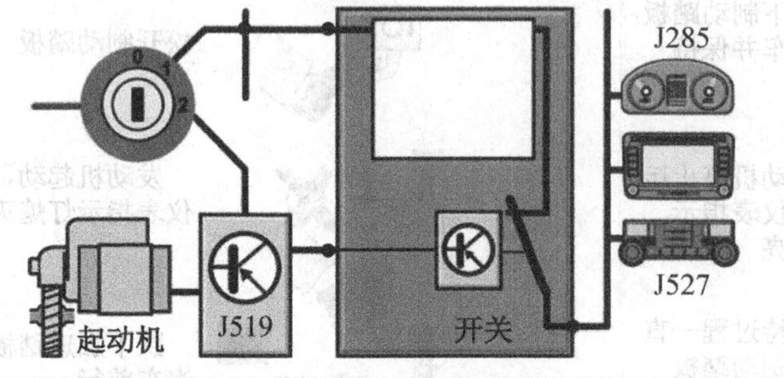
</td><td></td></tr>
<tr><td>2</td><td>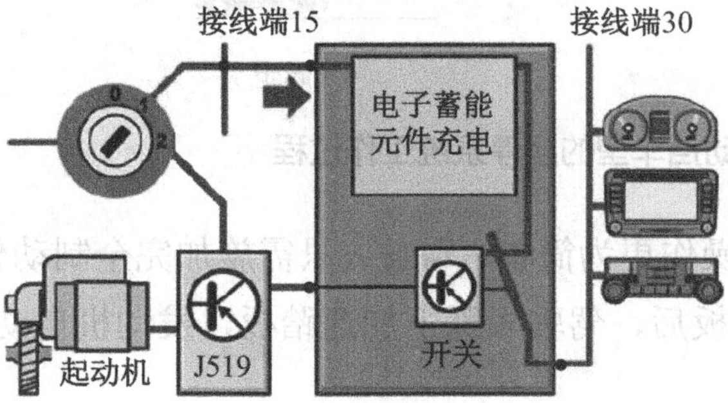
</td><td></td></tr>
<tr><td>3</td><td>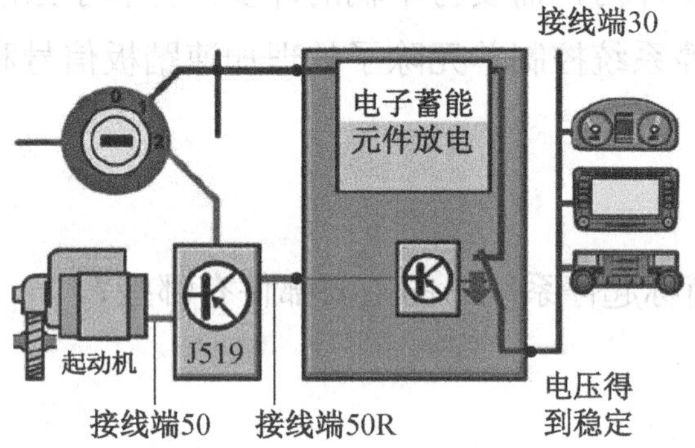
</td><td></td></tr>
</table>

4. 起停系统的工作原理：当车辆因拥堵或者路口停止行进时，驾驶人________________，停车摘挡。此时，起停系统自动检测____________，____________，以及电子蓄电池传感器显示有足够的能量进行下一次起动。在满足 3 个条件后，发动机自动停止运转。

当交通信号灯指示通行后，驾驶人____________，即可起动“______________”，使发动机快速起动；驾驶人挂挡后，踩下加速踏板，车辆快速起步。

6.3.3 自动起动/停止系统的操作

6.3.3.1 自动起动/停止系统的操作

以带有起停功能的大众车型为例，插入点火钥匙，接通点火开关，自动起动/停止系统（以下简称起停系统）的开关会自动接通，组合仪表显示屏显示起停系统的状态指示符，如图 6-15 所示。一旦车速大于 3km/h 的时间超过 4s，起停系统就会处于激活状态，驾驶人可以通过按键（E693）手动关闭或开启起停系统。按键（E693）通常位于变速杆附近，不同车型的按键布置方式不同，帕萨特汽车的按键（E693）外观及安装位置如图 6-16 所示。当驾驶人按下该按键后，起停系统即被关闭，组合仪表显示屏上的状态指示符熄灭；当驾驶人再次按压该按键或将点火钥匙拔出后再次插入时，起停系统会被再次激活。

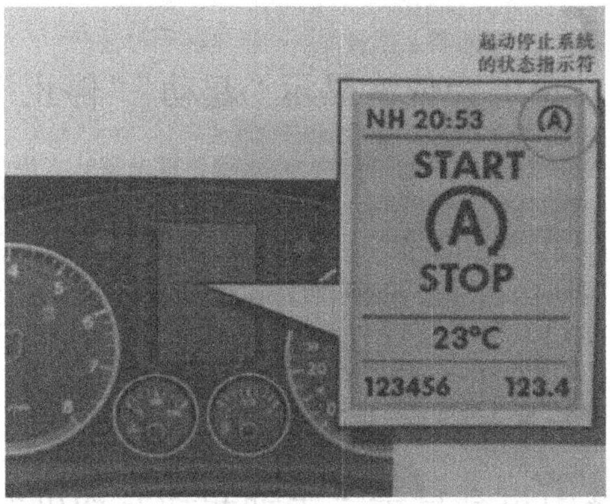

图 6-15　起停系统的状态指示符

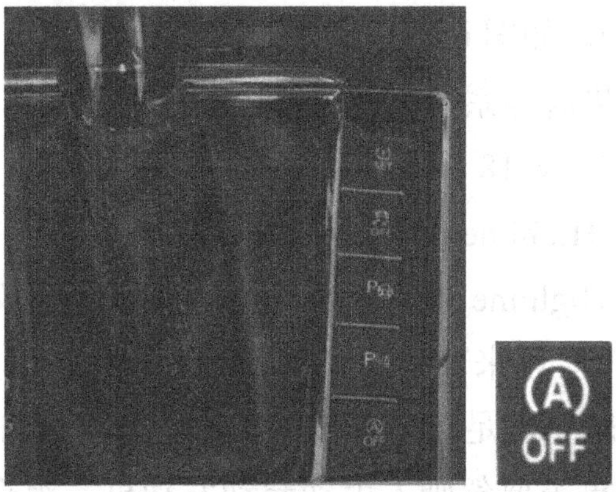

图 6-16　帕萨特汽车的按键（E693）外观及安装位置

起停系统既可以用于搭载手动变速器的车辆，也可以用于搭载自动变速器的车辆。该系统会根据车辆运转情况和驾驶人的操作判断是否需要关闭或起动发动机。对于使用不同变速器的车辆，起停系统的操作特点也不同。

对于搭载手动变速器的车辆，当车辆以较高车速接近交通信号灯为红灯的路口时，驾驶人会控制车辆减速、减挡行驶直至车辆停止，然后将挡位换至空挡并松开离合器踏板，起停系统会关闭发动机，并处于再次起动发动机的准备状态，组合仪表显示屏上会同时显示图 6-17 所示的起停符号。当交通信号灯变为绿灯时，驾驶人踩下离合器踏板，起停系统立即起动发动机，组合仪表显示屏上的起停符号熄灭，车辆继续行驶。

图 6-17　起停符号

对于搭载自动变速器的车辆，当车辆以较高车速接近交通信号灯为红灯的路口时，驾驶人对车辆进行制动直至车辆停止（驾驶人应踩住制动踏板直至交通信号灯变为绿灯），起停系统会关闭发动机，并处于再次起动发动机的准备状态，组合仪表显示屏上会同时显示图 6-17 所示的起停符号。当交通信号灯变为绿灯时，驾驶人松开制动踏板，起停系统立即起动发动机，组合仪表显示屏上的起停符号熄灭，车辆继续行驶。

6.3.3.2　自动起动/停止系统在仪表上的显示

不同车辆的自动起动/停止系统（以下简称起停系统）在仪表上的显示不尽相同，但基本信息都相似。以大众车型为例，由于配备的组合仪表型号不同，显示的起停系统的信息也不同。

1．Lowline 配置的组合仪表

在 Lowline 配置的组合仪表中，只有在发动机被自动关闭时，才会显示起停系统的工作情况，而起停系统也在准备使发动机再次起动。组合仪表显示屏下方以滚动字幕的方式显示“起动停止系统已开启”，如图 6-18（a）所示。

如果需要驾驶人手动起动发动机，组合仪表显示屏会显示“手动”和“起动”（每 2s 切换一次），如图 6-18（b）所示。

如果起停系统出现故障，不能正常工作，组合仪表显示屏会依次显示“起动”“停止”“故障”，如图 6-18（c）所示。

2．Highline 配置的组合仪表

在 Highline 配置的组合仪表中，组合仪表显示屏右上角显示一个由圆弧箭头包住的字母 A，该符号用来表示起停系统的工作状态，如图 6-19（a）所示。如果驾驶人关闭起停系统，或者车辆不满足起停系统的工作条件，该符号会熄灭。

如果需要驾驶人手动起动发动机，组合仪表显示屏中央会显示“手动起动发动机”，如图 6-19（b）所示。

如果起停系统出现故障，组合仪表显示屏会显示“起动停止系统故障”，如图 6-19（c）所示。

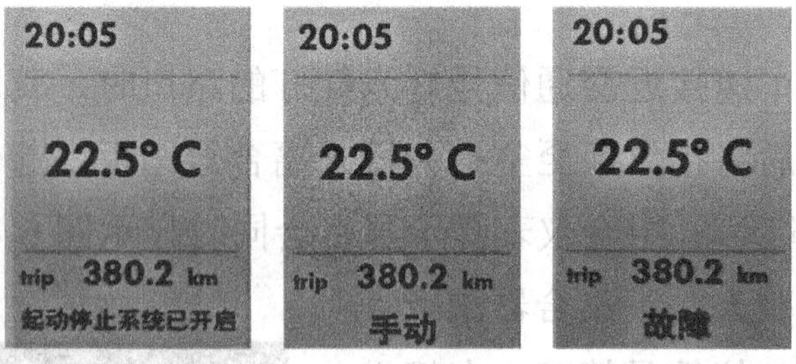

（a）（b）（c）

图 6-18　Lowline 配置的组合仪表显示信息

（a）（b）（c）

图 6-19　Highline 配置的组合仪表显示信息

如果起停系统发生故障，则在每次起动发动机后显示图 6-19（c）所示的信息，之后会被“手动起动发动机”取代。

6.3.3.3　工作页

1．对于带有起停功能的大众车型，插入________________，接通点火开关，自动起动/停止系统（以下简称起停系统）的开关会自动接通，组合仪表显示屏显示________________的状态指示符。驾驶人可以通过________________手动关闭或开启起停系统。

2．请分别描述手动挡车型和自动挡车型的起停系统的操作过程。

3．根据下表中大众车型的 Lowline 配置的组合仪表显示信息，分别说明图（a）、图（b）、图（c）的显示条件。

（a）　（b）　（c）

图（a）	
图（b）	
图（c）	

4．根据下表中大众车型 Highline 配置的组合仪表显示信息，分别说明图（a）、图（b）、图（c）的显示条件。

（a）　（b）　（c）

图（a）	
图（b）	
图（c）	

6.3.4 自动起动/停止系统的控制

6.3.4.1 自动起动/停止系统的工作条件

这里以带有起停功能的大众车型为例，介绍自动起动/停止系统（以下简称起停系统）的工作条件。

1．停车时关闭发动机的条件

停车时，若想让起停系统关闭发动机，除了驾驶人正确操作离合器、换挡和制动，还需要满足以下条件：①车辆已停止（车速为 0）；②发动机转速低于 1200r/min；③冷却液温度为 25～100℃；④制动助力系统的真空压力高于 550mbar(1mbar=100Pa)；⑤蓄电池能够提供发动机再次起动所需的电能（这个电能需求量是在发动机关闭前计算出来的，也就是起动电压预测）；⑥蓄电池温度为-1～55℃；⑦乘员对空调系统的要求不高，出风口的规定温度和实际温度之差小于8℃；⑧柴油颗粒过滤器未处于再生工作模式（仅指柴油发动机）。

2．继续行驶时起动发动机的条件

若想让起停系统再次起动发动机，除了驾驶人的正确操作，还需要满足以下条件：①驾驶人已系好安全带（安全带锁扣已锁紧）；②发动机舱盖已关闭；③车门已关好；④起停系统检测到已踩下离合器踏板，并且变速杆处于空挡位置（手动挡车型）；起停系统检测到制动踏板已松开（自动挡车型）。

3．发动机停止运转后强制起动的条件

在起停系统控制发动机停止运转后，若发生下列情况，即使驾驶人没有起动发动机的操作，起停系统也会控制发动机起动。

（1）车辆在坡道上发生溜车或者需要使用制动助力和转向助力，并且车辆移动速度超过3km/h。

（2）发动机冷却液温度不在25～100℃的范围内。

（3）制动助力系统的真空度不足。

（4）蓄电池电量不足。

（5）乘员激活了车内用电量较大的系统，如按下除霜按键，风机挡位超过4级，以及空调系统制热和制冷要求的提升（出风口目标温度和实际温度之差超过8℃）等。

当起停系统开始运作时，为了保证能再次起动发动机，某些辅助用电设备或者舒适功能（如座椅加热）会在发动机停止运转后自动关闭。

4．起停系统关闭条件

当存在下列情况时，起停系统将不能自动关闭发动机。

（1）驾驶人已经通过起停系统的按键（E693）关闭起停系统，或者按键（E693）存在故障。

（2）蓄电池的充电状态无法再次起动发动机（起动电压预测功能），或者蓄电池控制单元失效。

（3）除霜功能处于激活状态。

（4）前风窗玻璃加热功能处于激活状态。

（5）空调操作面板上设置的温度与车内实际温度之差大于8℃。

（6）发动机转速超过1200r/min。

（7）发电机损坏，如传动带断裂。

车辆、装备和发动机型号不同，此处所示的数值（发动机转速）也不同。随着技术的发展，这些数值也会变化，因此具体的数值必须参阅最新的维修手册。

6.3.4.2 起停系统控制单元

大众车型自动起动/停止系统（以下简称起停系统）的相关控制单元如图 6-20 所示。起停系统集成在发动机控制单元（J623）的软件内。该系统需要与车辆的许多部件和系统进行数据交换，以便控制发动机，这就要求相关控制单元可以处理许多信息（不只是离合器踏板信号和制动信号）并密切配合。

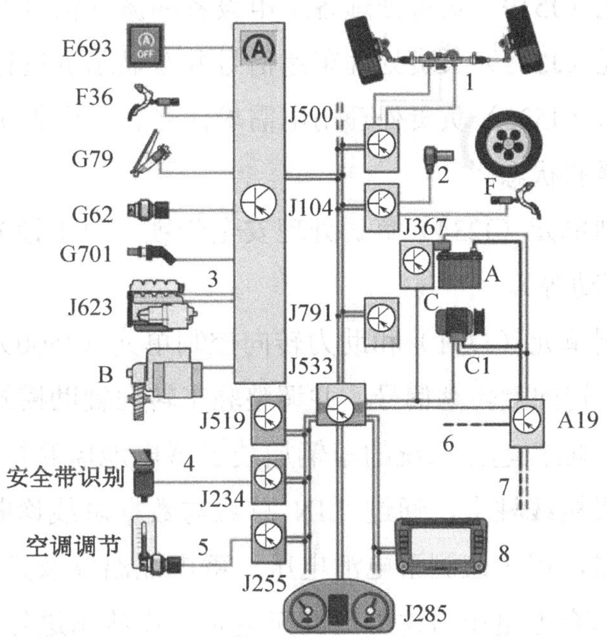

1—电控机械式动力转向系统；2—车速信号；3—发动机管理系统；4—安全带识别；5—暖风、风机和空调调节；6—接线柱 50R；7—接线柱 30；8—收音机/导航系统；A—蓄电池；B—起动机；C—发电机；C1—电压调节器；A19—稳压器；E693—起停系统开关；F—制动灯开关；F36—离合器踏板开关；G62—冷却液温度传感器；G79—加速踏板位置传感器；G701—变速器空挡位置传感器（手动变速器）；J104—ABS 控制单元；J234—舒适系统中央控制单元；J255—自动空调控制单元；J285—组合仪表控制单元；J367—蓄电池监测控制单元（带有蓄电池传感器）；J500—助力转向控制单元；J519—车载电网控制单元；J533—数据总线诊断接口；J623—发动机控制单元；J791—驻车转向辅助控制单元

图 6-20 大众车型起停系统的相关控制单元

由起停系统的操作可知，起停系统要求发动机控制单元除了处理加速信号和制动信号，还需要处理大量其他信息。

根据起停系统逻辑，首先需要确定在点火开关接通后，是否已经满足激活起停功能的先决条件。为此，发动机控制单元（J623）需要协调起停系统与车辆其他系统之间的关系，并处理相关信号，如起停系统开关（E693）信号、起停系统激活的释放信号、转速信号、机油液面高度信号、空燃比传感器加热器负荷信号、挡位识别信号、离合器踏板信号、变速器空挡位置传感器信号（仅限于手动变速器）、加速踏板位置信号、喷油调节信号及其他信号。

对于搭载双离合器自动变速器的车辆，其控制单元（J743）负责处理挡位识别信号和变速器输出转速信号。

ABS 控制单元（J104）负责处理制动踏板信号、制动压力信号、车轮转速信号及 ESP 信号等。

自动空调控制单元（J255）负责处理车外温度信号、车内温度信号、出风口温度信号、除霜模式信号、压缩机负荷信号和风机负荷信号等。

车载电网控制单元（J519）负责处理各用电设备的激活信号。

组合仪表控制单元（J285）负责处理车速信号并对显示屏进行控制。

数据总线诊断接口（J533）负责处理用电需求信号、发电机负荷信号（通过 LIN 总线），并监控蓄电池和稳压器的状态。

舒适系统中央控制单元（J234）负责处理安全带锁（已上锁）信号及舒适功能负荷信号（如滑动/外翻天窗的驱动等）。

驻车转向辅助控制单元（J791）和助力转向控制单元（J500）负责处理电动机械式动力转向系统的负荷信号、转向盘转动信号，并调整驻车转向辅助模式。

与一般车辆不同，配备起停系统的车辆加装了蓄电池监测控制单元（J367）。该控制单元直接接在搭铁的负极接线柱上，通过 LIN 总线与数据总线诊断接口（J533）相连。其内部有一个蓄电池传感器，用于监测蓄电池电压、蓄电池温度及充电电流等。借助这些数据，可以将充电调节情况和充电电压与蓄电池的充电和工作状态进行适配，以提高起停系统的可用性。

在未配备起停系统的车辆上，起动时为了能确保起动机获得最大电流，车上的用电设备是断开的，如收音机、电话控制单元、风窗玻璃和前照灯清洗泵。配备起停系统的车辆相对于未配备该系统的车辆，其发动机的起动更为频繁。一旦驾驶人起动车辆，发动机就会自动起动。如果每次车辆起动时，收音机和电话控制单元都被切断，则会带来极大不便。为了避免发生这种情况，需要加装一个稳压器（A19）来稳定电压。在特定情况下（如起停系统工作时），稳压器向收音机、导航仪、电话控制单元、多媒体控制单元和组合仪表供电。起动发动机时，稳压器会补偿车辆供电网络的电压降，并防止诸如仪表板的瞬间变暗或收音机的瞬时断开等情况发生。如果没有稳压器，那么受到电压波动影响的控制单元就会重置并记录故障码。

6.3.4.3 起停功能协调单元

起停功能协调单元（见图 6-21）负责协调发动机的自动停止和起动，集成在发动机控制单元中。

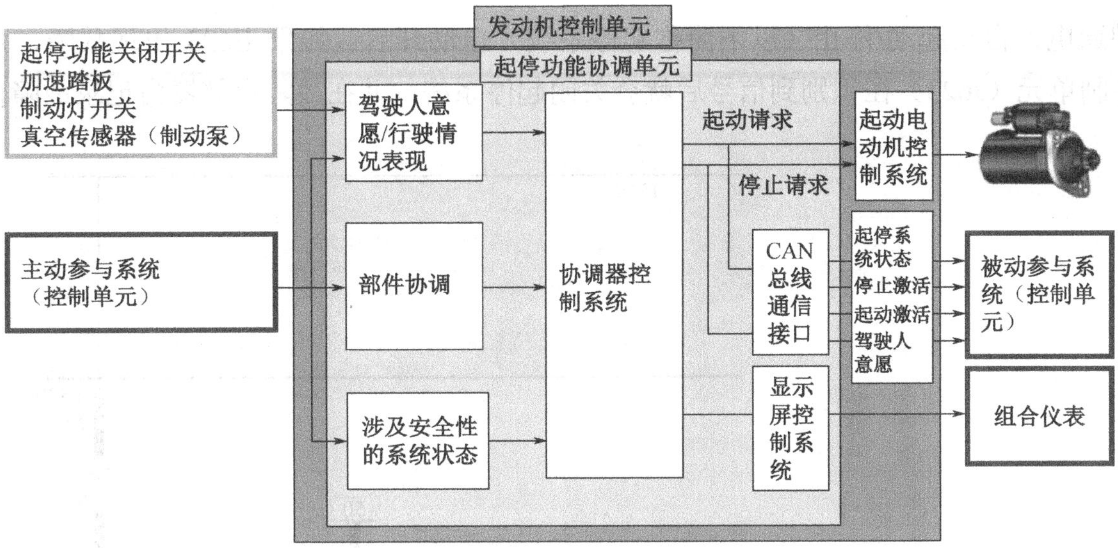

图 6-21 起停功能协调单元

起停功能协调单元的输入信号分为 3 组，分别是驾驶人意愿/行驶情况表现信号、部件协调信号和涉及安全性的系统状态信号，协调器控制系统根据接收的信号发出指令。

（1）驾驶人意愿/行驶情况表现信号。协调器控制系统收到以下信号后会禁止停止发动机：

① 起停功能关闭开关（来自发动机控制单元）开启；

② 加速踏板信号（来自发动机控制单元）开启；

③ 制动灯开关（来自发动机控制单元）打开；

④ 调车识别信号（来自变速器控制单元）关闭。

（2）部件协调信号。具体包括以下信号：

① 发动机冷却液温度是否超出运行极限（运行极限为 25～110℃），如超出则禁止停止发动机；

② 发动机怠速提高（发电机负荷＞85%），禁止停止发动机；

③ 前风窗玻璃加热装置是否打开，若打开，则禁止停止发动机；

④ 蓄电池充电状态（充电量 SOC 应≥60%），否则禁止停止发动机；

⑤ 空调设定的额定温度与实际温度偏差过大（热温差大于 10℃，冷温差大于 8℃），禁止停止发动机。

（3）涉及安全性的系统状态信号。具体包括以下信号：

① 识别到碰撞信号（来自安全气囊控制单元），锁闭起停功能；

② 真空传感器（制动泵）（来自发动机控制单元）开启信号；

③ 转弯角＞270°（电动助力转向控制单元）的信号，禁止停止发动机，确保快速转弯；

④ 车辆倾斜＞10%（来自 ESP 控制单元）的信号，禁止停止发动机；

⑤ 驾驶员安全就座识别（安全气囊控制单元）信号。

6.3.4.4 自动起动/停止系统的控制电路

（1）起停模式按键控制电路（见图 6-22）。起停模式按键的一端直接与开关 15 供电相连，另一端直接与发动机控制单元相连。只要是手动打开点火开关，开关 15 接线端就会给起停模式按键通电，自动起动/停止（以下简称起停系统）自动开启。如果 E693 出现故障，那么发动机控制单元（J623）在识别到信号后就会关闭起停系统，并在故障存储器内记录故障信息。

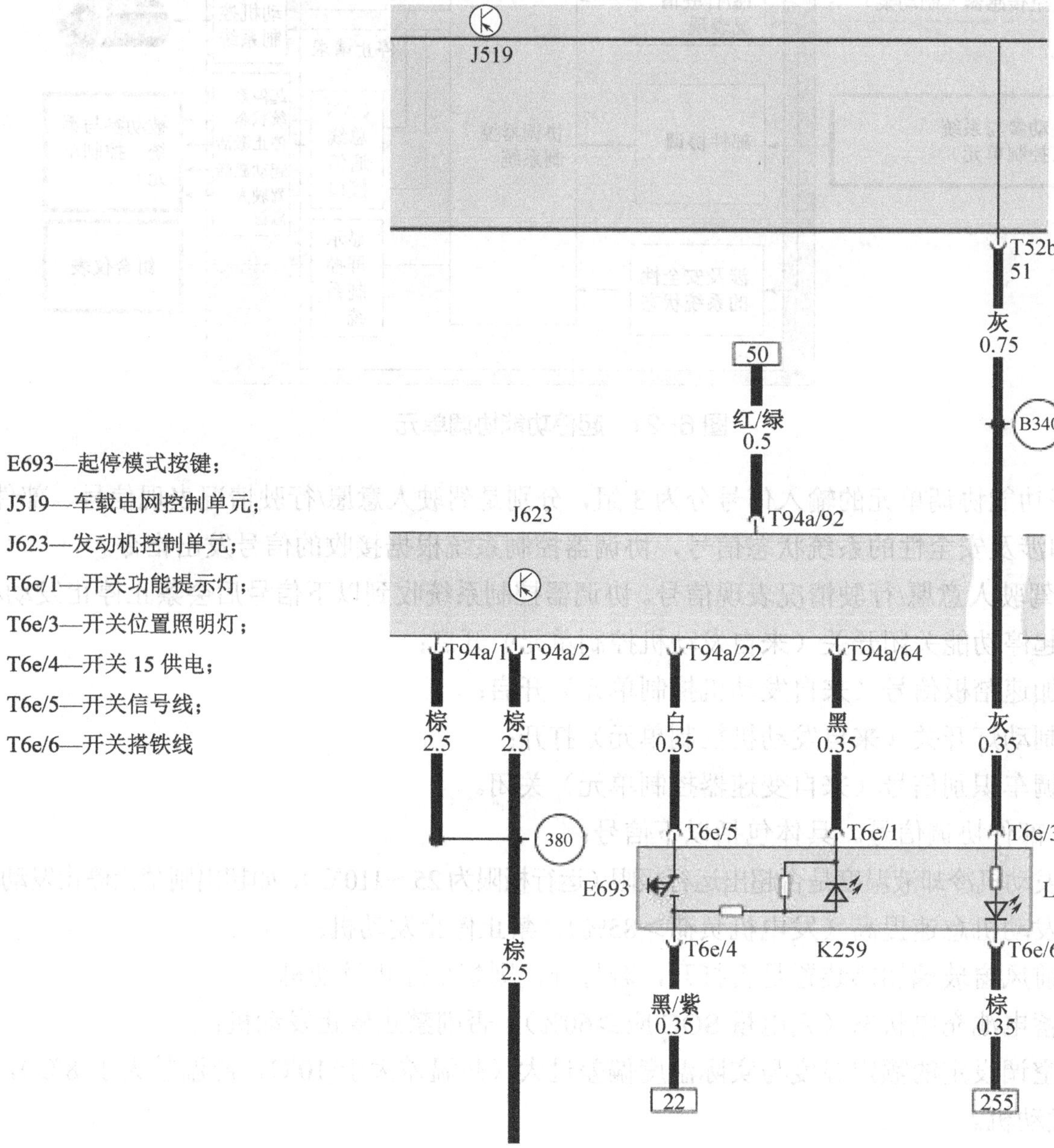

图 6-22　起停模式按键控制电路

（2）蓄电池监控控制单元电路（见图 6-23）。蓄电池监控控制单元（J367）的一端直接与蓄电池的负极相连，另一端搭铁。由于在蓄电池负极上测量蓄电池的电流，而蓄电池负极中的所有电流都会流经 J367，由此可以精确显示流入或流出蓄电池的电流。通过电压测量直接在蓄电池正极上确定蓄电池的电压，为此将搭铁线从正极接至 J367。

（3）起停系统稳压器控制电路（见图 6-24）。如果点火锁转到“点火开关打开”的状态，接线端 15（T12d/3）通电，稳压器开启，位于其内部的蓄能元件（大容量电容器）开始充电，稳压器处于备用状态。随着起动机开始工作，稳压器从接线端 50R（T12d/4）接收一个开启信号，存储的电能就会从蓄能器（T12d/7）中流出，用于补偿电压的波动。

J367—蓄电池监控控制单元（内装有蓄电池传感器）；

J367 电路信号状态：

T2r/1—LIN 数据通信线；

T2r/2—供电线 30

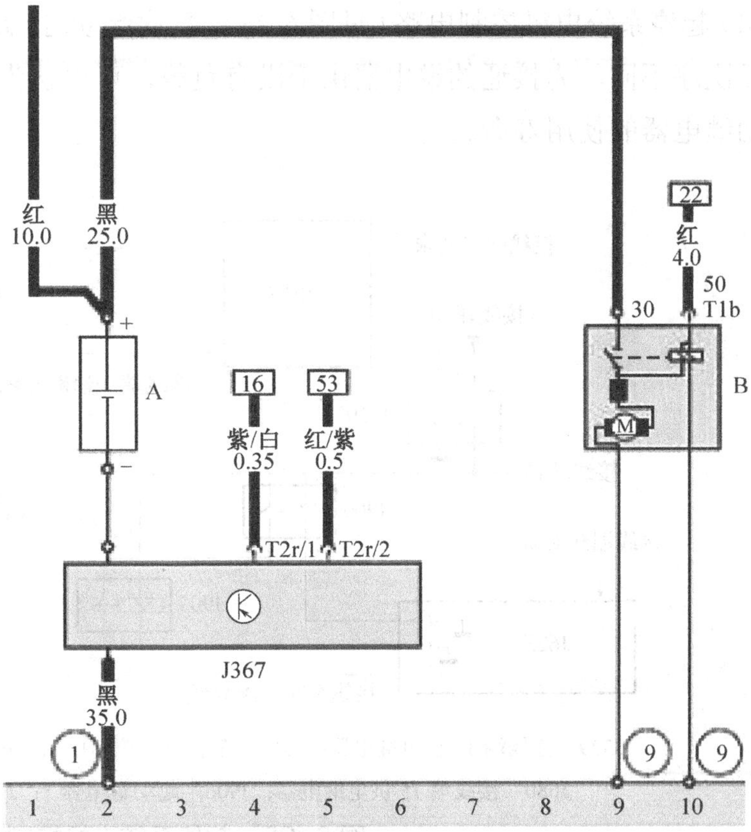

图 6-23　蓄电池监控控制单元电路

A19—稳压器（J532）

T12d/1—输入 30 供电；

T12d/2—搭铁线；

T12d/3—供电 15；

T12d/4—50R（起动时：12V 电压信号；

T12d/7—输出 30（稳定电压供仪表、收音机等）

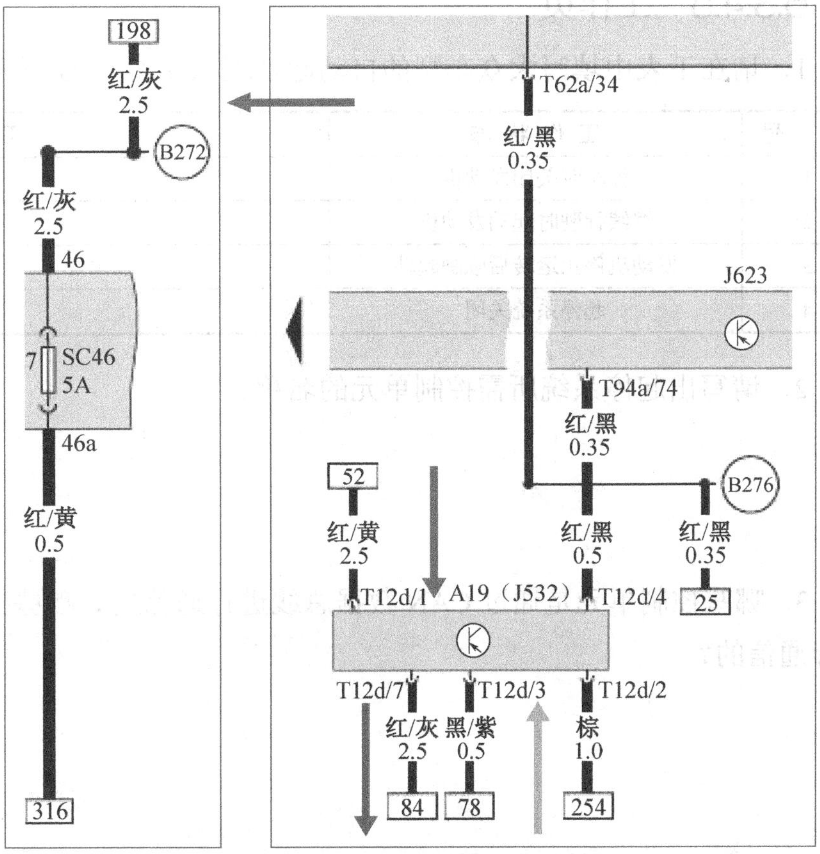

图 6-24　起停系统稳压器控制电路

（4）起停系统电机控制电路（见图 6-25）。每次起动时，J623 接通两个继电器 J906 和 J907 的先后次序不同，先接通的继电器由于没有负载，可以认为没有受到电弧冲击，因而能够延长起动继电器的使用寿命。

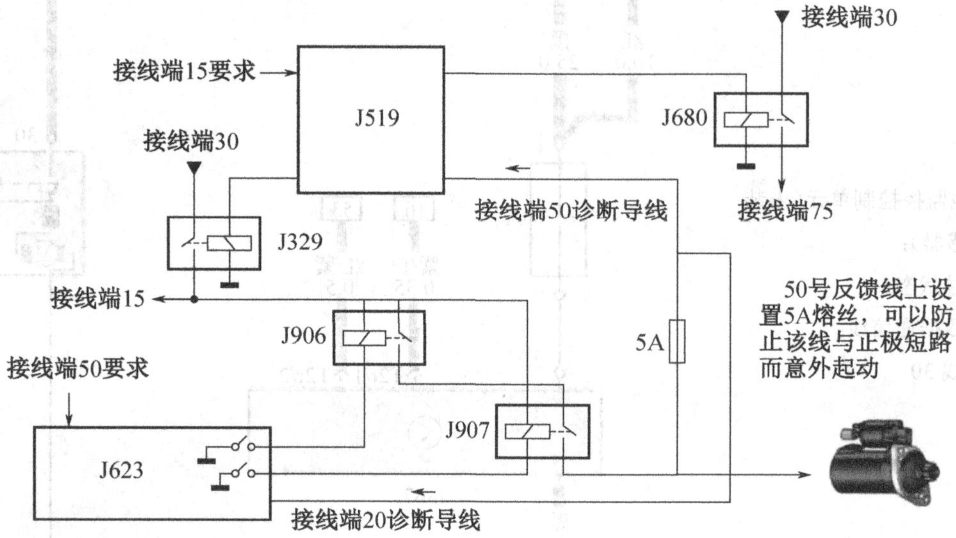

J329—接线端 15 供电继电器；J519—车载电网控制单元；J623—发动机控制单元；
J680—接线端 75 供电继电器；J906—起动继电器 1；J907—起动继电器 2

图 6-25 起停系统电机控制电路

6.3.4.5 工作页

1．请在下表中填写大众车型的自动起动/停止系统（以下简称起停系统）工作条件。

序 号	工 作 状 态	工 作 条 件
1	停车时关闭发动机	
2	继续行驶时起动发动机	
3	发动机停止运转后强制起动	
4	起停系统关闭	

2．请写出起停系统所需控制单元的名称。

3．哪些控制单元是通过 CAN 数据总线进行通信的？哪些控制单元是通过 LIN 数据总线进行通信的？

4．请在下表中填写起停系统相关控制单元所需处理的信号。

序　号	控制单元	处理信号
1	J623	
2	J743	
3	J104	
4	J255	
5	J519	
6	J285	
7	J533	
8	J234	
9	J791	
10	J500	
11	J367	
12	A19	

6.4 理论测试

一、填空题（每空1分，共20分）

1．自动起动/停止系统简称________。当车辆因路口或者交通信号灯停车时，该系统会自动关闭发动机，直到车辆再次起步时，不需要操作________就能起动发动机，从而达到________的目的。对于大众车型来说，车辆起步后，一旦其行驶速度超过________且保持约________，自动起动/停止系统就会自动开启。

2．起停技术最初只用于________，之后才扩发展到传统内燃机车辆。目前，自动/起动停止系统主要有3种形式，分别为________、________及________。

3．对于带有起停功能的大众车型，插入________，接通________，自动起动/停止系统动的开关便会________，组合仪表显示屏会显示系统的________。驾驶人可以通过________手动关闭或开启自动起动/停止系统。

4．一辆手动变速器车辆停在交通信号灯前，若想使用自动起动/停止系统，驾驶人应________。将变速杆置于________位置并松开________踏板，此时发动机将________运转。当交通信号灯变为绿灯时，驾驶人踩下________，自动起动/停止系统会________发动机。

二、选择题（每题 2 分，共 20 分）

1. 下列关于自动起动/停止系统的功能描述正确的是（　　）。
   A. 减少发动机磨损
   B. 减少燃油消耗及排放
   C. 减轻驾驶人的工作强度
   D. 增强乘员舒适性
2. 配备自动起动/停止系统的车辆使用（　　）。
   A. 干式荷电蓄电池
   B. 湿式荷电蓄电池
   C. 免维护蓄电池
   D. AGM 蓄电池
3. 马自达 SISS 智能起停系统通过（　　）来重新起动发动机。
   A. 起动机起动方式
   B. 集成式发电机起动方式
   C. 燃油燃烧产生的膨胀力
   D. 新增一个电动机
4. 以大众车型为例，下列不属于自动起动/停止系统关闭发动机条件的是（　　）。
   A. 车辆已停止
   B. 冷却液温度为 25～100℃
   C. 轮胎气压达规定值
   D. 空调出风口的规定温度与实际温度之差小于 8℃
5. 以大众车型为例，下列不属于自动起动/停止系统重新起动发动机条件的是（　　）。
   A. 驾驶人已系好安全带　　B. 环境温度过低
   C. 发动机舱盖已关闭　　D. 车门已关好
6. 以大众车型为例，下列不属于发动机停止运转后强制起动条件的是（　　）。
   A. 发动机冷却液温度不在 25～100℃的范围内
   B. 蓄电池电量不足
   C. 制动助力系统的真空度不足
   D. 打开远光灯
7. 蓄电池监控控制单元不能检测的参数是（　　）。
   A. 蓄电池容量　　B. 蓄电池温度
   C. 蓄电池电压　　D. 充电电流

8．关于稳压器描述不正确的是（　　）。

A．它是一种 DC/DC 变换器

B．如果重新起动发动机时组合仪表出现重置，则说明稳压器功能正常

C．通过 LIN 总线和车载电网相连

D．将车载电网接线端的电压稳定在 12V 左右

9．自动起动/停止系统工作时，车载电网控制单元（J519）负责处理（　　）信号。

A．电动座椅加热　　B．发动机转速

C．起动停止开关　　D．制动踏板

10．对于配备自动起动/停止系统的手动挡汽车，需要加装（　　）。

A．轮胎气压传感器

B．变速器空挡传感器

C．变速器输出轴转速传感器

D．制动踏板位置传感器

三、判断题（每题 2 分，共 20 分）

1．集成起动机/发电机起停系统的起动机和发电机集成为一个部件。（　　）

2．在马自达 SISS 智能起停系统中，起动机负责起动发动机。（　　）

3．只要车速＞3km/h 的时间超过 4s，大众车型的自动起动/停止系统就会处于激活状态。（　　）

4．自动起动/停止系统具有节能减排功能，驾驶人在行驶过程中无法关闭该系统。（　　）

5．手动挡车型不具备起停功能。（　　）

6．具备起停功能的自动挡车型在停车后松开制动踏板，发动机将停止运转。（　　）

7．在给具备起停功能的车辆充电时，应将充电机的正、负极分别接到蓄电池的正、负极上。（　　）

8．当发动机的冷却液温度过低时，具备起停功能的发动机将强制起动。（　　）

9．驾驶人开起除霜功能后，起停功能将不能使用。（　　）

10．起停功能的使用不受发动机怠速转速的影响。（　　）

四、简答题（每题 10 分，共 40 分）

1．自动起动/停止系统的常见故障有哪些？

2．请描述自动起动/停止系统常见故障的诊断思路。

3．请根据下表中的图片标注汽车自动起动/停止系统的组成部件。

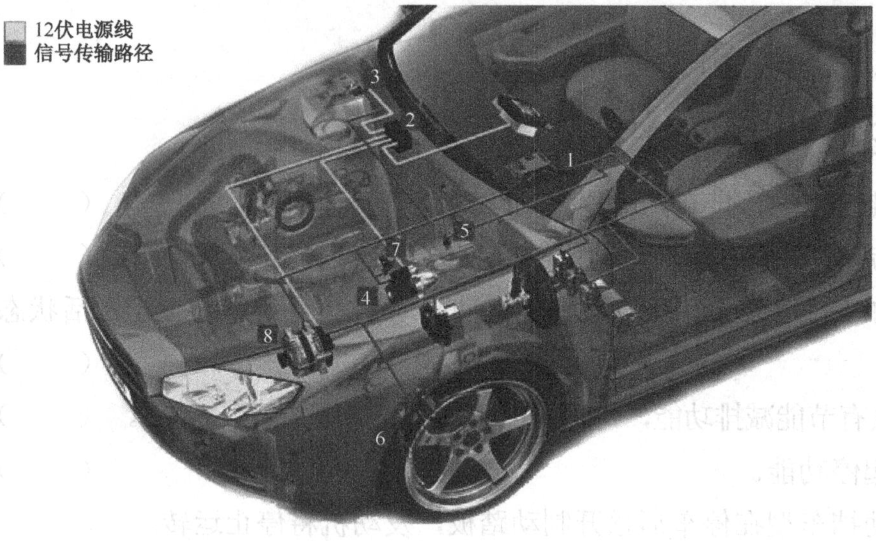

1	
2	
3	
4	
5	
6	
7	
8	

4．请根据下表中的图片描述自动起动/停止系统的工作过程。

停车时	工作过程	起步时	工作过程
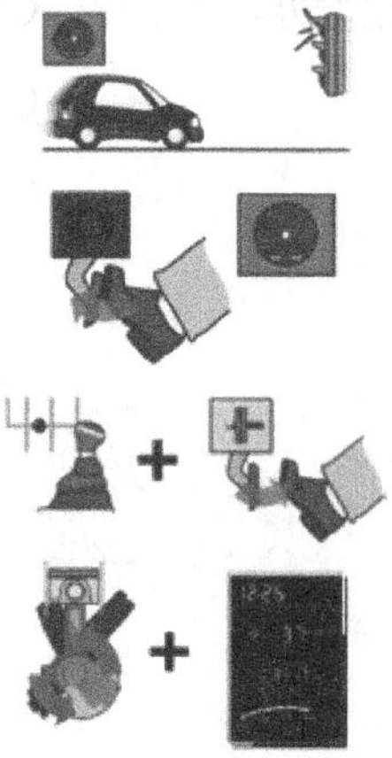			

6.5 计划与决策

1. 分组制订主题为“自动起动/停止系统失效”的故障诊断与排除工作计划。

工作计划表

<table>
<tr><td>品牌</td><td colspan="2"></td><td>整车型号</td><td></td><td>生产日期</td><td></td></tr>
<tr><td>发动机型号</td><td colspan="2"></td><td>发动机排量</td><td></td><td>行驶里程</td><td></td></tr>
<tr><td>车辆识别码</td><td colspan="6"></td></tr>
<tr><td>故障现象描述</td><td colspan="6"></td></tr>
<tr><td>可能故障原因分析</td><td colspan="6"></td></tr>
<tr><td>序　号</td><td>检查或检测内容</td><td>设备工具</td><td>注意事项</td><td>理论值</td><td>实测值</td><td>结果分析</td></tr>
<tr><td>1</td><td></td><td></td><td></td><td></td><td></td><td></td></tr>
<tr><td>2</td><td></td><td></td><td></td><td></td><td></td><td></td></tr>
<tr><td>3</td><td></td><td></td><td></td><td></td><td></td><td></td></tr>
<tr><td>4</td><td></td><td></td><td></td><td></td><td></td><td></td></tr>
<tr><td>5</td><td></td><td></td><td></td><td></td><td></td><td></td></tr>
<tr><td>6</td><td></td><td></td><td></td><td></td><td></td><td></td></tr>
<tr><td>小组成员及分工</td><td colspan="6">组长：　记录员：　安全员：　展示员：
卫生员：　质检员：　联络员：　其他：</td></tr>
<tr><td>计划审核（教师）</td><td colspan="6">年　月　日　签字：</td></tr>
<tr><td>检测中出现的问题</td><td colspan="2"></td><td>经验总结及改进措施</td><td colspan="3"></td></tr>
<tr><td>结论和维修建议</td><td colspan="6"></td></tr>
<tr><td>预估工时</td><td colspan="2"></td><td>成本预算</td><td colspan="3"></td></tr>
</table>

2. 学生小组通过合作按照任务决策的关键要素完成任务决策。

任务决策：

（1）与师傅决策明确计划可行性。

工作任务的时间控制和成本控制，工作步骤的正确性、规范性和合理性，工作过程的安全性和环保性，考虑厂商的经济效益和工作效率等，并记录决策结果与师傅的建议。

（2）与客户决策明确计划可行性。

请站在客户的角度，和客户沟通任务计划实施的可能性。（包括：有几种可能供客户选择？某些项目做或不做？现在做还是以后做？考虑客户的成本控制、时间控制、安全性、环保性、美观性和便利性等，并记录决策结果与客户的意见。）

6.6 任务实施

1. 学生按照本组制订的工作计划进行故障诊断与排除作业，并将具体过程及结果记录在工作计划表中。

2. 查询工厂信息管理系统，进行备件和人员工资测算，并将其记录在工作计划表中的相应位置。

3. 实施过程评价。

排除自动起动/停止系统失效故障评价表

序号	评价内容	评价标准	配分	得分
1	安全防护	座椅套、脚垫、转向盘罩、翼子板布、前栅子布、车轮挡块	10分	
2	明确故障现象	自动起动/停止系统失效	5分	
3	识别事故车辆	识别车辆的软件版本和硬件版本	10分	
4	故障诊断	1. 正确在车上进行自动起动/停止系统组件的外观检查（起动机、蓄电池、电气插头安装情况）； 2. 正确分析故障日志； 3. 正确分析蓄电池数据：电量、电压、温度等； 4. 能够对检测数据进行正确分析判断	40分	
5	检查反馈	打开点火开关，起动车辆，检查自动起动/停止系统是否正常	5分	
6	注意事项	出现危害人身或设备安全的操作，此项没分	5分	
7	过程记录	对工作过程进行记录，记录内容应完整、翔实，漏一项扣1分，不完整的酌情扣分，扣完为止	5分	
8	工作过程	工作态度积极； 文明操作，轻拿轻放，言行举止等合乎要求； 动作规范； 有野蛮操作的扣5分，有不文明语言的扣5分，扣完为止	5分	
9	5S①	工具恢复，保持工作场地干净整洁，漏1项扣1分，扣完为止	5分	
10	时间	超时5min以内的扣5分，超时5～10min的扣10分，超过15min须停止操作	10分	
合计			100分	

① 5S即整理、整顿、清扫、清洁、素养。

6.7 任务评估

1．小组合作完成任务检查，对工作计划、工作过程、工作结果进行评估，并记录优点、缺点及改进建议。

1．检查工单（检测结果、维修建议、维修措施、故障排除情况）。
2．必要的 5S（车辆、工位、场地）。
3．请根据实施诊断与修理工作的实际情况，完善并改进工作计划。

2．车辆维修结束后，进行功能检查并将已修复的车辆及相关物品交付给组长，作为修理人员需要交付哪些物品？请写出交付车辆过程中需要注意的事项。

6.8 任务反思

在“排除自动起动/停止系统故障”的学习过程中你有哪些收获，请归纳总结。

序　号	项　目	总 结 内 容
1	单元知识点总结	
2	目标达成情况	
3	达成目标的原因	
4	未达成目标的原因	
5	工作过程反思	
6	在今后学习中要保持的	
7	在今后学习中要杜绝的	
8	在今后学习中要尝试的	

6.9 知识拓展

带能量回收的起停系统

配备能量回收起停系统的车辆能够在制动过程中实现能量再生，部分动能可通过发电机以电能的形式输送给蓄电池，因此节省了燃料的消耗。

当驾驶人松开加速踏板或施加制动时，车辆减速，同时产生多余的能量，能量回收起停系统将多余的能量回收，在发电机控制单元（调节器）的调节和控制下，使发电机的电压升高，给蓄电池充电，实现将多余的能量以电能的形式回收储存。

能量回收起停系统还能在车辆加速或匀速行驶时降低发电机的电压，甚至完全关闭发电机，以降低发动机负载，从而提高燃油经济性。

一、组成

图 6-26 所示为配备能量回收起停系统车辆的能量管理组件。

车载电网控制单元（J519）　数据总线诊断接口（J533）[车载电网控制单元2（J520）]　蓄电池监控控制单元（J367）

发动机控制单元（J623）　带电压调节器的发电机　蓄电池

图 6-26　配备能量回收起停系统车辆的能量管理组件

1．发电机

发电机中的电压调节器配备 LIN 数据总线控制单元，作为一个控制单元与车载电网控制单元 2（J520）通信。电压调节器与发电机控制装置集成为一体，一般不可维修。如果发电机出现故障，则须将它作为一个总成进行更换。如果发电机励磁绕组控制电路出现故障，则发电机按照默认输出电压发电。当电压调节器检测到充电系统故障时，通知发动机控制单元有故障存在。

2．数据总线诊断接口（J533）

数据总线诊断接口（J533）是汽车的不同总线系统的接口，它可以实现不同总线系统控制单元之间的通信。在 J533 中集成了带有独立诊断地址码的 J520。

3．蓄电池监控控制单元（J367）

蓄电池监控控制单元（J367）负责监测蓄电池的电流、电压，估计蓄电池温度及蓄电池充电状态（SOC），并通过 LIN 总线，经 J533 传递给发动机控制单元（J623）。

4．发动机控制单元（J623）

发动机控制单元（J623）对发电机的发电量进行控制。

5．蓄电池

由于蓄电池频繁充电和放电，故要求使用胶体电池。传统蓄电池的使用寿命在这种情况下明显缩短。

6．车载电网控制单元（J519）

车载电网控制单元（J519）负责对车载电网供电进行控制。

二、控制过程

能量回收起停系统的电路如图 6-27 所示。配备能量回收起停系统的车辆的发电机装有 LIN 调节器。这种发电机有两个接口：拧紧的 B+接口和与 2 芯插头连接的接口，通常其针脚 1 被 LIN 总线占用，针脚 2 空置。数据总线诊断接口（J533）发送 LIN 信息给 LIN 调节器。该信息根据车载电源状态给出 12.2～15V 的额定电压值，该值可由调节器调节。如果由于 LIN 总线断路而未达到额定电压值，调节器可识别到并在规定的时间后调节至恒定的发电机电压（14.3V）。

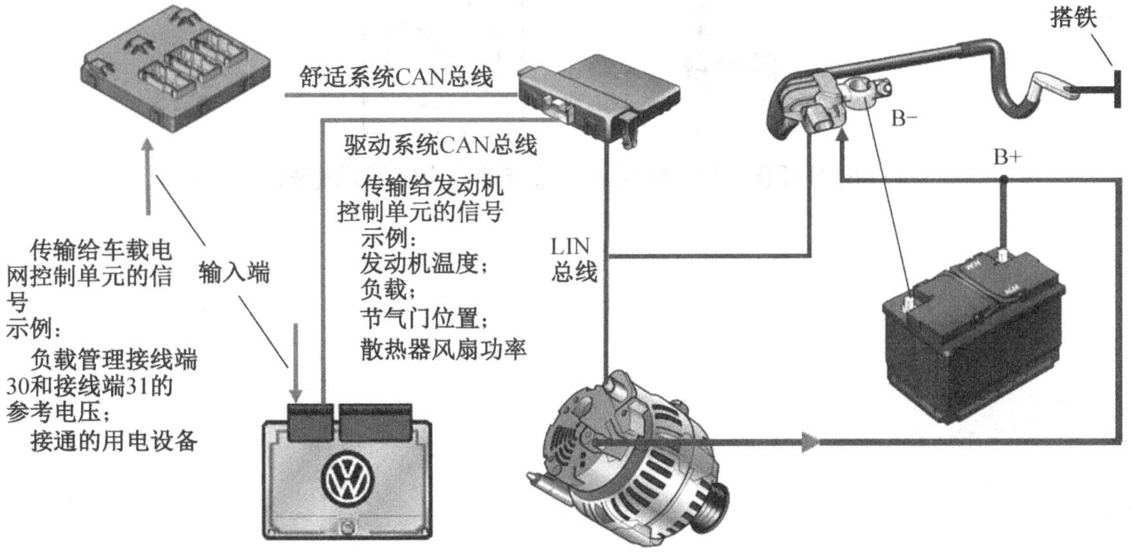

图 6-27　能量回收起停系统的电路

1．牵引模式

牵引模式下的蓄电池放电（减少发电机供电量）电路示意图如图 6-28 所示。在牵引模式下，发电机的输出电压将低于蓄电池的电压（SOC 须＞85%），下降至 12.2V，并且发电机的输出电流也降低。因此，发动机负荷减小，燃油消耗及 CO_2 的排放均会降低。

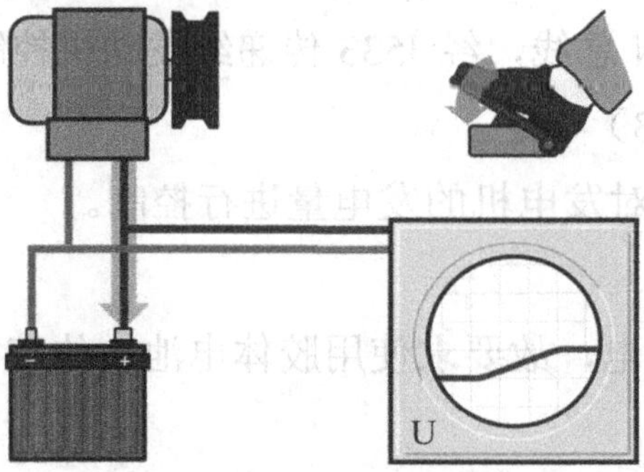

图 6-28　牵引模式下的蓄电池放电电路示意图

2. 滑行模式

滑行模式下的蓄电池充电（能量回收）电路示意如图 6-29 所示。与牵引模式相反，在滑行模式下，发电机的电压再次升高，重新为蓄电池充电。只有在蓄电池的温度、充电状态和车载电网负荷状态允许的情况下，该模式才能被激活。

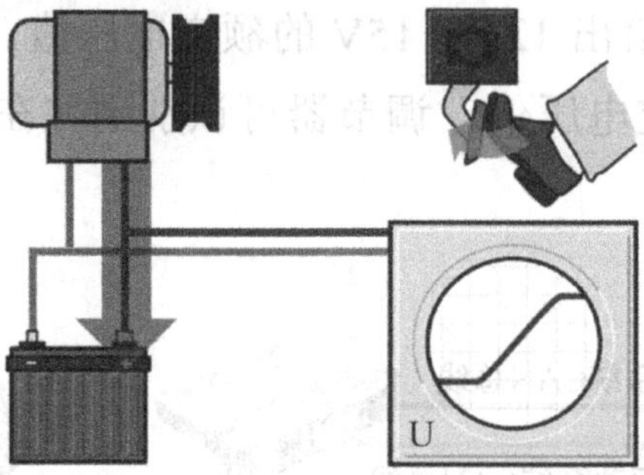

图 6-29　滑行模式下的蓄电池充电电路示意图

反侵权盗版声明

举报电话：（010）88254396；（010）88258888

传　　真：（010）88254397

E-mail:　　dbqq@phei.com.cn

通信地址：北京市万寿路 173 信箱

　　　　　电子工业出版社总编办公室

邮　　编：100036